서사주제학으로
읽는
우리 문학

서사주제학으로 읽는 우리 문학

초판 인쇄 2014년 8월 22일 | **초판 발행** 2014년 8월 29일

지은이 김은정 | **펴낸이** 박재규 | **펴낸곳** 경남대학교출판부

주소 경남 창원시 마산합포구 경남대학로 7 (월영동)
전화 055-249-2074 | **팩스** 0505-999-2115 | **전자우편** ko10@kyungnam.ac.kr
홈페이지 www.kyungnam.ac.kr/press

ISBN 978-89-8421-370-8-03800

서 사 주 제 학 으 로 읽 는 우 리 문 학

김 은 정 지음

경남대학교출판부

프롤로그

저자가 문학 연구의 길로 들어선 것은 순전히 사람에 대한 끊임없는 관심 때문이었다. 사람을 관찰하는 것이 좋았고, 행동과 말 속에 숨어 있는 다른 뜻을 해석해 가는 일이 좋았다. 그 일이 나에게 상처가 되지 않았던 것은 그 대상이 실제 인물이 아니라 소설 속 인물들이었기 때문이다. 소설 속 인물들을 탐색하며, 나는 문학은 현실을 반영한다는 이론을 번치 않는 명제로 여겼다. 그리고 소설을 보다 잘 이해할 수 있을 때 내 삶도 더욱 풍요로워지리라 생각했다.

한때 퀼트 작품에 푹 빠진 적이 있었다. 각기 다른 천들이 엮여서 만들어 내는 아름다움은 하나의 천이 전해 주는 그것과는 또 다른 차원의 아름다움이었다. 나에게 '서사주제학'은 퀼트 작업의 아름다움 같은 것이다. 각기 다른 작품을 모티프로, 이미지로, 주제로 묶어서 하나의 작품 연구에서 드러나는 의미와는 또 다른 의미를 찾아내는 작업이 바로 '서사주제학'의 방법론이라 이해했기 때문이다.

이 책은 저자가 그간 쓴 여러 논문, 평설들을 모아 구성한 것이다. 이 책은 네 부분으로 구성되어 있는데, 그 구성은 흡사 네 조각의 퀼트 이불을 완성하는 작업과 유사하다. 먼저 '서사주제학이란 무엇인가?'에 대한 물음과 답변은 퀼트의 기법을 소개하는 것과 같다. '주제에 따라 쉽게 찾아 읽은 우리 문학'과 '같은 작품 다른 관점'의 부분은 퀼트의 기법을 익히고 그 기법에 따라 조그마한 소품을 만들어 가듯이 우리 문학 작품들 속에 유사한 모티프나 이미지로 묶을 수 있는 작품들을 찾아내 그 의미를 파악하는 부분이라 할 수 있다. 마지막에 제시하고 있는 '서사주제학의 탐색과 확장'은 서사주제학의 방법론으로 기우고 엮어서 완성한 연구물들이다. 엮어진 퀼트 조각들이 모여 한 채의 이불이 완성되는 것이라 할 수 있다.

퀼트 작품이 소중한 것은 한땀 한땀 손으로 공들여 바느질한 정성 때문이라고 할 수 있다. 또한 더디게 완성되는 과정 때문이라고도 할 수 있다. 이 책은 바로 그러한 과정을 담고 있다. 더디게 완성된 모든 퀼트 작품이 다 아름다울 수는 없지만 다 소중할 수는 있다. 내가 이 더딘 연구 성과물을 책으로 출간할 수 있기까지 이 소박한 생각에서 용기를 얻었다.

더디지만 소중한 나의 문학 연구의 길에 언제나 동행자가 되어 주시던 명형대 교수님께서 올해 퇴임을 하신다. 스무 살 대학생 시절부터 '소설'을 꼼꼼하게 읽어내는 법을 가르쳐 주셨고, 제자의 더딘 걸음을 언제나 사랑으로 지켜봐 주시던 명 교수님께 감사의 말씀을 전하며, 이 보잘 것 없는 성과물을 나의 첫 번째 스승님이신 명형대 교수님께 바치고자 한다.

차례

3부 | 같은 작품 다른 관점 __ 다양하게 읽는 독후감

4부 | 서사주제학의 탐색과 확장 __ 작품 다시 읽기와 해석하기

1부

서사주제학이란 무엇일까?

새로운 비평으로서의 서사주제학

서사주제학 연구 방법과 동향

새로운 비평으로서의 서사주제학

지금까지 우리가 한국 문학을 대해 왔던 시각은 단절된 것이었다. 갑오경장 혹은 이광수의 「무정」 이후부터로 추정하고 있는 현대 문학과 그 이전 시대의 문학을 완전히 단절된 것으로 보아 왔고, 또 현대 문학 내에서도 한 시기의 작품은 다른 시기의 작품과는 완전히 분리된 것으로 보아 왔다. 예를 들면 30년대 식민지 소설은 그 이전 혹은 그 이후의 소설과는 아무 관련성이 없는 것으로 파악해 오거나, 심지어 같은 시기의 소설이라 하더라도 한 계열의 작가들이 쓴 작품들(카프(KAPF)파, 구인회 등을 예로 들 수 있다)은 다른 계열의 작가들이 쓴 작품과는 아무런 연관성이 없는 것으로 파악하기까지 했다.

이와 같이 한 시기의 문학 작품을 다른 시기의 작품과 분리하여 그 작품 자체만 분석하는 것은 많은 문제점을 내포하고 있다. 또한 거기에 더하여 지금까지 우리가 문학 교과서에서 문학 작품에 접근할 때 해당 작가가 살았던 시대적 배경 또는 그 작가의 전기적 생애 등이 작품에 어떻게 나타나는가 하는 문제를 중심으로 문학 작품에 접근한 경우가 대부분이라는 점이다. 이것은 문학 비평의 여러 가지 방법들(역사-전기적 비평, 문학 사회학적 비평, 구조주의적 비평, 정신분석학적 비평 등) 가운데 지나치게 역사-전기적 비평에만 의존한 결과로 결국 그와 같은 접근은 문학에 대해 불완전하고 편향된 시각을 가질 수 밖에 없게 하는 한계성을 지닌다.

따라서 우리는 지금까지의 문학에 대한 단절된 시각 자체가 지닌 모순점과 지금까지 공부해 왔던 역사-전기적인 비평의 한계성을 극복하고 새로운 각도에서 우리 문학을 설명하고 이해할 필요가 있다.

우리의 문학은 우리 역사가 단절되지 않고 흘러가듯이 하나하나 떨어져 있는 것이 아니라 한 줄기의 굵은 맥으로 이어져 있다. 겉으로 보기에는 한 작가의 개별적 작품으로 각각 존재하고 있는 듯한 수많은 우리 문학 작품을 대상으로 공통적 '맥'을 찾아내며, 그 찾아낸 '맥'을 바탕으로 개별 작품들을 더 잘 이해할 수 있는 방법론이 무엇일까 하는 생각을 하게 한다.

여기에서 우리는 서사주제학과 만나게 된다. 서사주제학이란 각 시대 각 작품에 나타나는 상징성, 모티프, 원형, 소재 등을 통하여 그 작품들이 공통으로 가지고 있는 주제를 도출해 내는 문학 비평의 한 방법론이다. 이 방법론에 의한 작업으로 우리는 각 개별 작품의 소재, 모티프 등이 그 자품을 주제하시키는 과정을 볼 수 있을 뿐만 아니라, 고대에서 현대로 흐르는 우리의 유구한 정신사적 전통과도 만날 수 있게 된다. 그리고 무엇보다도 문학 작품을 새로운 시각에서 더 면밀히, 그리고 더 흥미롭게 볼 수 있다는 점에서 그 의의를 찾을 수 있다.

이렇게 서사주제학이란 시대를 통한 지속을 강조하면서, 문학 작품의 예기치 않은 차원을 노출하고, 고형의 신화나 이미지들이 어떻게 현대성을 발휘하는지의 현상을 확인하는 연구 방법이다. 뿐만 아니라 테마·모티프·소재·이미지·상징들이 어떻게 살아 있는 것으로 반사되고 또 지속적인 것으로서 포착되는가를 보여 주는 방법이다.[1]

이것은 연구사의 측면에서 보면 '소재사' 또는 '테마톨로지'에 해당되는 분야이면서, 새로운 분야와의 접근과 갱신을 통해 소재사적 측면이 지닌 협소성을 극복하고자 하는 것이다. 그런 점이 프랑스식 테마 비평과는 다소의 차이점이 있다고 할 수 있다. 엘리자베스 프렌첼은

---

1 이재선, 『한국문학주제론』, 서강대출판부, 1989.
pp.7-9.

주제학 연구의 여섯 가지 기본 방법을 열거하고 있는데 그것은 직선적 전개, 시대적 단면, 민족문학의 한정 연구, 인류학으로 확장된 연구, 개별적 작가 연구, 그리고 시학적 연구 등이 그것이다.

프란첼의 이러한 기본 방법론은 바로 서사주제학의 다양성을 시사하고 있다고 볼 수 있다. 또한 이와 같은 방법론은 한 국가의 문학을 다룰 때 그 나라 문학의 지속성의 해명은 물론이고, 비교문학 내지 문학의 비교 시학의 근거가 되기도 하는 것이다.

서사주제학에 있어서는 '이미지', '모티프', '테마', 그리고 '상징'과 '소재'가 중요한 비평적인 술어로 작용한다. 문학 비평이나 연구에 있어서 가장 일반적인 용어의 하나로서 지각 재현과 관련되는 '이미지'는 테마로서의 이미지, 모티프로서의 이미지, 그리고 상징으로서의 이미지로 나뉘어서 연구되기도 한다. 특히 테마로서 기능하는 이미지란 그 이야기가 구조적으로 명백하게 하는 특별한 것에 결합되는 이미지이며, 상황이나 보다 큰 행위의 한 요소를 제공하는 것이 모티프로서의 이미지다. 그리고 그 자체보다 다른 무엇을 의미하는 경우를 일컬어 상징으로서의 이미지라고 분류한다[2].

'테마'란 말은 소재사 또는 문학적인 주제론에 있어서는 신화나 역사 속에서 친숙하면서 특별히 모형적이거나 원형적인 인물, 혹은 그들의 원형적인 상황과 관련된다. '모티프'는 '소재'가 멜로디와 같은 것이라면 화음과 같은 것으로서, 주제적 구성의 최소 단위를 뜻한다. 말하자면 주제라고 일컫는 특별한 문학적 현상을 기초로 하는 '일반적인 근본 상황'으로서, 테마가 인물을 통해서 구체화되는 데 비해서 상황

---

2 위의 책, p.8.

에서 유래되는 것이 모티프라고 할 수 있다. 그리고 '상징'은 구체적인 대상으로부터 행동·구조 또는 전 작품에까지 도달하는 유추적인 구현을 말한다. 다시 말하자면 문학 작품에 있어서의 중심적이고 표상적인 이미지를 의미하는 것이다. 이상이 서사주제학의 개략적인 윤곽과 의미 있는 역할을 하는 술어들에 대한 점검이라 할 수 있다.

서사주제학의 핵심은 열려 있는 연구방법론이라는 것이다. 이러한 열림은 테마 자체로의 열림 뿐만 아니라 여러 방법론과의 교섭도 가능하다는 것을 의미한다. 예를 들어 신화 원형적 비평의 방법과 심리학적 정신분석적 방법이 서사주제학의 연구의 부차적인 방범론으로 제기될 수도 있고, 여성주의 비평 방법이나 기호학적 분석 방법론, 문학사회론적 방법 역시 서사주제학의 융합 방법론으로 활용될 수 있다.

또한 서사주제학은 테마, 이미지, 상징 등의 추출을 위해 작품 자체에 대한 면밀한 분석을 요구한다. 이러한 면밀한 분석을 위해 시점, 문체, 공간, 인물 등의 서사 방법론에 대한 연구 역시 서사주제학과의 다양한 교섭이 이루어질 수 있는 부분이다.

그러므로 이러한 서사주제학의 관점으로 우리 문학의 연원과 우리 문학의 새로운 모습을 찾아보는 것은 문학 연구에 있어 반드시 해야 할 일이며 많은 의미를 발견할 수 있는 작업이라 할 수 있을 것이다.

서사주제학 연구 방법과 동향

주제학은 문학이 숱한 현현들을 통해 말하고 있는 삶의 국면 국면을 직접적으로 투시하고 있는 방법론이라 할 수 있다. 이러한 측면으로 인해 서사주제학은 민속 비평론적 입장, 소재사적 접근, 문학 기호학적 방법론 등이 모두 서사주제학의 방법론들이라 할 수 있다.

서사주제학이 수용하고 있는 이론의 기본은 시대를 통한 지속을 강조하면서 문학 작품이 예기치 않은 차원을 노출하고 있는 고형의 신화나 이미지들이 어떻게 현대성을 발휘하는지의 현상을 확인하는 연구 방법이라고 할 수 있다. 그런 점에서 서사주제학은 텍스트 상호간의 대화성을 근간으로 한다고 말할 수 있다. 이러한 측면을 지올코우스키는 문학의 주제적 연구는 불가피하게 비교문학 연구가 된다고 지적하기도 하였다.

이 같은 서사주제학의 특징은 바로 바흐친의 대화이론이나 이 이론을 수용한 줄리아 크리스테바의 상호텍스트성 논의와도 맥이 닿아 있다. 바흐찐은 어떤 텍스트도 독창적이지 않고 텍스트끼리는 서로 영향수수 관계를 형성한다고 주장하였다. 작품 창작의 원천이 된 소재나 모티프를 전상화라고 하고, 후행 작품에서 그것을 작가 나름대로 재독해 한 것을 후상화라고 지칭하였다.

이것은 또한 바르뜨식으로는 문화적 약호라고 지칭될 수 있는 것인데, 쉽게 말해 우리가 어떤 텍스트를 대할 때 이미 읽었다는, 혹은 이미 본 적이 있다는 느낌이 바로 그것이라는 것이다. 이것은 이야기 속의 특정한 서사적 목소리나 언술 그 자체의 성질보다는 인물들의 정신에 깔려 있는 그 무엇이 우리에게 그러한 느낌을 가지게 한다는 것이다.

이 점이 바로 서사주제학의 중심적인 시각이라 할 수 있다. 그런 점에서 서사주제학적 해석은 항상 문화적 현장과 그 텍스트를 자리 잡게 하는 현실문맥적 상관성을 포함하는 것이며, 문학의 본질을 찾아가는 과정이 된다고 할 수 있다.

이러한 서사주제학에 대한 우리 문학사의 논의는 이재선의 『우리 문학은 어디에서 왔는가』(1986)에서부터 시작된다. 이 책은 서사주제학 이론에 대한 최초의 소개와 한국문학 작품을 서사주제학적 관점에서 어떻게 분석해 내는가를 보여준 책이다. 이 책을 필두로 이재선의 이후 저술인 『문학주제학이란 무엇인가』(1996), 『한국문학의 원근법』(1996), 『현대소설의 서사시학』(2002), 『한국문학의 지평』(2002), 『한국문학의 해석』(2003), 『현대소설의 서사주제학(문학 모티프와 테마를 찾아서)』(2007), 『한국문학주제론』(2009) 등은 서사주제학의 연구의 굳건한 토대를 세움과 동시에 우리 문학 작품의 다양한 주제학적 탐색의 결과물들이라고 할 수 있다.

이재선의 연구에 힘입어 이후 서사주제학은 문학 연구의 대표적 방법론으로 인식되며 많은 성과물을 낳게 되었다. 서사주제학을 연구 방법론으로 한 대표적인 논저로 김현의 『현대소설의 담화론적 연구』, 양진오의 『한국소설의 시학과 해석』, 조건상이 엮은 『한국소설 읽기의 열 두가지 시각』, 김은정의 『문학, 그 황홀한 유혹』, 안숙원의 『방법론적 소설읽기』, 장소진의 『한국현대소설의 주제론적 탐색』 등이 있다.

이러한 여러 논저들의 성과는 먼저 한국현대소설 연구에서 보다 다양한 주제들을 다양한 방법론으로 탐색하고, 흩어져 있던 문학의 주제들의 연원을 찾아가는 과정을 보여 주었다는 것이다. 그 결과 작품 이해에 대한 폭이 넓어졌을 뿐 아니라 한층 풍성한 연구사의 바탕을 이루었다고 할 수 있다.

서사주제학은 다양한 주제를 열린 방법론으로 연구할 수 있다는 강점을 가지고 있다. 서사주제학의 이러한 특징은 문학 연구의 영역을 확대시켰고 다양한 층위의 연구를 가능하게 했다고 할 수 있다.

서사주제학의 방법론을 통한 한국 문학 작품 연구 중 많은 부분을 차지하고 있는 것은 이미지 분석, 모티프 분석, 주제 분석을 통한 작품의 의미 해석이라고 할 수 있다.

명형대의 「최명익 소설의 공간성 연구」, 「지주회시의 구심적 공간 연구」, 「날개의 원심적 공간 연구」, 「무진기행의 환상적 공간 연구」 등은 문학의 공간론에 대한 연구일 뿐 아니라 '공간'이라는 주제를 중심으로 논의를 확대시킨 주제 분석의 연구 형태라고 할 수 있다. 특히 시대나 작가가 다른 작품들을 '공간'이라는 주제로 엮어 동일한 연구자에 의해 지속적인 연구가 진행된 부분에서 더 큰 의미를 부여할 수 있다.

백훈의 「최인훈 소설의 환상성 연구」, 손성령의 「한국 현대소설의 환상성」, 설혜원의 「한국 현대소설의 환상성 연구」, 천명은의 「현대소설의 환상성 연구: 이승우의 장편소설을 중심으로」 등은 '환상성'이라는 동일한 주제를 중심으로 각각 다른 연구자들이 논의를 진행한 '주제'를 중심에 둔 연구 형태라고 할 수 있다.

양현진의 「한국 현대소설에 나타나는 새의 이미지와 여성의식 연구」나 이신조의 「여성소설에 나타난 물의 이미지 연구」와 같은 논의는 '이미지'를 중심으로 한 연구라 할 수 있다.

서사주제학 논의에서 가장 많은 연구가 진행된 부분은 '모티프'를 중심으로 한 연구라고 할 수 있다. 비교적 최근의 논의들만 정리하더라도 오경아의 「최인호 단편 소설 속에 나타난 아이 모티프」, 차봉준의 「한국 현대소설의 성서 모티프 수용 연구」, 임수연의 「이청준 단편소설에 나타난 죄의식과 희생 모티프 연구」, 장정희의 「거울 모티프와 주체분열 양상」, 김순옥의 「한국 현대소설에 나타난 변신모티프의 양상과 의미 고찰」, 허련화의 「김동리 소설의 근친상간 모티프 연구」, 안지영의 「이상 문학에 나타난 분신 모티프와 메타적 글쓰기」, 고경선의 「한국 근대문학에 나타난 결핵 모티프 연구」 등과 같이 문학 작품의 모티프의 다양성만큼 다양한 연구가 이루어졌다고 할 수 있다.

서사주제학 연구의 확장이라고 할 수 있는 또 다른 연구 방법은 고전적 인물의 현대적 수용이라는 측면에서 진행된 논의라고 할 수 있다. 이러한 논의들에는 전경진의 「역사적 인물의 형상화 연구: 황진이 모티프를 중심으로」, 구선우의 「황진이 문학의 주제 지향과 후대적 수용 연구」, 노현종의 「현대시에 나타난 '춘향' 모티프의 수용 양상 연구」 등이 있고, 더 나아가 바흐친의 대화성을 적극 수용하여 패러디를 통한 서사주제학적 연구로 이미란의 「한국 현대 패러디 소설 연구: 「허생전」의 패러디 소설을 중심으로」, 김경민의 「「허생전」의 패러디 소설 연구」, 채송아의 「현진건 소설의 패러디 작품 연구」 등이 있다. 이 외에도 김소영의 「주제론적 문학교육 방법 연구」, 김나름과 김태수의 「소설 주제 접근체계의 확장 연구: 상징과 모티프를 중심으로」, 조소정의 「상호텍스트성을 활용한 소설 교육 방안 연구」, 최성윤의 「한국 근대 초기 서사담론의 상호텍스트성 연구」, 곽아람의 「70년대 소설에 나타난 '땅'에 관한 주제론적 고찰」 등 서사주제학 자체가 논의의 중심이 되는 것으로까지 그 영역이 심화·확장되고 있다고 할 수 있다.

서사주제학적 문학 연구의 또 다른 확장으로 전지은의 「이청준 소설의 매체 변용양상 연구」, 김미숙의 「영상매체를 통한 고소설의 현대적 변용 양상」 등과 같이 새로운 매체와의 상호텍스트성을 통한 연구나 박세연의 「들라크루아 회화에 나타난 문학적 모티프에 관한 연구」,

김은정의 「문학적 서사성의 회화적 수용 양상」 등과 같이 다른 장르와의 상호텍스트성을 통한 연구 영역으로까지 서사주제학은 그 연구 영역이 확대되고 있다.

이러한 영역의 확대는 서사주제학의 방법론으로 문학 작품을 다시 읽고 재해석하는 것이 의미있는 작업이라는 것을 뜻하는 것이며 이러한 다시 읽기를 통해 문학 작품의 현대적 수용과 새로운 해석이 가능해진다는 것을 또한 의미한다고 볼 수 있다.

2부

주제에 따라 쉽게 찾아 읽는 우리 문학

무너진 고향 _ 우리 문학에 나타나는 '고향'의 모습

우리 문학에 나타나는 권력의 모습 _ 「춘향전」을 중심으로

한국문학에 나타나는 '꿈'의 의미

서울, 2014년 가을 -우리 문학에 나타나는 '도시'의 모습

사람과 동물의 만남 _ 문학 속에 담긴 '동물'

촛불과 삼룡이 불　문학 속의 '불'

이 장의 각 부분은 서사주제학에 대한 기본적인 이해를 위해 우리 문학 전반에 걸친 작품들을 주제에 따라 모으고 그 의미를 살펴보는 방식으로 구성되어 있다.

이 장에서 살펴볼 주제는 고향, 권력, 꿈, 도시, 동물, 불의 여섯 가지 주제이다. 각각의 주제가 잘 드러나는 고전 작품, 현대시, 현대소설, 수필 등을 총망라해서 우리 문학 작품에서 이러한 주제들이 어떻게 등장하는지를 살펴보고, 이러한 주제들이 형성하는 의미를 고찰하는 것이 이 장의 목적이라고 할 수 있다*.

이 장에서 다루고 있는 고향, 권력, 꿈, 도시, 동물, 불의 주제는 한국문학 작품에서 많이 등장하는 소재들이며, 각 주제의 마지막에 소개하고 있는 작품들은 그러한 소재들이 비중 있게 다루어지고 있는 작품들 중 우리 문학사에서 중요한 작품이라고 할 만한 것들을 바탕으로 한 것이다.

---

* 이 장에서 다루고 있는 주제에 대한 이론적 논의와 작품 해석 등은 대부분 이재선의 『한국문학주제론』에 상당 부분 기대고 있다. 그러므로 이 장은 서사주제학에 대한 이해를 위해 비교적 쉽게 정리한 『한국문학주제론』이라고 보아도 무방할 것이다.

무너진 고향

우리 문학에 나타나는 '고향'의 모습

넓은 벌 동쪽 끝으로
옛이야기 지줄대는 실개천이 휘돌아 나가고,
얼룩백이 황소가
해설피 금빛 게으른 울음을 우는 곳.
그 곳이 차마 꿈엔들 잊힐리야.

_ 정지용의 「향수」

위의 시는 우리가 노래로도 익히 알고 있는 정지용의 「향수」의 첫 구절이다. 이 시는 우리가 흔히 '고향'이라는 단어를 말할 때 눈앞에 떠오르는 정경을 그대로 언어로 옮긴 것 같은 느낌을 준다. 우리에게 '고향'의 의미는 무엇일까? 각자 태어난 곳은 다르더라도 '고향'은 누구에게나 푸근한 어머니와 같은 원초적인 의미를 담고 있는 것이다. 흔히 이야기하듯 고향은 어머니의 품과 같고, 우리의 탯줄이 자라나 잔뼈가 굵어진 생명의 근원이요, 위안의 쉼터이며, 마음의 보금자리인 것이다. 이러한 고향을 외부의 압력에 의해 잃게 되었을 때의 심정은 어떠했을까? 1920년대 이후 일제의 극렬한 탄압 속에서 고향을 잃고, 그 잃은 고향을 그리워하는 우리의 심경이 문학 작품 속에서 어떻게 나타나는지를 중심으로 '고향'의 의미를 살펴보자. 먼저 우리 시에 나타나는 고향의 모습부터 보자.

눈을 가만히 감으면 굽이 잦은 풀밭 길이,
개울물 돌돌돌 길섶을 흘러가고,
백양 숲 사립을 가린 초가집들도 보이구요.

__ 김상옥 「사향」

산은
구강산
보랏빛 석산.

.... 중략 ....

사슴은
암사슴
발을 씻는다

__ 박목월 「산도화」

위의 시들은 우리의 마음 속 고향을 노래한 것들이다. 물론 빼앗긴 고향에 대한 노래가 아니라 우리가 생각하고 있는 고향의 원형적 이미지를 노래한 것이다. 김상옥의 「사향」은 자연 서정을 제재로 한 현대 시조로서 우리가 고향이 아닌 곳에서 고향을 생각할 때의 애틋함을 담고 있는 작품이다. 박목월의 「산도화」는 우리가 흔히 생각하는 실제의 고향이 아니라 이상적인 고향, 즉 낙원과 같은 우리의 마음 속 고향을 노래한 작품이다. 이 두 작품 모두에서 고향은 원래 의미의 훼손되지 않은 모습으로 나타나고 있다. 이 작품과 다음의 작품을 비교해 보자. 역시 앞에 인용했던 정지용의 다른 작품인 「고향」이다.

고향에 고향에 돌아와도
그리던 고향은 아니러뇨

산꿩이 알을 품고
뻐꾹이 제철에 울건만,
고향은 제 고향 지니지 않고
머언 항구로 떠도는 구름

__ 정지용 「고향」

위 시에서의 고향은 정지용이 향수에서 노래했던 '차마 꿈엔들 잊힐' 수 없었던 바로 그 고향이다. 그러나 그 고향은 이름만 그 고향일 뿐, 이웃의 따뜻함 즉 '고향'이라는 포근함 자체가 사라져 버린 훼손된 고향인 것이다. 그래서 고향에 돌아와도 그리던 하늘만 더 높게 느껴지는 '낯섦'을 체험하게 되는 것이다.

가장 포근하고 평온해야 할 '고향'의 황폐화는 그 시대 소설을 통해서도 잘 드러난다. 우리가 잘 아는 작가인 현진건의 「고향」은 바로 이러한 고향의 황폐화에 대한 분노와 아픔을 가장 잘 표출한 작품이라 할 만하다. 그 전체 내용을 요약해 보자.

> 1인칭 관찰자인 '나'는 대구에서 서울로 올라오는 차중에서 기묘한 복식의 사내와 마주하게 된다. 겉에다가는 일본 옷을 둘렀고 그 안에는 옥양목 저고리가 내어 보이는데 아랫도리엔 중국식 바지를 입고 있는 사람이었다. 그는 중국인과 일본인 사이에 앉아 중국인과 일본인에게 각각 중국말과 일본말로 이야기를 걸다가 '나'에게 조선말로 말을 걸어 왔다. 그리고 그는 그의 고향 이야기를 시작했다. 그의 고향은 대구 근방으로 역둔토 땅을 파먹고 살아온 평화스러운 마을이었다. 그러나 세상이 바뀌어 땅들이 동양척식주식회사의 소유가 되자 마을 사람들은 도저히 살아갈 수가 없게 되었다. 그는 구년 전 부모와 함께 살기 좋다는 서간도로 이사를 갔었다. 그러나 괴롭고 고통스러운 이태를 보내는 동안 아버지와 어머니가 연이어 세상을 떠나고 말았다. '나'는 무엇이라고 위로할 말을 찾지 못해 그에게 술을 권하였다. 그는 거푸 술을 다섯 잔이나 마시고 나서 말을 이었다. 그는 신의주로, 안동현으로, 일본 규슈 탄광으로, 오사카 철공장

으로 떠돌아 다녔지만 돈은 모이지 않고 울화가 치밀어 고국으로 돌아왔다고 한다.

돌아와 보니 그의 고향은 집도, 사람도, 개 한 마리도 없는 폐촌이 되어 있었다. 썩어 넘어진 서까래, 뒹굴 구르는 주춧돌은 꼭 무덤을 파서 해골을 헐어 젖혀 놓은 것 같았다고 하며 눈물을 흘린다. '나'는 그의 눈물 가운데에 음산하고 비참한 조선의 얼굴을 똑똑히 본 듯싶었다.

이번 길에 고향 사람도 하나 만나지 못했느냐고 내가 묻자 그는 어릴 적 자기와 혼인 이야기가 있던 여자를 만났다고 했다. 그 여자는 자기보다 두 살 위였는데 여자가 열일곱 살이 되던 겨울, 여자의 애비되는 자가 돈 이십 원을 받고 대구 유곽에 팔아 버렸다고 한다. 이번에 빈터만 남은 고향을 구경하고 돌아오는 길에 만난 그 여자는 일본 사람 집에서 아이를 보고 있다고 했다. 이십 원 몸값을 십년 두고 갚고도 육십 원이나 빚을 진 여자가 병이 들어 산송장 같이 되자 주인이 작년 가을에야 놓아 주었다는 것이다. '나'는 그의 이야기를 듣고 너무나 참혹한 사람살이에 쓴물이 났다. 우리는 술을 다 마셔 버렸다. 그는 술에 취해 어릴 때 부르던 노래를 읊조렸다.

볏섬이나 나는 전토는 신작로가 되고요
말마디나 하는 친구는 감옥소로 가고요
담뱃대나 떠는 노인은 공동묘지로 가고요
인물이나 좋은 계집은 유곽으로 가고요

이상이 「고향」의 전체 이야기이다. 이 이야기는 정말 황폐할 대로 황폐해져버린 고향의 이야기인 것이다. 그리고 맨 마지막 노래에서 그 고향의 황폐화의 원인이 어디에 있느냐는 것을 극명히 드러내 주는 작품이다. 그래서 그 황폐화된 고향에 대한 진한 아픔과 함께 분노를 느끼게 하는 작품인 것이다.

이와 유사한 작품으로 월북작가 이태준의 「꽃나무는 심어놓고」가 있다.

> 터세가 몇 갑절이나 올라가고 논에는 금비를 써라하고, 그것을 대여주고는 가을에 비싼 이자를 쳐서 벼는 헐값으로 따져가고 무슨 세납 무슨 요금하고, 이름도 모르던 것을 다 물리어 나중에 따지고 보면 농사 진 품값은커녕 도리어 빚을 지게 되었다. 그들이 지는 빚은 달리 도리가 없었다. 소가 있으면 소를 팔고 집이 있으면 집을 팔아 갚는 것밖에. 그래서 한 집 떠나고 두 집 떠나고 하는 것이 삼년 안에 오륙호가 떠난 것이었다.
>
> — 이태준의 「꽃나무는 심어놓고」

이와 같은 일제의 수탈 정책으로 인해 농토를 떠나는 농민에게 자기 고향을 사랑하는 마음을 갖게 한다는 명목으로 마을에 꽃나무(벚꽃)를 심게 한다는 아이러니한 상황에서부터 이 이야기는 시작된다. 주인공 방서방은 고향에 대한 깊은 애정을 가지고 있는데도 불구하고 도무지 살아갈 방도가 없어 고향을 등지게 된다. 그러나 역시 도회에서도 살아갈 길이 묘연한 중에 아내마저 도주해 버리는데, 특히 이 작품에서 어린 자식마저 팽개치고 가버린 아내에 대하여 방서방이 원망과 증오의 심경과 함께 묘한 그리움을 느낀다는 것에 주목할 필요가 있다.

> '우리가 심은 사구라 나무도 저렇게 피었으려니....동네가 온통 꽃투성 이러니...' 그 때 마침 일본여자 하나가 꽃그늘에서 거닐다가 방서방과 눈이 마주쳤다. 방서방은 무슨 죄나 지은 듯이 움츨하고 돌아섰다. 꽃결같이 빛나는 그 젊은 여자의 얼굴! 방서방은 찌르르 하고 가슴을 진동시키는 무엇을 느끼며 내려왔다. 위선 단골집으로 가서 얼근한 술국에 곱배기로 두어 잔 드리켰다. 그리고 늙스구레한 주모와 몇 마디 농담까지 주거니 받거니 하다 나서니, 세상은 슬프다면 온통 슬픈 것도 같고 즐겁다면 온통 즐거운 것 같기도 했다. 그러나 술만 깨이면 역시 세상은 견딜 수 없이 슬픈 세상이었다. "경칠 놈의 세상 같으니!" 하고 아무데나 주저앉아 다리를 뻗고 울고 싶었다.
>
> __ 이태준의 「꽃나무는 심어놓고」

어린 자식마저 팽개치고 간 아내를 꽃나무 그늘이 비친 기생의 얼굴에서 찾으므로써, 그래서 아내에 대한 원망과 시대에 대한 증오가 표출되는 이 소설의 마지막은 고향을 잃은 사람의 아픔과 분노가 어느 정도인가를 보여 주는 것이라 하겠다. 특히 이 이야기에서 '고향'은 실제의 고향과 아내라는 은유화된 고향의 두 가지 의미를 지니는데, 이들 모두가 파괴된 모습을 보여 준다는 것이 중요하다. 그래서 이러한 고향의 상실을 통해 이 시대가 더 이상 어떠한 것도 소중히 간직할 수 없는, 황폐화된 시대라는 것을 강변하는 것이다.

고향의 상실과 그 상실에 대한 분노를 그린 또 다른 작품으로 최서해의 「고국」과 이익상의 「이향」과 같은 작품들이 있다. 이 작품들은 일제의 수탈을 피해 잘살아 보겠다는 의지를 가지고 간도로 떠나는 유이민의 심정과 그 타지에서의 생활이 너무나 힘겨워 다시 방황하게 되는 형편이 잘 나타나는 작품들이다.

이러한 유형과는 달리 고향을 떠나는 아픔을 그린 작품이 아니라, 어떤 특정한 마을을 고향으로 가지고 있으면서 그 속에서 살아가는 사람들의 이야기를 다룬 작품들도 많다. 우리가 잘 아는 「학마을」이나, 「학마을 사람들」 그리고 오영수의 「갯마을」같은 작품이 바로 그러한 유형이다. 이들 작품에서 우리는 고향의 정취를 느낄 수 있고, 또 고향에서 살아가는 사람들의 인정과 정서의 아름다움을 느낄 수 있다. 특히 이 작품들에서 고향을 고향으로 느끼게 되는 데는 그 마을의 어떤 특이한 풍물이 한몫을 한다. 예를 들어, 「학마을 사람들」에서 '학'은 그 마을 전체 사람들의 희망임과 동시에 '학마을'을 고향으로 느끼게 하는 고향 자체의 의미가 되는 것이다.

도회의 생활 속에서 농촌의 정서를 그리워하며, '고향'을 찾아 농촌 생활을 시작하는 주인공의 갈등과 힘겨움을 그린 이른바 농촌소설이라 이름하는 이무영의 「흙의 노예」에도 고향의 또 다른 의미가 잘 나타난다.

"결국은 기계가 사람을 죽이느니라. 사람이 기계를 부리는 게 아니라 기계가 사람을 부려먹는 세상야. 산미 증산, 산미 증산서 소출이야 더 나지. 허지만 그 대신 대두바이니 안모니아니 거름 값이 더 들지. 전엔 모두 한밥 한술만 더 먹으면 손으로 해치우던 걸 인젠 기계 아니면 못하는 줄 알잖니? 우리네 농군이 일 년 내 피땀을 흘려서 도회 사람 좋은 일만 시키느니라. 모두 그리 가져가지. 농군한테 지가다비가 하상관야? 몸뚱아리가 튼튼하면야 쇠를 먹어도 색이지, 병원이 뭔 소관이구? 움찔하면 똥이라더니 이건 움찍하면 돈이로구나…"

수택은 일생 처음으로 긴 이야기를 들었다. 그는 지금까지 무조건 하고 자기 아버지를 경멸해 왔었다. 그러나 이야기를 듣는 동안에 김영감은 훌륭한 세대의 반역자였다. 허다한 신진 사상가들의 기계파괴론을 보다 더 알기 쉽게 설명을 하고 있지 않는가. 표현은 다를지언정 김영감은 훌륭한 사상가였다. 인간은 지금 기계의 노예가 되어 있다. 그러나 결국은 인간은 기계에게 멸망을 당하고 다시 흙으로 돌아온다는 것이다. 지금의 사람들은 흙의 고마움을 모른다. 그러나 한 번 사람들이 다시 흙으로 돌아올 때 흙은 언제나 다름없는 관대와 애정으로 인간을 맞아 준다는 것이다. 이 흙의 관대를 인간은 모른다. 모르는데 그치지만 않고 경멸하기까지 한다.

__ 이무영 「흙의 노예」

이 작품에서 수택의 아버지는 평생을 고향에서 흙을 지키며 살아온 인물이다. 그러나 그에게 남는 것은 언제나 가난뿐이었다. 그 가난의 원인이 어디에 있는지를 갈등하는 수택의 고민은 결국은 고향에 대한 진한 애착의 또 다른 표현이라 할 수 있다. 결국 아버지의 죽음과 함께 끝나는 이 작품에서 수택에게 있어 아버지의 의미는 앞서 보았던 현진건의 「고향」에서의 어머니나 이태준의 「꽃나무는 심어놓고」의 아내의 의미와 유사한 의미를 지닌다고 하겠다.

그 외 우리 문학에 주로 나타나는 '고향'의 의미는 고향 그대로의 그리움과 돌아가고 싶은 포근한 장소로서의 의미로 나타나는 경우가 많다.

인적 끊긴 산 속
돌을 베고 하늘을 보오

구름이 가고,
있지도 않은 고향이 그립소.

__ 김상용의 「향수」

고향으로 돌아가자, 나의 고향으로 돌아가자.
암 데나 정들면 못 살 리 없으련마는,
그래도 나의 고향이 아니 가장 그리운가.

__ 이병기의 「고향으로 돌아가자」

위의 시들에서 보여 주는 것과 같이 고향은 언제나 어디에 있으나 가장 그리운 대상이며, 언제나 꼭 돌아가야 할 필연성을 마음속 깊이 가지게 하는 대상인 것이다. 이러한 마음을 잘 표현한 작품으로 송건호의 「고향을 향한 마음」이라는 수필이 있다. 이 수필 작품은 우리가 언제나 고향이라는 말을 떠올릴 때의 잔잔한 그리움과 설렘을 담담한 목소리로 표현하고 있다.

요즈음 신문 지상에 앞다투어 오르내리는 흉악한 범죄들도 결국은 우리의 고향을 잃어가고 있는 마음에서부터 그 발단이 있는 것이 아닐까? 무엇인가 그립고 포근한 그 대상이 없는 데서 오는 흉포함이 요즈음의 우리의 마음이 아닐까? 고향을 잃어가는 마음 때문에 우리는 점점 각박해져 가는지도 모르겠다.

'고향'이 주요하게 다루어진 작품들

현진건의 「고향」

이태준의 「꽃나무는 심어놓고」

김상옥 「사향」

정지용의 「향수」, 「고향」

박목월의 「산도화」

이익상의 「이향」

최서해의 「고국」

이무영의 「흙의 노예」

이병기의 「고향으로 돌아가자」

김상용의 「향수」

송건호의 「고향을 향하는 마음」

우리 문학에 나타나는 권력의 모습

「춘향전」을 중심으로

사람들은 대부분 권력을 원한다. 막연히 다른 사람보다 높은 위치에서 자기가 원하는 모든 것을 충족시켜 줄 수 있는 것이 권력이라 생각하면서 그것을 얻기 위해 애쓴다. 권력이 주는 마력이 대단한 것임에 틀림없다. 옛말에도 대감 집에 가서는 개한테도 절한다고 하지 않았던가? 또 권세가 있으면 '무소불위(無所不爲)', 곧 못할 일이 없다고 하였으니, 오죽하면 권세 있는 자는 '나는 새도 떨어뜨린다'는 말까지 생겼겠는가? 역사를 돌이켜 보더라도 수양대군이 어린 조카인 단종를 죽이면서까지 임금이 되고자 했던 것도 다 권력의 맛을 떨쳐 버리지 못했기 때문이라고도 할 수 있다.

그러나 권력은 때로 재앙을 가져다주기도 한다. 칼은 칼로써 망한다는 말처럼 지나치게 권력에 집착하면 또 다른 권력에 의해서 몰락하기도 하는 것이다. 그래서 우리 옛 조상들은 '화무십일홍(花無十日紅)'이요, '권불십년(權不十年)', 즉 꽃은 열흘 이상 붉게 피지 못하며 권세는 십년을 넘기지 못한다고 하며 은근히 권력의 허망함을 비꼬기도 했던 것이다.

이와 같이 그것을 탐하든 경계하든 사람들은 세상을 살아가면서 권력에 대하여 끊임없이 생각하게 된다. 그리고 문학은 그러한 생각들을 알게 모르게 반영한다. 그렇다면 권력이란 도대체 무엇인가? 그것은 우리 문학에 어떻게 반영되어 있는가? 이런 점들을 우리의 고대 소설부터 살펴봄으로써 우리의 선조들이 가졌던 권력관도 더불어 이해할 수 있을 것이다. 먼저 우리에게 가장 친숙한 이야기인 「춘향전」을 대상으로 소설 속에 나타나는 권력의 모습을 살펴보기로 하자.

「춘향전」은 흔히 기생 월매의 딸 성춘향과 남원 고을 사또의 아들 이몽룡의 사랑 이야기로만 이해되고 있다. 물론 절대 변치 않겠다고 맹세한 두 사람이 갖은 고난과 제약 속에서도 그 약속을 지켜냈다는 것이 「춘향전」의 기본적 틀임에는 틀림없다. 그러나 세익스피어의 「로미오와 줄리엣」이 당시 영국의 사회적 구조와 갈등을 반영하고 있듯이 「춘향전」 역시 당시의 사회상과 인생관을 반영한다. 우리도 이 같은 점을 고려하지 않고 「춘향전」을 읽을 수는 없다.

「춘향전」의 이야기 전개 과정에서 주목해야 할 점은 바로 '권력'의 역할이다. 그것은 춘향, 이도령, 변학도 세 사람의 신분 관계를 고려하면 쉽게 이해된다. 춘향은 권세 없는 약한 존재로, 이도령과 대립하는 변학도는 사또의 신분으로, 그리고 그를 제압하고 춘향을 구하는 이도령은 그보다 더 강한 권력을 지닌 암행어사로 설정되어 있다. 다시 말하면 춘향을 옥에 가둔 변학도의 '권력'과 춘향을 옥에서 풀어준 이도령의 '권력'이 「춘향전」이라는 사랑의 이야기를 완성시키는 데 있어 중요한 역할을 담당하는 것이다.

먼저 주인공 춘향의 입장에서 보면 춘향에게 자신의 신분을 악용하여 수청을 강요하다가 춘향이 말을 듣지 않자 그녀를 옥에 가두고 고문하는 변학도가 행사한 '권력'이 나타난다. 이 때 춘향은 권력의 '희생자'가 된다. 그러나 암행어사의 마패로 상징되는 이몽룡의 권력에 의해 춘향은 옥에서 풀려날 뿐만 아니라 자신의 정절을 높이 평가받는다. 그리고 자신의 사랑을 획득하게 된다. 여기에서 춘향은 스스로는 권력이 없는 자이며 권력에 의해 '구제받은 자'의 모습이다.

한편 변학도가 가졌던 권력은 부정적인 것으로 나타난다. 변학도는 춘향뿐만 아니라 고을의 일반 백성 모두에게 극심한 횡포를 부리는 '권력자'였다. 이도령이 변학도의 생일잔치에서 읊었던 시에서처럼 변학도는 그야말로 백성의 피를 빨아먹는 탐관오리였던 것이다.

이몽룡은 이러한 부정적 권력에 대립하는 긍정적 권력을 대표한다. 그는 암행어사로 사또인 변학도보다 더 강한 권력을 지닌다. 「춘향전」의 이야기가 결국에 가서는 춘향이 구제받는 것으로 끝나는 것은 이도령이 변학도보다 더 강한 권력을 지니고 있었기 때문에 가능했다. 즉 「춘향전」은 이도령과 변학도의 권력의 대립이라는 중요한 축을 중심으로 이야기가 이루어져 있는 것이다.

한편 이러한 권력의 의미를 우리 문학 곳곳에서 찾을 수 있다. 예를 들어 부정적 권력이라 할 수 있는 '변학도형' 권력의 모습을 우리는 「홍길동전」, 「조웅전」, 「유충렬전」 등에서 쉽게 찾아 볼 수 있다.

「조웅전」에서 조웅은 변학도와 같이 부정적인 '권력자'인 간신들에게 아버지를 잃는다. 간신들의 모함으로 아버지가 자결하고 조웅는 유복자로 태어나는 것이다. 이렇게 작품의 전반부에서부터 조웅은 부정적 권력의 희생자로 등장하는데, 이러한 간신들의 음모와 핍박은 조웅이 겪고 극복해야 할 고난으로 작품 전체에서 계속 나타난다.

「홍길동전」, 「유충렬전」과 같은 작품에서 나타나는 부정적 '권력자'의 전형은 사리사욕을 위해 백성의 세금을 수탈하고 여색을 탐하는 전형적인 탐관오리의 모습이며, 이들의 죄를 응징하는 것에서 주인공 유충렬과 홍길동이 갖는 인물의 특성이 두드러진다.

이상과 같은 고대 소설에서 나타나는 부정적 권력자의 모습은 이인직, 이해조의 신소설에서도 그대로 나타난다. 신소설에 나타나는 관리 또한 하나같이 변학도와 같은 탐관오리들이거나 부정부패에 빌붙어 사는 벼슬아치들이다. 「춘향전」이 당시의 탐관오리에 대한 불만을 반영하고 있듯이 신소설도 구한말이라는 시대적 상황과 어울려 권력에 대한 철저한 불신을 대변해 주는 것이라 할 수 있다. 대표적인 신소설의 작품으로 「은세계」, 「화세계」, 「화의 혈」, 「혈의 누」 등을 살펴보자.

「은세계」는 비교적 재산이 넉넉했던 '최병도'가 강원 감사의 학정 때문에 옥에 갇혀 죽고 부인은 그 충격으로 미쳐 버린다는 이야기다. 물론 후반부에 그의 자녀들 이야기가 나오긴 하지만 고대소설과 같은 직접적 복수는 나타나지 않는다. 여기에서 나타나는 강원 감사의 모습은 한 집안 전체를 완전히 파멸시킬 만큼 포악한 권력자이다.

「화세계」는 군인으로서 위세를 내세워 횡포를 부리는 '구참령'이라는 자가 권력자로 등장하는데, 그는 「춘향전」의 변학도와 같이 이방의 딸인 여주인공과 강제로 혼약하는 등 부정적 권력의 모습을 보인다.

「화의 혈」에서는 다른 작품에서보다 훨씬 구체화된 관원의 횡포가 나타난다. 그 내용은 이렇다. 전라도의 아전이 퇴기를 첩으로 얻어 선초와 모란이라는 두 딸을 두었다. 자라서 기생이 된 선초를 '이시찰'이라는 관원이 농락하고는 버린다. 선초는 이시찰의 배신에 대한 충격으로 자살한다. 그리고 선초의 죽음으로 기생이 된 동생 모란이 이시찰에게 복수한다. 이 소설은 벼슬을 잃고 걸인이 되어 비럭질하러 온 이시찰을 모란이 망신을 주는 것으로 끝난다. 여기에서 이사찰은 '변학도형'의 부정적 권력자의 모습이다. 원래 난봉꾼인 그는 관직을 얻어 양민을 동학군으로 몰아 죽이고 부정축재를 일삼는 등 부정적 권력의 전형적 모습을 뚜렷이 보여준다.

이인직의 「혈의 누」에서는 특히 작가가 작품 속에 개입한다고 느낄 만큼 뚜렷한 작가의 목소리로 '권력자'의 부정을 비판한다. 그러한 특징은 다음과 같은 부분에서 잘 드러난다.

> 평안도 백성은 염라대왕이 둘이라. 하나는 황천에 있고 하나는 평양 선화당에 앉았는 감사라. 황천에 있는 염라대왕은 나이 많고 병들어서 세상이 귀치않게 된 사람을 잡아가려니와 평양 선화당에 있는 감사는 몸 성하고 재물 있는 사람은 낱낱이 잡아가니 인간 염라대왕으로 집집에 터주까지 겸관이 되었는지 고사를 잘 지내면 탈이 없고 못 지내면 온 집안이 동티가 나서 다 죽을 지경이라. 제 손으로 벌어 놓은 제 재물을 마음 놓고 먹지 못하고 천생 타고난 제 목숨을 남에게 매어 놓고 있는 우리나라 백성들은 불쌍하다.

위와 같이 예를 든 작품에서처럼 신소설의 대부분에 권력자의 모습은 '염라대왕', '불한당', '도둑놈', '망나니' 등과 같이 부정적 이미지로 표현된다[1].

그런데 이들 신소설에서 특기할 만한 사항은 이들 탐관오리의 횡포에 대한 묘사가 앞 시대의 작품에서보다 세밀하게 그려져 있고, 그에 대한 불만과 반발감이 잔혹하게 표현되어 있다는 것이다. 하지만 「춘향전」에서 변학도가 이도령에 의해 완전히 파멸하는 것과 같은 파격적이고 철저한 복수가 나타나지는 않는다. 「은세계」에서 최병도의 부인이 미쳐 버리고 만다는 것이나, 「화의 혈」에서 문란이 이시찰에게 모욕을 주는 행위 등은 「춘향전」에서 보이는 복수에 비해서는 한층 약화되어 나타나는 것이다. 그러나 강원 감사, 구참령, 이시찰 등 권력자의 횡포는 고대 소설에 비하여 훨씬 강하고 구체적으로 나타난다. 이

---

1 이재선, 「한국문학주제론」, 서강대출판부, 1989, p.204.

렇게 이인직, 이해조의 신소설에서 보여주는 관료의 모습이 그 어느 시대의 작품에서보다 더욱 부정적으로 그려진 것은 시대 변혁, 곧 권력의 개혁이 꼭 필요하다는 당시의 시대관을 강조하기 위한 것이라고도 할 수 있다.

일제 강점기인 20-30년대 소설에서의 권력의 모습은 일제의 횡포, 궁핍한 사회, 고난받는 우리 민족의 삶 등과 맞물려 나타난다. 최서해의 「홍염」, 「탈출기」, 「고국」 등과 같은 일련의 작품을 비롯하여 다른 많은 작가의 작품에서 그 예를 쉽게 찾아볼 수 있다. 한 예로 「홍염」에서 주인공은 만주로 쫓겨 와 권력자인 중국인 지주에게 딸을 빼앗기고 아내는 딸을 애타게 부르다가 죽는다. 힘없는 우리 민족이 권력을 쥔 자에게 당하는 고통이 사실적으로 드러난 작품이라고 하겠다.

한편, 그 수는 적은 편이나 이상에서 살펴본 '변학도형'의 부정적 권력과 상반되는 것으로 '이도령형'의 긍정적 권력의 모습도 우리 문학의 곳곳에 나타난다. 앞에서 예로 든 「조웅전」의 경우에서도 조웅이 간신과 역적을 몰아내고 나라를 구해 새로운 권력을 가질 때 그의 권력은 정당한 것이며 긍정적인 것으로 그려진다. 「홍길동전」에서 추구하고 있는 이상 사회인 '율도국' 역시 긍정적이고 올바른 권력이 집권한 사회를 상징한다.

부정한 권력을 징벌하고 올바른 권력을 행사하는 전형은 역시 「춘향전」의 경우와 같은 암행어사의 이야기이다. 이러한 암행어사의 모티프는 「어사 박문수」의 이야기를 대표적인 것으로 들 수 있다. 박문수가 살인자를 찾아 단죄하고 탐관오리를 벌하는 이야기를 통해 우리는 올바른 권력의 힘을 느끼는 것이다. '암행어사'가 긍정적 권력을 나타내는 대표적인 모티프로 등장하는 까닭은 당시 탐관오리 등 부정적 권력을 척결하는 거의 유일한 수단이 어사 제도였기 때문이라고 할 수 있을 것이다. 암행어사는 '과거'라는 정당한 방법을 통해 얻는 정당한 권력이었다.

따라서 우리 문학에는 과거를 보는 장면, 과거에 장원급제하는 장면 등이 소상히 그려져 있는 것이 많다. 즉 주인공이 악한 자를 징벌하고 행복을 찾는 이야기를 만들기 위해 주인공을 정당하고 강한 권력자로(꼭 암행어사는 아닐지라도) 만드는 것이다. 「춘향전」이라든가 「신유복전」 등은 그 같은 점을 잘 보여 주고 있는 작품들이다.

지금까지 우리 문학에 나타나는 긍정적 권력과 부정적 권력의 모습에 대하여 알아보았다. 한편 우리 문학은 왜곡되고 굴절된 권력 획득의 과정을 보여 줌으로써 권력의 다양한 모습을 묘사하고 있기도 하다. 이러한 권력은 대체로 부정적 권력으로 이어진다.

옛날에 '장원급제'를 통해 권력을 쥐는 방법은 역시 그 길이 너무나 좁고 힘든 것일 것이다. 따라서 권력을 얻는 변칙적인 수단으로 권력을 사는 방법이 등장한다. 연암 박지원의 「양반전」은 그 대표적인 예이다. 이 소설에서 주인공은 쌀 천 석에 '양반'의 지위를 사기도 하는데, 이런 희극적 상황을 통해 작가는 '양반'이란 권력의 허위성을 보여 준다. 「양반전」의 대강의 내용은 이렇다.

강원도 정선 고을의 어느 양반이 가난해서 환곡을 꾸어 먹은 것이 천 석이나 되었다. 감사가 이것을 알고 다그치자 울기만 했다. 그의 아내는 '양반이란 한 푼 어치도 못되는 것'이라고 빈정거린다. 이런 상황에서 이웃에 사는 천한 부자가 쌀 천 석을 내고 양반을 사기로 한다. 그 고을 군수가 천한 부자를 칭송하고, 양반 매매 문서를 정식으로 작성하기로 한다. 그리고 그 첫 번째 문서에서 양반의 도리를 열거하자 부자는 그래도 아무런 이의가 없으니 문서를 작성해 달라고 한다. 두 번째 문서에서 양반의 권리를 열거하자 부자는 '나를 도둑놈으로 만들 작정인가' 하며 머리를 흔들며 가 버렸다는 것이다.

이렇게 돈으로 권력을 사는 파행적 모습은 그 후의 소설에도 계속해서 등장하는데, 염상섭의 「삼대」나 채만식의 「태평천하」에서 나타나는 족보의 위장도 돈을 통한 권력 획득의 모습이라 하겠다.

「삼대」나 「태평천하」와 같은 가족사 소설(가족의 역사를 중심으로 쓴 소설)에서 보여 주는 것처럼 신분적으로 열세인 부자들은 예외 없이 상층 신분으로 위장을 하거나, 족보라는 가족의 역사를 그럴듯하게 만들어 자신의 신분을 양반으로 변환시킨다. 뿐만 아니라 그 후손들에게 권력 있는 인물이 되기를 끊임없이 요구한다. 이들은 권력이 번영과 안전의 신임장과 같은 것이라 믿고 있는 것이다. 그러나 이들이 추구하는 권력은 그 획득의 순간에서부터 항상 부패와 타락이 동시에 나타나는 것이다.

현대로 올수록 소설에 등장하는 권력자의 모습은 심하게 변모하는 모습을 보여준다. 친일자의 모습에서 미군정에 아부하는 모습으로 시대의 흐름에 따라 변모한다. 이와 같은 모습은 전광용의 「꺼삐딴 리」에서 쉽게 찾아 볼 수 있다. 이것은 우리의 역사적 사실과 결코 무관하지 않는 권력의 또 다른 파행적 모습이라 할 수 있다.

이상에서 우리는 우리 문학 속에 나타나는 권력, 혹은 권력자의 모습을 살펴보았다. 「춘향전」에 등장하는 '이도령형' 권력자와 '변학도형' 권력자의 유형을 각 시대별 권력자의 모습으로 유형화해 본 것이다.

그런데 각 시대별 여러 작품들을 살펴보는 과정을 통해 '변학도형'의 부정적 권력자의 모습이 눈에 많이 띈다는 걸 발견할 수 있었다. 물론 현대소설에 나타나는 '권력자'는 '변학도형'의 모습과 꼭 같지는 않다. 그러나 권력에 아부하고 권력을 손에 쥐기 위해서는 어떤 수단 방법도 가리지 않는 등 권력을 통한 부정적 측면을 보인다는 점에서 '변학도형'의 변형이라 할 만한 것이다. 이것은 또 어쩌면 순수한 '변학도형'의 권력보다 훨씬 더 심하게 부패된 모습인지도 모른다.

그런데 이렇게 부정적 모습의 권력자가 우리 문학에 훨씬 더 많이 등장하는 이유는 무엇일까? 문학은 그 시대 현실을 반영한다. 실제 현실에서 권력의 부정적 모습을 쉽게 찾아 볼 수 있기 때문에 문학 역시 그것을 많이 반영하게 되는 것으로 추측할 수 있다. 이러한 문학의 모습에서, 또 현실의 모습에서 우리는 권력이란 무엇인가를 한 번 더 생각해 보아야 할 것이다.

'권력'이 주요하게 다루어진 작품들

「춘향전」

「조웅전」

「신유복전」

「유충렬전」

「숙영낭자전」

허균의 「홍길동전」

김만중의 「구운몽」

연암의 「양반전」, 「허생전」

이인직의 「은세계」, 「귀의 성」, 「혈의 누」

이해조의 「화세계」, 「화의 혈」

홍명희의 「임꺽정」

염상섭의 「삼대」

채만식의 「태평천하」

최서해의 「홍염」, 「탈출기」, 「고국」

전광용의 「꺼삐딴 리」

한국문학에 나타나는 꿈의 의미

우리는 누구나 꿈을 꾼다. 흔히 돼지 꿈이나 불 꿈, 똥 꿈은 뜻하지 않은 횡재를 할 꿈이라 해서 길바닥에서 지갑을 줍게 되는 따위의 요행을 바라며 복권을 사서 하루를 보내기도 한다. 또 이가 빠지는 꿈은 주위의 누가 죽게 되는 꿈이라 해서 그 꿈을 꾸고 나면 주위 사람의 안부를 걱정하는 전화를 하기도 한다. 특히 시험 발표를 앞두고 꾸는 꿈은 합격인지 불합격인지 결정하는 신통력이라도 있는 듯이, 좋은 꿈을 꾼 사람은 느긋한 기분으로, 나쁜 꿈을 꾼 사람은 불안해하며 하루하루를 보낸다. 막 결혼하여 신혼여행을 떠나는 신혼부부에게 어른들이 해 주는 덕담도 좋은 꿈을 꾸라는 것이며, 우리의 늦은 밤 인사도 좋은 꿈에 대한 기원이다.

이러한 꿈이 새 생명을 임신한 임산부의 경우엔 장래에 태어날 아이에 대한 기대로 가득찬 신비한 꿈일 경우가 흔히 있는데 이것을 우리는 태몽이라고 부른다. 또 앞에서 이야기한 불 꿈이나 돼지 꿈 같은 것을 내일의 행운을 가져다주는 길몽이라 하고, 이가 빠지는 것과 같이 나쁜 꿈을 흉몽이라고 한다. 어떤 경우엔 꿈의 내용은 전혀 생각나지 않지만 밤새 무엇엔가 시달려 빨리 깨고 싶은 꿈이 있다. 이것을 악몽이라고 하며, 평소 자기가 하고 싶지 않은 일을 당하면 흔히 악몽 같다고 그 상황을 표현하기도 한다.

이렇게 우리는 꿈을 통해 미래의 행복과 불행을 점치고 기대와 근심 속에 빠져 든다. 이와 같은 꿈의 역할은 현실을 반영하고 있는 문학의 세계에서도 그대로 나타난다.

그러나 문학 속의 꿈은 현실의 꿈과 다른 점이 있다. 문학 속의 꿈엔 주인공이 다른 세계(용궁, 천국 등)로 이동하는 것이 잘 나타난다는 점이 특히 다른 점이다. 주인공은 꿈속에서 용궁, 천국 등에서 일생을 보내기도 하고, 현실의 세계가 꿈에 나타났다고 하더라도 현재의 자기와 완전히 다른 삶으로 일생을 산다. 또 꿈속에 선녀, 도사 등 신성한 존재들이 흔히 나타난다는 것도 소설 주인공이 꾸는 꿈이 우리가 보통 꾸는 꿈과 크게 다른 점이다. 이런 점에서 문학 속의 꿈은 시간을 초월하고, 공간을 초월한다. 꿈 이야기가 들어 있는 대부분의 고대 설화나 소설은 이러한 특징을 보인다.

그런데 현대에 올수록 문학 속의 꿈은 우리가 흔히 꾸는 현실의 꿈과 비슷해진다. 현대 문학에 나타나는 꿈은 용궁이나 천상 세계에 가서 사는 것과 같이 유별난 것이 아니다. 일상생활처럼 평범한 것이 대부분이다. 그래서 우리가 흔히 그러한 것처럼 소설 속의 인물들이 느끼는 어떤 강박감이 꿈속에서 나타나기도 한다.

그런데 문학 속의 꿈은 단순히 이야깃거리로 나오는 것이 아니라 무엇인가 상징하는 구실을 한다. 예를 들어 주인공이 느끼는 강박감이 꿈으로 나타날 때 그 꿈은 그 주인공의 현실적 불안을 상징한다. 그러므로 우리는 작품을 읽을 때 작품에 나타난 꿈 이야기를 소홀히 지나쳐서는 안 된다. 때로는 그 안에 작품의 주제가 숨어 있기도 하여 작품 전체의 중요한 고리 구실을 하기 때문이다. 그 때문인지 '꿈'은 서사주제학의 관점에서 고대 설화에서 현대 소설에 이르기까지 중요한 소재로 다루어져 왔다. 특히 주인공의 내면세계나 심리 상태를 들여다 볼 수 있는 한 방법이라는 점에서 더욱 중요한 소재가 되었다.

그러면 가장 오랜 꿈의 설화인 「조신의 꿈」에서부터 현대의 시·소설에 나타나는 꿈의 의미를 구체적인 작품을 통해서 살펴보기로 하자.

「삼국유사」에 실려 있는 '조신의 꿈 이야기'는 현실 세계에서 도덕적·종교적 억압이 많은 승려 조신이 자기가 사모하는 군수의 딸과 결혼하게 해 달라고 부처님 앞에서 기원하다가 깜빡 잠이 들었다는 것에서 시작된다. 꿈속에서 조신은 그 군수의 딸과 결혼하여 50년을 살게 되는데, 그 50년 동안 두 사람의 사랑은 변함없지만, 점점 가난해져 먹을 것과 입을 것이 없는 고통을 당하게 되고 심지어 자식이 굶어 죽는 것을 보게 되는 등 인간사의 모든 고난과 역경을 겪게 된다. 그리고는 결국 인생이 참으로 무상하다는 걸 느끼면서 꿈에서 깨어난다.

영화로도 상영되었던 이광수의 소설 「꿈」의 원형이 된 이 설화는 시간과 공간을 초월하는 꿈이라는 통로를 통해서 현실에서 억제된 욕망과 만남을 실현하는 이야기다. 그와 동시에 이 이야기는 현실의 욕망은 결국엔 허망하고 무상하다는 불교적인 번뇌와 해탈의 사상을 담고 있다. 여기에서 '꿈'의 구실은 다른 세계(異界)로 들어가는 것과 나가는 것의 통로로 작용하고 있다.

이와 유사한 유형의 작품으로 「금오신화」에 나오는 「남염부주지」와 「용궁부연록」 등이 있다. 그 내용을 살펴보면, 먼저 「남염부주지」는 경주에 사는 박생이라는 강직한 선비가 꿈에 저승에 가서 염라대왕을 만났다는 것이다. 그는 꿈속에서도 강직한 선비답게 염라대왕에게 제왕으로서의 마땅한 자세가 무엇인지 이야기하고, 염라대왕은 그에게 염라대왕의 자리를 넘겨줄 것을 제안했다는 이야기다.

「용궁부연록」은 꿈의 배경이 용궁이다. 송도 사람인 주인공 한생이 주인공인데, 그는 꿈에 용궁에 초대되어 그 동안 발휘할 기회를 얻지 못했던 글재주를 마음껏 자랑하고 극진한 환대를 받았다는 내용이다. 「용궁부연록」에서는 조신의 설화에서처럼 불교에 대한 귀의가 나타난다. 이야기의 결말에서 한생은 꿈을 깬 후 용궁에서 받은 선물이 그대로 있는 것을 보고 깨달은 바가 있어 세상의 일에 미련을 두지 않고 명산에 들어가 자취를 감추었다는 점이 그것이다.

앞의 「조신의 꿈」과 「금오신화」는 둘 다 '꿈'이 다른 세계(異界)로 들어가고 나오는 통로의 구실을 한다는 점에서 일치한다. 이러한 유형의 소설을 액자 소설이라 부른다. 즉 이 두 작품에서 전체 이야기를 우리가 흔히 보는 그림 액자와 같은 것이라고 가정했을 때, 꿈을 꾸고 있는 현실은 액자의 틀이며 꿈은 액자 내부의 이야기라고 할 수 있다는 공통점이 있다.

그러나 이 두 이야기는 여러 가지 차이점도 지니고 있다. 먼저 조신의 꿈이 불교의 세계와는 다른 인간의 세속적인 현실 세계에서의 방황과 갈등을 꿈의 내용으로 하고 있는 반면, 「금오신화」에서의 꿈은 주인공이 겪는 저승의 이야기가 그려져 있다는 점, 즉 「금오신화」에서 꿈속의 세계는 현실의 세계와는 전혀 다른 차원의 세계라는 것이다. 또 조신의 이야기에서는 꿈을 꾼 현실의 짧은 시간 속에 꿈속에서의 50년이라는 긴 시간이 속해 있을 뿐 아니라, 그 꿈속의 시간에서 다시 현실의 시간으로 왔을 때 그 시간이 '백발'을 통해서 연결되어 있다. 그러나 거기에 비해 「남염부주지」(『금오신화』)에서 박생의 꿈속의 시간은 실제의 수면 시간과 거의 유사한 시간에 머물러 있고, 꿈속에서 현실로 돌아왔을 때도 아무 변화가 없었다.

소설의 완전한 형태를 갖춘 꿈 이야기는 그 대표적 작품으로 「구운몽」을 들 수 있다. 소설 「구운몽」은 '꿈 – 꿈속에서의 인생 – 깨달음(각성)'의 3단계로 이루어져 있다. 이 작품은 앞서 이야기한 설화 '조신의 꿈'을 가장 성공적으로 형상화한 문학 작품이라 할 만하다.

내용은 이렇다. 선계(仙界)의 불자(佛者)인 주인공 성진은 불교의 대표적인 금기 사항인 술과 여자를 가까이한 벌로 선계에서 인간계로 추방되어 양소유라는 사람으로 환생한다. 인간계에서 양소유는 역시 선계에서 그와 희롱을 주고받았다는 죄로 추방당한 팔선녀들을 차례로 만나 2처 6첩을 얻는다. 임금에 대한 총애와 권력과 부귀영화를 모두 소유하게 된 양소유는 어느 순간 이런 현세의 모든 영화가 무상하다는 것을 깨닫는다.

「구운몽」은 이러한 순간의 깨달음으로 인해 잃었던 세계 즉 선계로 되돌아간다는 순환적 이야기다. 이 순환의 이야기가 담겨 있는 틀이 바로 '꿈'이다. 즉 선계에서 성진이 꿈을 꾸고(액자 틀) 인간계에서 양소유로서의 성진의 부귀영화를 꿈의 내용(액자 내용)으로 하는 순환적 액자 소설이다.

선계의 성진이 꿈에서 깨어나서 승려 조신의 경우처럼 인간 세계의 모든 영화와 욕망을 부질없는 것으로 느끼고 불교에 귀의한다. 이러한 마지막 부분의 내용은 「구운몽」 역시 불교 소설의 한 유형에 속함을 보여 준다. 그리고 여기에서 이러한 깨달음의 계기를 마련해 주는 것이 다름 아니라 성진의 '꿈'이다. 여기에 '꿈'의 의미가 있다.

꿈을 통해 다른 세계나 몽상의 세계로 들어갔다가 다시 꿈을 깸과 동시에 현실로 돌아오는 유형의 이야기 가운데 「운영전」은 다소 특이한 내용을 담고 있다. 우선 그 형식에서 꿈을 모티프로 한 대부분 소설의 공통적 유형인 액자 소설이라는 공통점은 지니고 있다. 그러나 그 액자 안의 이야기가 비련의 사랑이라는 점과 꿈의 단계로 들어가기 전에 '술'이라는 환각제가 꿈으로 몰아가는 구실을 한다는 점에서 다른 작품들과 다르다. 이런 점에서 이 작품은 반종교적(반불교적) 혹은 반도덕적인 특색이 강하다.

「운영전」의 줄거리는 다음과 같다. 주인공 김진사가 안평 대군의

궁녀인 운영을 사랑해서 애를 태우다 결국 궁의 담을 넘어가 몰래 만난다. 그러나 이들의 만남은 소문이 나서, 안평 대군에 의해 운영은 옥에 갇히게 된다. 이렇게 되자 운영은 자살을 하고, 김진사도 며칠을 울며 지새우다가 운영의 뒤를 따라 죽는다. 이것이 「운영전」의 액자 내부 이야기다. 그리고 오랜 세월 뒤 두 사람의 혼령이 이제는 폐허가 된 안평 대군의 수성궁에 나타나 유영이라는 선비에게 원통했던 자신들의 일을 털어놓은 이야기가 「운영전」이다. 유영은 꿈속에서 이들의 이야기를 들은 것이다. "유영이 깨고 보니 모두 꿈속에서 들은 말이더라"는 것이 액자 틀에 해당하는 외부의 이야기 즉 현실의 이야기이다. 여기에서 유영이 꿈속의 두 혼령들을 만나기 전, 즉 꿈의 상태에 이르기 전에 '술'이라는 매개가 등장하는 것이 이 작품의 반종교적인 색채를 더한다고 할 수 있다.

그 밖에 우리가 흔히 알고 있는 주요 고대 소설들에서 '꿈'은 보통 태몽의 형태로 나타나거나 앞날에 대한 예고의 형태로 나타난다. 우선 주인공의 특이한 태몽이 나타나는 작품으로 「홍길동전」, 「유충렬전」, 「춘향전」 등이 있다. 먼저 「홍길동전」의 홍길동은 그 아버지가 용꿈을 꾸고 난 후 홍길동이 탄생했다는 태몽을 가지고 있고, 「유충렬전」의 유충렬은 그 어머니 장씨 부인이 지성을 다해 제단에 빈 결과 꿈속에서 청룡을 탄 신선을 만남으로써 잉태하여 낳았다는 태몽이 있다. 또 우리가 잘 아는 「춘향전」에서 춘향은 그 어머니 월매가 반어봉 제단에 빌어 청학을 꿈에 보고 잉태한 딸이라는 태몽을 가지고 있다.

이렇게 각 소설들의 주인공의 탄생과 결부된 '꿈' 즉 '태몽'의 의미는 그 인물이 비범한 인물이 될 것이라는 상징과 더불어 비범한 인물들은 쉽게 태어나는 것이 아니라는 점을 강조해서 보여 주는 것이라 하겠다.

고대 소설에서의 '꿈'은 태몽의 형태로뿐만 아니라 주인공이 위기에 처해 있을 때, 위기를 극복하거나 탈출하게 하는 신비한 힘으로 작용하고 있다. 이것은 꿈이 미래를 예고하는 구실을 하는 것이라 할 수 있다. 주로 주인공이 불운과 위기에 처했을 때, 꿈속에 신선, 선녀, 백발노인 등이 나타나 궁지에 몰린 주인공에게 그타개책을 일러 주는 것이 그 대부분이다.

꿈은 흔히 전문적인 해석이나 해독, 즉 해몽을 필요로 하는데, 이 '해몽'의 구실 또한 '꿈'의 구실 못지않게 고대 소설에서 중요한 역할을 차지하고 있다. 「춘향전」, 「장끼전」 등은 꿈과 함께 이 꿈에 대한 독특한 해몽이 잘 나타나 있는 작품이다. 이들 작품에서의 꿈은 '꿈' 그 자체보다 '해몽'을 통해 재해석된 꿈의 의미가 작품의 흐름이나 주제와 밀접한 관련을 갖는다.

먼저 「춘향전」을 보자. 「춘향전」에서는 춘향이 옥에 갇혀 있으면서, 꽃이 떨어지고 거울이 깨어지고 허수아비가 문 위에 매어달리는 꿈을 꾼다. 이 꿈을 춘향은 자신의 죽음을 예감하는 악몽이라고 해석한다. 그러나 전문적인 해몽가인 봉사는 이 꿈이 밝은 미래를 예시하는 길몽이라고 해석한다. 그의 해석은 이렇다. 꽃이 떨어지는 것은 꽃이 떨어져 곧 열매를 맺게 되고, 거울이 깨어지는 것은 그 깨어지는 큰 소리에 만인이 주목하게 되고, 문 위에 허수아비가 달린 것은 만인이 다 우러러 본다는 것으로 해석해서, 길몽 중의 길몽이라고 해몽한다. 봉사의 이 해몽은 춘향의 앞날을 거의 정확하게 예언했다고 할 수 있다.

한편 「장끼전」에서 콩 한 섬을 얻었다는 장끼의 꿈을 당사자인 장끼 자신은 길몽으로 풀이하지만, 그 아내인 까투리는 오히려 그 반대로 흉몽이며 죽음의 전조로 풀이한다. 이 풀이 역시 꿈의 당사자가 아닌 까투리의 해몽이 정확한 것으로 나타나며 장끼의 죽음으로 작품이 마무리된다.

이렇게 '꿈'과 '해몽'이 같이 나타나는 경우 항상 해몽은 그 해석이 두 가지 형태로 나타난다. 이러한 해몽의 양면성은 이야기의 극적인 긴장을 고조시키는 기능을 한다.

이상에서 살펴본 고대 문학에서의 꿈은 그 신성성이나 신비한 힘의 작용이 강하다. 그러나 거기에 비해, 현대 문학에서 나타나는 꿈은 그러한 힘이 약화되고 있다. 대신 현대 문학에서는 '꿈'은 그 자체의 독특한 환상적인 분위기를 작품 전체가 내포하고 있는 경우가 많다. 또 '꿈'이 작품 전체에서 독특한 의미를 가지는 상징으로 작용하기도 하기도 하는데, 예를 들면 악몽은 주로 현실에 대한 강박감과 불안을 상징한다.

작품 전체를 꿈속의 분위기, 즉 꿈결 같은 환상적인 분위기로 이끌어가고 있는 대표적인 작품들로는 낭만주의 계열의 시들을 들 수 있는데, 이상화의 「나의 침실로」는 그 대표적인 보기라 할 수 있다.

현실 생활의 강박감이나 억압의 형태가 '꿈'을 통해 상징화될 때 그것은 '악몽'의 형태로 나타난다. 그 대표적인 작품으로 염상섭의 「표본실의 청개구리」를 들 수 있다. 1인칭 서술자에서 3인칭 서술자로 시점을 바꾸어가며 '나'와 '김창억'의 강박감과 억압, 그리고 광기를 보여주는 이 작품은 불완전한 액자 소설의 형태를 가지고 있다. 서술자인 '나'는 광인 '김창억'의 일대기를 통해 김창억의 광기가 곧 그 시대적 증상이며 지식인의 내면적인 탈출이라는 것을 암시한다. 그러한 암시에 이르기까지 이 작품에는 줄곧 병적인 환상과 악몽의 장면이 나타나고 있는데, 여기에서 나의 '악몽'은 심리적인 불안과 억압의 한 현상으로 설명될 수 있다. 또 김창억의 광기 또한 '꿈'과 같은 환상적 분위기를 통해 나타나는데 이 작품의 환상, 환각, 광기 등은 악몽과 같은 의미를 지닌다. 이러한 의미에서 김창억의 광기는 한 개인의 개인적인 강박 관념뿐만 아니라 사회적인 병적 증상의 한 상징으로 파악될 수도 있는 것이다.

이렇게 현대 문학으로 올수록 작품 속에 등장하는 '꿈'의 의미는 신성하거나 신비한 어떤 것이 아니라 주로 개인적, 혹은 사회적 강박감과 불안 심리를 상징적으로 나타낸다. 그리고 그것이 흔히 악몽으로 나타난다는 점을 그 특징으로 들 수 있다. 이러한 특징은 현대의 문학 작품들을 정신분석학적으로 해석할 수 있는 가능성을 열어 주는 것이기도 하다.

'꿈'이 주요하게 다루어진 작품들

『삼국유사』 _ 「조신의 꿈」

『금오신화』 _ 「남연부주지」, 「용궁부연록」

「구운몽」

「운영전」

「홍길동전」

「춘향전」

「심청전」

「장끼전」

「조웅전」

이광수의 「꿈」

이상화의 「나의 침실로」

김소월의 「팔베개의 노래」, 「원앙침」, 「꿈 꾼 그 옛날」, 「새벽」, 「님에게」, 「잠」

염상섭의 「표본실의 청개구리」

나도향의 「벙어리 삼룡이」

김동리의 「을화」

황순원의 「카인의 후예」

서울, 2014년 가을

우리 문학에 나타나는 '도시'의 모습

'강남 스타일', '청담동 살아요', '청담동 엘리스' 등 뻔질나게 드라마와 노래에 등장하는 인물들의 모습은 화려한 도시를 배경으로 하고 있다. 우리가 먹는 음식이나 입는 옷들도 도시의 거리와 어울림직한 것들이다. 우리가 추구해가는 아주 고도로 세련되고 화려한 것들 속에서 우리는 자신도 모르게 도시화 되어가고 있는 것이다. 물론 이러한 도시화의 좋은 점이나 편리함은 말할 필요도 없이 많다. 그러나 이러한 편리함 뒤에 숨어있는 부정적인 면들도 간과할 수는 없는 것들이다. 알게 모르게 이미 도시화 되어버린 우리의 삶에 도사리고 있는 여러 가지 부정적 부분에 대해 먼저 관심을 보인 것은 문학에서부터였다.

우리 문학에서 도시의 이미지가 등장하기 시작한 것은 30년대 문학에서부터이다. 우리가 잘 아는 채만식의 「레디메이드 인생」이나 「인텔리와 빈대떡」 그리고 유진오의 「김강사와 T교수」 또 박태원의 「천변풍경」등은 바로 도시가 하나의 배경으로만 작용하는 것이 아니라 도시 속에 사는 사람들에게 그들이 속해있는 도시가 어떤 역할을 하는가를 의미화한 작품들이다.

> 세상에 도회 쳐 놓고 빈민굴 없는 곳이 없다. 굉장한 돌집이 즐비하여 있는 그 반면에 반드시 쓰러져 가는 빈민굴이 숨어 있으니 이 뼈저린 대조를 현재의 도회는 모두 보이고 있다.
>
> __ 이효석의 「기우」

> 도회란 숲속으로 비밀을 감추고 있는 음침한 굴속이다.
>
> __ 이효석의 「계절」

> 산 너머 저편은 바로 도회에서 생활과 싸움으로 들복닥거리건만 산 건너 이편은 그와는 별 세상인 양 웃음과 노래와 흥이 지천으로 물 위를 흘렀다. — 이효석의 「장미 병들다」

이 예들은 우리가 흔히 생각할 때 전원적이고 원시적인 소재의 작품을 많이 발표한 것으로 알려고 있는 이효석의 작품들이다. 위의 작품들 속에서 우리는 화려한 도회에서 배반당하고 있는 노동자와 기생들의 전락과 파멸을 읽을 수 있다. 이효석은 이들의 가난하고 불행한 삶을 보여줌으로써 도회의 부정적인 면모를 강조하고자 하였다.

특히 「장미 병들다」는 그 표제가 암시하는 바와 같이 '첩첩한 시대의 불행'으로 묘사되어 있는 비정한 시대의 상황적 억압 (시대 상황과 도시라는 공간적 상황) 때문에 '떠도는 부평초'처럼 생활의 뿌리를 잃은 사람들의 이야기이다. 이들의 고향 상실성과 도시의 악마적 속성에 의한 인간의 육체적 정신적 타락과 붕괴를 다루고 있는 작품이 바로 「장미 병들다」이다. '진보적 서적'을 읽고 학생운동을 주도하던 남죽의 철저한 전락과 그로 인해 현보가 받는 정신적 환멸과 성병에 걸려 있는 정신적 육체적 고민을 묘사하고 있는 이 작품은 결국 자유가 없고 물질적 쾌락주의의 생활이 만연한 병든 사회에 대한 고발의 의미를 가지고 있다 하겠다[2].

이효석이 도시의 부정적 의미를 형상화한 작품이 그의 초기작에 국한되는 반면 「김강사와 T교수」의 작가 유진오의 작품은 전 작품들의 배경이나 인물이 도회적인 요소를 가지고 있다는 것이 그 특징이라 하

---

2 이재선, 「한국현대소설사」, 홍성사, 1986, p.329.

겠다. 이것은 그의 대표작 중 하나인 「창랑정기」에서 “서울서 나서 서울서 자란 나는 남들과 같이 가끔 가끔 가슴을 졸이며 그리워할 아름다운 고향을 가지고 있지 못하다”고 고백한 작중 서술자의 입을 통해 작가 자신의 실제 경험을 이야기하고 있다. 이러한 그의 실제 생활이 바탕이 된 그의 작품들은 인위적 환경으로서의 도시의 현실을 배경으로 한 도시인들의 정신적인 고뇌와 궁핍한 삶의 상황을 제시하고 있다. 「김강사와 T교수」 외에도 「빌딩과 여명」, 「5월의 구직자」, 「여직공」, 「형」, 「어떤 부처」, 「나비」들이 바로 이러한 작품들인데 이들 작품은 그 배경이나 인물은 물론 생활양식마저 도시 생활의 재현으로 일관되어 있다. 즉 유진오는 도시 생활의 물질주의적인 속악성과 가난 및 정신적인 위축을 통하여 식민 정책 하에서의 병든 도시 사회의 정신적 및 물질적인 문제를 제기하고 있는 것이다. 따라서 유진오의 작품에는 교양을 갖춘 지식인이 당면하는 정신적인 갈등과 주부로서보다는 가족의 생계를 위해서 여급으로서의 변칙적인 직업을 가지고 있는 여인들의 모습을 많이 제시하고 있다.

「어떤 부처」나 「나비」 등에 등장하는 남편들은 하나 같이 지식인들이지만 경제적으로는 무력한 인물들이다. 도시생활에서 가족의 생계를 이어나가기 위해 주부들이 남편의 존재를 숨기고 여급으로서의 변칙적인 직업 전선에 나서서 겪는 일들을 다루고 있다. 이 작품들에 등장하는 여자들은 현실에 대한 적응력이 그들의 남편들보다 훨씬 빠르고 또 자립적인 생활력을 갖추고 있다. 이것은 또 그만큼 남녀의 사회적인 기능과 역할이 전도되어 있음을 뜻하고 있다. 이러한 기능의 전도를 통해 우리는 자유가 결핍되고 경제적인 불균형이 편재된 식민지 사회의 도시생활의 한 단면을 볼 수 있는 것이다. 뿐만 아니라 「나비」

에서 보여주는 것과 같이 여급과 손님을 둘러싼 각계각층의 인간군 및 도시적 생태의 밑바닥에 숨어 있는 세속적인 욕망과 갈등을 제시하고 있다.

> 원래 타고나온 천성이 그렇기도 하였겠지만, 도회의 감화란 실로 무서운 것 인 듯싶어 서울에 올라온 지 반 년이 채 다 못 되어 그렇게도 어리고 또 순진한 열 네 살짜리 소년 창수는 이만큼이나 자라고 또 '영리'하여진 것이다. __ 박태원의 「천변풍경」

위의 예문은 월북 작가 박태원의 「천변풍경」의 일부이다. 이 작품은 표제 그대로 도시의 한 특수 지역인 천변의 주민들을 대상으로 하여 이들의 일상을 생태학적으로 해부하고 있는 작품이다. 특히 이 작품은 각양각색의 주민의 직업과 생활양식이 묘사되고 있기 때문에 특정한 주인공의 행동에 초점을 두지 않고 수시로 이동되는 복수적인 인물을 제시하는 것을 그 특징으로 한다. 위의 예는 순진한 감수성을 가진 시골 소년 창수가 서울을 동경한 나머지 마침내 상경하게 되어서는 급격하게 도시의 경이와 영향력에 휘말려 가는 과정을 다루고 있는 장면이다. 이러한 창수의 변모는 바로 도시적인 발전으로서의 통과의례를 의미하는 것이다. 또한 이것은 동시에 목가적이고 전원적인 하나의 질서가 붕괴하면서 이윤 추구의 도시주의로 변질해 가는 가치관의 부정적 변질을 암시하기도 한다[3].

---

3 이재선, 「한국문학주제론」, 서상대출판부, 1986, p.338.

긴 여름이 황망히 날개를 접고
늘어선 고탑 창백한 묘석같이 황혼에 젖어
찬란한 야경 무성한 잡초인양 헝클어진 채
사념 벙어리 되어 입을 다물다.
피부의 바깥에 스미는 어둠
낯설은 거리의 아우성 소리
까닭도 없이 눈물겹고나 — 김광균의 「와사등」

기둥시계의 시침은 바로 12를 출발했는데 籠안의 胡닭은 돌연 산림의 습관을 생각해 내고 홰를 치면서 울어 보았다. …(중략)… 거리에서는 티끌이 소리친다. "도시계획국장각하 무슨 까닭에 당신은 우리들을 콘크리트와 함석의 네모진 옥사 속에서 질식시키고 푸른 네온싸인으로 표박하려 합니까. — 김기림의 「옥상정원」

위의 시들에서 보여지 듯 김광균과 김기림 두 시인의 작품들에는 모두 현대 도시와 문명에 대한 강한 충동이 나타나 있다. 즉 이들은 강렬한 근대성에 대한 관심에 이끌리는 나머지 문명화된 도시의 색채와 기하학적인 공간을 예찬하고 묘사하는가 하면, 자연과의 공동체적인 조화를 잃은 이방과도 같은 도시에 뛰어든 개인의 군중 속에서의 고독 및 도시의 비감을 표출하기도 하는 것이다. 이처럼 30년대의 모더니스트들은 자연 서정보다는 도시와 근대문명에 대한 예찬 또는 도시적인 고독과 소외를 통해서 현대문명의 파괴적인 국면을 비판하기도 하였다.

한 잔의 술을 마시고
우리는 버지니아 울프의 생애와
목마를 타고 떠난 숙녀의 옷자락을 이야기한다.
... (중략) ...
세월은 가고 오는 것
한때는 고립을 피하여 시들어 가고
이제 우리는 작별하여야 한다
술병이 바람에 쓰러지는 소리를 들으며
늙은 여류작가의 눈을 바라다보아야 한다.

__ 박인환의 「목마와 숙녀」

위의 시는 가을에 특히 어울리는 애송시 중 하나인 박인환의 「목마와 숙녀」이다. 이 작품은 모든 떠나가는 것들에 대한 애상을 주지적으로 노래한 시이다. '한 잔의 술을 마시고' 이야기하는 버지니아 울프의 비극적 생애와 호소할 길 없는 불안과 절망의 시대를 목마로 표상하여 표현하고 있다. 이 작품의 절망 역시 시대적 상황과 연관된 것이지만 도회적인 분위기를 깔고 있는 절망인 것이다. 즉 고독과 고립의 도회적 속성을 그대로 담고 있는 절망을 이야기하고 있다고 하겠다. 특히 박인환은 그 시대(50년대) '명동 백작'이라는 별명으로 불릴 만큼 명동의 멋쟁이로 유명하였다. 그의 시는 서구의 유행과 서울이라는 도시가 가진 특유한 분위기를 그대로 간직하고 있다. 즉 그 시대 지식인의 절망과 그 절망의 배경이 되는 도회의 불건전한 삶의 모습을 담고 있다 하겠다. 전후의 우울한 도시의 우수를 시와 생활 전체에 담았던 시인이 바로 박인환이었다고 할 수 있다.

우리 문학 작품들에 '도시'에 대한 관심이 집중된 것은 70년대 이래 소설들에서 두드러지게 나타난다. 이때 발표된 우리 소설들은 그 제목만 들어보아도 우리 문학이 '도시'에서의 삶에 얼마나 관심이 집중되었는지를 알 수 있다. 「도시의 흉년」, 「도시의 늪」, 「도시의 사냥꾼」, 「잔인한 도시」, 「장난감 도시」, 「바람과 도시」, 「카인의 도시」, 「도시에 갇힌 새」 등 '도시'란 단어가 바로 제목으로 이용될 뿐 아니라 도시 특유의 이미지를 포착하여 도시에서의 삶이 다각적으로 제시되고 있다.

도시에 관한 관심이 집중된 어마어마한 양의 현대 소설들을 그 주창하는 내용에 따라 다시 분류해 보면, 대략 4가지 정도로 유형화 할 수 있다. 먼저, 「천변풍경」에서 보여주는 바와 같은 도시입성형 소설(순진한 주인공이 도시화 되어가는 과정을 그린 작품들)이 있다. 이와 같은 작품들에서 '도시'의 이미지는 욕망의 지향처임과 동시에 통과점이 된다. 이동하의 「장난감 도시」, 황석영의 「이웃 사람」, 「장사의 꿈」, 조선작의 「영자의 전성시대」, 김승옥의 「서울, 1964년 겨울」, 박완서의 「엄마의 말뚝1」 등이 바로 이러한 유형에 해당하는 작품들이다.

김승옥의 「서울, 1964년 겨울」은 겨울 추위로 표상되는 서울 거리에 나타난 한 시골 청년이 「모든 욕망의 집결지」에 내재하는 냉혹한 삶에 부딪힘으로써 경험하게 되는 상황을 그린 것이다.

> 「평화시장 앞에 줄지어 선 가로등 중에서 동쪽으로부터 여덟 번 째 등은 불이 켜 있지 않습니다..그리고 화신 백화점 육층의 창들 중에서는 그 중 세 개에서만 불빛이 나오고 있었습니다....」
>
> 그러자 어리둥절해질 사태가 벌어졌다. 안의 얼굴에 놀라운 기쁨이 빛나기 시작했기 때문이다. 그가 빠른 말씨로 얘기하기 시작했다.

「서대문 버스정류장에는 사람이 서른두 명 있는데 그 중 여자가 열일곱이고 어린애는 다섯 명, 젊은이는 스물 한 명, 노인이 여섯입니다」

「그건 언제 일이지요?」

「오늘 저녁 일곱 시 십오 분 현재입니다」

「아」 나는 잠깐 절망적인 기분이었다가 그 반작용인 듯 굉장히 기분이 좋아져서 털어놓기 시작했다.

__ 김승옥의 「서울, 1964년 겨울」

이 예는 김승옥의 「서울, 1964년 겨울」의 일부이다. 이 작품은 세 사람의 사내가 우연히 술집에서 만나 하룻밤을 같이 보내게 되는데, 아내를 잃은 한 사내는 여관에서 자살한다는 내용이다. 60년대 도시 속에서 도시적 삶을 살아가는 세 사람의 절망을 심도 있게 그린 작품이라 할 수 있다. 여기에서는 절망 속의 두 사내가 그들의 붙잡을 것이 하나 없는 도시에서의 무의미한 상황을 표출하고 있다. 김승옥의 다른 작품인 「서울의 달빛 0장」이나 「누이를 이해하기 위하여」에서도 절망을 기조로 한 도시의 삶이 잘 나타나 있다.

도시를 배경으로 한 현대 소설의 두 번째 유형으로 시골에서 상경하거나 도시에서 은퇴한 노인의 삶과 갇힌 일상을 그린 노인이 주인공이 된 소설 유형들이 있다. 즉 도시의 가족은 가족 관계의 핵화로 규정할 수 있는데, 전통적인 가족의 가치관을 가지고 살아온 노인들은 이러한 가족 공동생활이 붕괴되는 것을 힘겨워하고 있다는 것이다. 쉽게 말해 사회 변동기에 있어서의 노인 문제를 다루고 있는 소설 유형이다. 오영수의 「화산댁」, 최인호의 「돌의 초상」, 전상국의 「고려장」, 김원일의 「미망」, 백용운의 「고가」 등이 이러한 유형에 해당되는 작품들이다.

셋째로, 특정 지역의 공간을 설정하여 그 공간 내에 사는 다양한 삶의 모습을 드러내는 유형의 작품들이 있다. 특히 이러한 작품들은 다층 도시의 공간을 이루는 아파트 지역의 삶의 형태와 도시 빈민 지역인 철거 지역의 삶의 모습을 나타내는 두 가지 형태 정도로 제시된다. 그 대표적인 작품으로 이동하의 「홍소」, 박완서의 「닮은 방들」, 윤후명의 「미혹의 길」, 윤흥길의 「아홉 켤레의 구두로 남은 사내」, 조세희의 「난장이가 쏘아올린 작은 공」, 이동철의 「꼬방동네 사람들」 등이 있다.

넷째 유형은 사회적인 구성으로서의 집단과 개인의 단절, 가족적인 공동체의 붕괴 등을 다룬 작품이다. 특히 이러한 유형의 소설에서 주로 다루어지는 문제는 부부 관계의 상호 소외 현상이다. 부부가 한 가족을 구성하는 공동체의 의미에서 서로가 서로를 고립시키는 소외된 타인으로 작용하고 있는 것이다. 이러한 유형의 작품으로 이동하의 「실종」, 최인호의 「타인의 방」, 서영은의 「유리의 방」, 「산행」 등이 있다.

이상에서 우리는 현대 소설에 얼마나 자주 그리고 중요하게 도시의 모습이 등장하는가를 살펴보았다. 이러한 작품에 등장하는 도시의 모습은 '미로'나 '사막', '정글'의 비정함의 이미지와 '덫', '감옥'의 감금성의 의미를 띈 이미지로 의미화되어 나타나고 있다. 도시는 시골과는 대비되는 공간으로서, 문명/자연의 대립의 한 측면이며, 지향과 이탈, 희망과 공포, 사랑과 미움, 안락과 불편의 대립 감정을 모두 지니고 있는 삶의 현장이라 하겠다[4].

---

4 이재선, 「현대한국소설사」, 민음사, 1991, pp.275-277.

특히 오늘의 소설들에서 도시는 밝고 긍정적인 양상으로보다는 어둡고 부정적인 양상으로 제시된다. 문학에서 그러한 이미지로 표출될 수밖에 없는 것은 실제의 도시 모습이 바로 그러하기 때문이라 하겠다. 그리고 이러한 부정적이고 아픈 사회에 대한 제시는 바로 고통의 환기를 통해 보다 건전한 방향으로 나아가기 위한 역설의 기능까지도 하고 있다고 하겠다.

'도시'가 주요하게 다루어진 작품들

김광섭의 「성북동 비둘기」
김광균의 「와사등」「외인촌」
채만식의 「탁류」「레디 메이드 인생」
유진오의 「김강사와 T교수」
이효석의 「장미 병들다」「계절」
박태원의 「천변풍경」
박인환의 「목마와 숙녀」
김기림의 「옥상정원」
김승옥의 「서울, 1964년 겨울」, 「누이를 이해하기 위하여」
이동하의 「홍소」, 「장난감 도시」
황석영의 「장사의 꿈」, 「이웃 사람」
최인호의 「돌의 초상」
전상국의 「고려장」
박완서의 「엄마의 말뚝1」

사람과 동물의 만남

문학 속에 담긴 '동물'

닭

닭소리는 악령과 어둠을 추방하고 밝음을 불러들인다. 그래서 우리 문학에서의 닭소리는 멀리 신화에서부터 시작된다. 「삼국유사」'신라 시조 박혁거세왕'조에는 생명의 원초적 그릇인 알의 난생 설화와 함께 닭과 관련된 이야기가 나온다. 그 이야기부터 들어보자.

> 이 날에 사량리 알영정가에 계룡이 나타나 왼편 갈비에서 동녀 하나를 탄생하니 자태와 얼굴은 유난히 고왔으나 입술이 닭의 부리와 같았다. 월성 북천에 가서 목욕 시키니 그 부리가 빠짐으로 그 내를 발천이라 하였다. ...(중략)... 일설에는 탈해왕 때에 김알지를 얻을 때 닭이 숲 속에서 울었으므로 국호를 고쳐 계림(鷄林)이라 하였다 한다.

이것은 김알지의 부인 알영의 탄생 설화다. 특히 여기에서 주목할 것은 계림에서의 닭의 울음소리다. 닭은 새벽을 최초로 알리는 짐승이다. 그래서 닭은 흔히 새벽의 예언자로, 어둠과 악령의 퇴치자로 기능한다. 그러므로 여기에서 닭의 울음소리는 새 역사의 시작과 창조를 알리는 상징적 의미를 띈다고 하겠다[5].

이러한 닭소리의 상징은 시에서 태초의 시간을 은유적으로 표현하는 데도 많이 쓰인다. 이육사의 「광야」와 서정주의 「부활」, 「웅계」에서 특히 잘 나타나 있다.

---

5 이재선, 「한국문학주제론」, 서강대학교출판부, 1989, p.393.

까마득한 날에
하늘이 처음 열리고
어디 닭 우는 소리 들렸으랴

위 시는 우리가 잘 아는 이육사의 「광야」의 일부분이다. 세상이 처음 열리는 창세기적 발상을 배경으로 하고 있는 이 시에서 '까마득한 날'은 혼돈과 태초의 시간이다. 그리고 '하늘이 처음 열리는' 시간은 바로 창생과 개벽의 신성한 순간이다. 이 시간은 인간조차 아직 존재하지 않는 신성 자체의 시간이다. 그리고 이 순간 닭이 우는 소리가 있음으로 하여 마침내 인간의 새벽이 열린 것이다. 이 시에서 닭의 울음은 신성의 세계에서 인간의 세계로 전환되는 순간을 나타내고 있다. 그러므로 여기서 닭은 새벽이라는 시간적 상징과 함께 역사의 시작과 새벽을 뜻하고 있다고 하겠다[6].

내 너를 찾아 왔다 순아.
너 참 내 앞에 많이 있구나.
내가 혼자서 종로를 걸어가면
사방에서 네가 웃고 오는구나.
새벽닭이 울 때마다 보고 싶었다.

위의 시는 서정주의 「부활」의 일부분이다. 위 시에서 닭소리는 새벽닭의 울음으로 형상화되어 있다. 이 새벽닭의 울음은 그리움과 사랑의

---

6 이재선, 위의 책, p.394.

감정으로 긴 밤을 하얗게 새운 시적 자아의 상태를 표현해 주는 시어이다. 그러므로 여기에서 새벽닭은 새벽이라는 시작의 시간을 의미하는 것이 아니라 그리움의 끝없음을 표현한 것이라 하겠다. 서정주의 또 다른 시 「웅계」는 닭의 울음을 통한 상징적 의미보다는 닭 자체에 대한 뛰어난 묘사가 돋보이는 작품이다.

모래 속에서 일어난 목아지도
새벽에 우리 기쁨에 오열하니
새로 자란 치(齒)가 보다 떨려
감물 드린 빛으로 짙어만 가는
내 나체의 샃샃이
수슬수슬 날개 털 다리우고 닭이 울으면

닭이 울기 전의 상태를 자세히 묘사하고 있는 시다. 이 시에서 닭의 모습은 짐승의 야성을 그대로 가지고 있는 모습이다. 신성한 새벽을 여는 원시 상태의 닭의 모습을 표상하였다고 할 수 있다[7].

이상에서 살펴본 닭의 모습은 주로 닭의 울음소리와 관련된 것으로 새벽을 여는 기능을 하는 모습이 많다. 즉 시계가 없던 시절, 시계의 구실을 하여 준 닭의 모습을 보여준다고 하겠다. 이러한 닭의 모습은 「심청전」에도 등장한다.

천지도 무심하여 이윽고 닭이 우니, 심청이는 기가 막혀 혼잣말로 '닭아 닭아 우지 마라 한밤중에 함곡관에 맹상군이 아니 온다. 네가 울면 날이 새고 날이 새면 우리 부친 어찌 잊고 가잔 말고?'

---

7 이재선, 위의 책, p.395.

닭이 울면 자신이 죽어야 할 시간이 가까워 옴을 불안해하는 인간 심청의 긴박한 심정과 비애가 잘 드러난 대목이다. 여기에서 닭 역시 새벽을 여는 시간적 의미로 쓰였다.

한편, 닭의 울음소리가 문학 작품의 소재로 등장하는 것이 아니라 닭 자체가 중요한 의미로 등장하는 작품도 우리 문학에는 허다하게 존재한다. 전영택의 「수탉」, 이광수의 「나(스무 살 고개)」, 김유정의 「동백꽃」,이효석의 「수탉」, 최정희의 「수탉」, 「점례」, 황순원의 「애」, 「솔매마을에서 생긴 일」, 송영의 「투계」 등이 바로 그것이다. 특히 이러한 소설에서 주로 다루는 닭의 속성은 닭싸움에서의 닭의 쟁투적인 성격과 닭의 근친상간적 생태이다.

김유정의 「동백꽃」에서의 닭싸움 장면은 닭의 야성적 속성을 잘 표현해 주고 있다. 특히 이 작품에서의 닭싸움은 봄이라는 계절감과 함께 등장하는데, 동백꽃이라는 배경과 함께 두 주인공의 성년식 행위라고도 할 수 있다.

> 점순이 수탉은 대강이가 크고 꼭 오소리같이 살팍하게 생긴 놈이 덩저리 적은 우리 수탉을 함부로 해대는 것이다. 그것도 그냥 해대는 것이 아니라 푸드득 하고 면두를 쪼고 물러섰다가 좀 사이를 두고 또 푸드득하고 목아지를 쪼았다. 이렇게 멋을 부려가며 여지없이 닥아 놓는다. 그러면 이 못생긴 것은 쪼일 적마다 주둥이로 땅을 박으며 그 비명을 킬킬 할 뿐이다.

위의 장면은 「동백꽃」의 투계 장면이다. 주인공이면서 동시에 서술자인 '나'는 순박하다 못해 다소 어리숙한 소년이다. 이에 비해서 점순이는 말괄량이 소녀로서 '나'의 아버지가 소작을 든 땅주인의 딸이다. 활달한 점순이는 '나'에 대해 호감을 가지고 가까워지려고 하나, 순박하기만 하고 또 상전의 딸이란 점에 늘 위축감을 느끼고 있는 '나'는 점순의 이러한 미묘한 감정을 알아채지 못한다. 그러자 점순이는 '나'의 이러한 무심한 태도에 반발이라도 하듯 자기네의 힘센 수탉으로 하여금 소년네의 약한 수탉을 공격하도록 한다. 소년의 수탉은 여러 차례 참패를 당하게 된다. 그러자 마침내 분격한 소년은 수탉에 고추장을 먹여 반격을 가하다가 점순이네 수탉을 죽여 버리게 된다.

이 이야기에서 여러 번 반복되는 수탉의 싸움은 단순한 힘의 경쟁으로서의 투계가 아니다. 그것은 상대방에 대한 관심과 호감의 충동적인 표현 방법인 것이다. 또 자신이 가진 미묘한 연정을 표현할 길이 막혀 버린 데 대한 반발적 행위이기도 하다. 점순이네 닭의 죽음은 결과적으로 두 사람을 화해하게 만드는 계기가 된다. 즉 두 사람의 막혀 버린 관심과 호감의 표출이 닭의 죽음을 통해 뚫리게 된 것이다. 그러므로 여기에서 닭싸움의 기능은 사춘기 소년 소녀가 이성에 눈 뜨는 계기가 되는 것이다. 특히 서로의 감정을 표출하는 매개가 되는 것이 바로 닭인 것이다[8].

이효석의 「수탉」 역시 「동백꽃」과 비슷하게 닭싸움에서 번번이 지는 을손의 수탉이 등장한다. 사소한 교칙 위반으로 학교에서 무기 정학을 받게 된 을손은 자신과 이웃집 닭들에게 물리는 변변치 못한 자기 집 수탉과 꼴이 비슷하다고 느낀다. 그리고 을손은 이러한 위축된 상황에서 그가 사랑하는 복녀에게까지 절교의 말을 듣게 된다. 보기에

8 이재선, 위의 책, p.396.

도 민망할 정도로 초라한 수탉의 모습과 자신의 처지를 동일시한 을손은 이웃 닭과 싸워 피를 흘리며 어슬어슬 돌아오는 수탉에게 살의를 느끼고 수탉을 죽여 버린다. 자신의 처지에 대한 분노의 폭발인 것이다.

이 작품에서 수탉은 바로 주인공 을손을 그대로 반영하는 소재다. 그리고 자신의 처지에 대한 분노를 표출하는 도구로 사용되고 있다. 즉 자신에 대한 사무치는 미움을 수탉을 통해서 풀려고 한 것이다.

이효석은 우리 문학사에서 동물의 상징을 작품 속에 가장 많이 사용했던 작가라고 할 수 있다. 앞서 살펴본 「수탉」에서의 수탉, 「메밀꽃 필 무렵」에서의 당나귀, 「돈(豚)」에서의 돼지, 「들」에서의 개, 「분녀」와 「독백」에서의 돼지, 「산협」에서의 소 등이 바로 그것이다. 그리고 그의 작품은 「수탉」에서 수탉이 주인공 을손을 반영하는 인물인 것과 같이 주인공의 성격을 반영하는 존재로 등장하는 경우가 많다.

같은 제목의 「수탉」이나 최정희의 「수탉」은 좀 다른 내용이다. 닭은 암탉이 모성애의 대리로 표현되기도 하지만, 인간의 관점에서 볼 때 근친상간 혹은 혼교의 동물이기 때문에 흔히 혼잡한 남녀관계를 표현하는 소재로 쓰이기도 한다. 최정희의 「수탉」은 바로 그러한 예이다.

> 이봉이네 수탉이었다. 그것이 울타리 구멍으로 씨잉하니 질러 나오는 것이었다. 윤한승은 자기네 닭을 이리저리 살핀 후 뒷깐 모퉁이의 긴 작대기를 들어서 이봉이네 수탉을 쫓았다.
>
> "이놈의 닭, 밤낮 왜 계집질이여 응? 네 계집이 없더냐, 응?"
>
> 작대를 내어 휘두르는 것이나 이봉이네 수탉은 용케 요리조리 잘 빠져서 한숨에 암탉을 기어이 건드리고야 말았다.

이 작품에서 닭을 보는 눈은 닭의 생태적 특징을 그대로 인정하는 것이 아니라 간통을 죄악시하는 인간 중심적인 동물관을 통한 것이다. 이것은 또 주인공의 간통에 대한 피해 의식 내지 반발감을 객관화시키기 위해 닭을 등장시킨 것이기도 하다. 즉 이 작품에서 닭의 역할은 바로 인간의 피해 의식, 죄의식의 객관적 표출이라 하겠다[9].

소

소 역시 닭과 마찬가지로 우리와 친근한 동물이다. 그리고 그 친근함의 정도만큼 우리 문학에도 중요한 의미를 가지고 등장한다. 특히 '소'는 우리 민족의 정서에서 가장 큰 재산의 척도로 여겨 왔기 때문에 문학에 나타나는 소의 모습도 이러한 의미를 지니는 경우가 많다.

소가 문학에서 주요한 의미가 되는 작품으로는 전영택의 「소」, 이효석의 「산협」, 그리고 유치진의 희곡 「소」 등이 있다. 전영택의 「소」와 유치진의 「소」는 가난한 농가의 가장 큰 자랑으로 '소'가 등장한다는 점에서 공통적이다. 우선 전영택의 「소」를 보자.

「소」의 배경은 해방 후 남북 분단으로 갈라진 삼팔 접경의 오여울이라는 농촌이다. 등장인물로는 민족 공동체에 대한 깊은 애정을 가진 '홍주사'라는 인물과 그러한 '홍주사'의 신념을 이해하지 못하고 그저 개인적인 차원의 부의 축적만을 꿈꾸는 아내가 등장한다. 이들의 갈등은 분단 상황이나 이데올로기 갈등과는 아무런 관련이 없다. 결국 '소'

9 이재선, 위의책, p.397.

가 있어야 농촌의 뿌리가 있는 것이라는 '홍주사'의 신념이 오여울 마을에 뿌리를 내리게 되고, 마을 사람들은 홍주사의 덕분으로 집집마다 소를 소유할 수 있게 된다. 그러나 홍주사는 아들이 죽고 아내와는 계속 불화하는 등 개인적인 불행을 겪게 된다.

38도선 이북으로 간 소를 이북 사람들이 잡아먹었다고 하여 장손이 등 마을 사람들도 이북의 소를 잡아먹겠다는 것을 홍주사가 말리게 되는데, 그의 이러한 행동에는 이북과 이남이 한 민족이라는 동포애가 숨어 있다. 결국 홍주사의 아내가 소를 팔고 그 돈을 가지고 집을 나가 버리자 홍주사도 마을에서 사라진다는 것으로 소설은 끝이 난다.

이 소설의 배경은 황순원의 「학」과 비슷하다. 분단 상황이나 변치 않는 순박한 인간의 모습이 공통적이라 하겠다. 그러나 마지막 결말이 큰 차이를 보이는데, 「학」이 완전한 화해의 결말인데 비해 「소」는 개인적 불행을 안은 채 끝맺음하고 있는 것이다. 이 작품 「소」에서 '소'의 의미는 개인적 부의 축척으로서의 의미뿐 아니라, 민족의 뿌리를 지탱해 가는 원동력이라고 할 수 있다. 홍주사가 마을 사람 모두에게 소를 사 준 것도 바로 민족애의 발로라고 할 수 있다. '소'가 집안의 든든한 뿌리로 등장하는 또 다른 작품으로 유치진의 「소」가 있다.

유치진의 「소」에서 '소'는 아버지 국서에게는 '되는 집안의 상징'으로, 맏아들 말똥이에게는 잃었던 사랑을 되찾게 해 줄 사랑의 묘약으로, 그리고 둘째 아들 개똥이에게는 자신의 이상을 펼칠 밑거름으로 작용한다. 이들은 각자의 삶에 가장 중요한 의미로 '소'를 끼워넣고 있는 것이다. 그러나 '소'는 이들이 꿈꾸는 어떠한 의미도 되지 못하고 공출되고 만다. 여기에서 우리는 이 작품의 시대 상황이 얼마나 암울한지를 짐작하게 된다. 즉 유치진의 「소」에서 '소'의 의미는 개인적인 어떠한 꿈이나 희망도 가지지 못하는 암담한 현실에 대한 은유적인 표현이다.

이효석의 「산협」에 등장하는 '소'는 앞서의 '소'와는 다소 다른 의미를 지니고 있다. 문명과 완전히 차단된 두메를 배경으로 한 이 소설 「산협」은 혈통, 즉 피붙이의 연계 문제 때문에 벌어지는 가족 간의 마찰을 그리고 있다.

여기에서 '소'는 두 가지 뜻으로 등장한다. 그 하나는 '불임'으로, 아이 못 낳는 사람이 '둘소' 즉 새끼를 못 낳는 암소와 동일시되어 표현된다. 그리고 다른 하나는 '생산'으로, 자손의 다산과 증식을 빌기 위해 신혼 초야를 외양간에서 치르는 결혼 습속에서 그러한 의미가 나타난다. 이 두 의미는 모두 생식이라는 공통항을 지닌다. 그러므로 여기에서 '소'의 의미는 유순하고 근면한 노동력의 상징일 뿐 아니라, 생식력의 상징이라 할 수 있다.

> 산성 넘어 새벽 드리 온 길에
> 자욱 자욱 새끼가 그리워
> 슬픈 또 하로의 네 날이
> 내 끼인 거리에 그므는도다.

위 시는 김상용의 「어미 소」의 일부이다. 여기에서 '소'는 노동력이나, 생식력의 상징이 아니라 모성의 상징으로 쓰이고 있다. 특히 이 시의 '어미 소'가 가지는 모성은 새끼와의 이별을 전제로 하고 있기 때문에 더욱 가슴 아픈 것이다. 우리가 잘 아는 노래 「얼룩 송아지」를 생각해 보면, 소에서 느껴지는 모성을 잘 이해할 수 있을 것이다.

그 외 다른 동물들

앞서 살펴본 '닭'이나 '소' 이외에도 동물 상징이 등장하는 문학 작품은 너무나 많다. 앞서 작가 이효석을 이야기할 때 예로 들었던, 「메밀꽃 필 무렵」의 당나귀나, 「돈(豚)」의 돼지, 「분녀」에서의 돼지, 그리고 우리가 잘 아는 시로 노천명의 「사슴」에서의 사슴, 이장희의 「봄은 고양이로다」의 고양이 등 실로 다양하다. 특히 서정주의 시집 「화사집」에는 온갖 동물들이 다 등장하고 있다.

이효석의 「돈」과 「분녀」에 등장하는 돼지의 모습은 한 마디로 야성적 속성을 그대로 가진 모습이다. 특히 돼지를 통해 보여주고자 한 야성의 모습은 생식력이다. 반사회적이고, 반도시적인 문학을 추구하는 이효석은 인간의 가장 본원적인 모습을 돼지의 원초적인 생식력을 통해 제시하고자 했던 것이다.

「메밀 꽃 필 무렵」의 당나귀 역시 이러한 원시적 생식력의 의미를 가진다. 여기에서 당나귀는 허생원과 동일시된다는 점이 특이한데, 허생원은 자신과 나귀의 동일시에서 자신의 늙음을 더 크게 느끼게 된다.

이상에서 우리는 우리 문학에 등장하는 여러 동물의 다양한 모습을 살펴보았다. 이들은 그 종류도 다양할 뿐 아니라 이들 동물이 상징하는 상징적 의미 또한 다양한 것이었다. 그러나 그 다양함 속에서 문학 속에 나타나는 동물 상징의 공통점은 그 동물의 상징성이 주제와 곧바로 연결된다는 점이다. 즉 문학 속의 동물의 모습은 일회적이거나, 하나의 소재적 차원에 머물지 않고 주제를 이끄는 핵심이 된다는 것이다.

『삼국유사』의 신화에서부터, 「심청전」이나 (언급하진 않았지만) 개화기의 「금수회의록」, 그리고 최근의 작품들에 이르기까지 우리 문학에서 동물이 차지하는 역할은 인간인 등장인물에 버금간다고 해도 과언이 아니다. 이러한 동물 상징들을 엮어 우리 문학의 상징체계를 형성할 수 있을 만큼 그 모습은 다양하다고 하겠다.

'동물'이 주요하게 다루어진 작품들

이육사의 「광야」
서정주의 「부활」, 「웅계」
김상용의 「어미소」
노천명의 「사슴」
이효석의 「수탉」, 「돈(豚)」, 「산협」, 「분녀」
유치진의 「소」
전영택의 「소」
황순원의 「솔매 마을에서 생긴 일」
최정희의 「수탉」, 「점례」
송영의 「투계」
홍성원의 「폭군」
김유정의 「동백꽃」

촛불과 삼룡이 불
문학 속의 '불'

> 소리 없이 어둠이 내리고/ 길손처럼 또 밤이 찾아오면
>
> 창가에 촛불 밝혀 두리라/ 외로움을 태우리라

흘러간 옛 가요 중 「촛불」이라는 노래의 노랫말이다. 이 노래의 가사처럼 밤새 촛불을 켜 두고 간절히 누군가를 위해 기도한 적이 있는가? 이런 애절한 감정이 아니더라도 우리는 크리스마스의 흥겨운 기분을 위해 거리에서 색색의 양초를 사서 특별한 날의 기분을 내 본 적은 있을 것이다. 생일날 케이크 위에 놓인 나이 수만큼의 촛불, 제사상 위의 촛불..., 이렇게 우리 생활에서 촛불은 우리에게 특별한 느낌을 주는 것이다. 아니 이런 특별한 느낌은 우리가 너무 가까이에 있어 잘 의식하지 못하지만 불 자체에서 근원적으로 느끼는 것이기도 하다. 배화교(拜火敎)를 비롯해서 고대의 종교나 의식에서 불은 신성한 존재였던 만큼 이러한 우리의 느낌은 기이한 것만은 아니다.

인간의 문명이 발달하게 된 것은 인간이 불을 사용하게 되면서부터라고 한다. 그리스 로마 신화에는 인간에게 불씨를 전해준 프로메테우스의 이야기가 나온다. 신의 영역에 속하는 불을 인간에게 전해준 것이다. 이렇게 '불'은 성스럽고 환상적인 성격을 가지고 있다. 그러면 이러한 성격의 '불'이 우리 문학에서는 어떤 의미로 등장하는지 보자.

우선 '불'이라는 소재가 작품 속에 등장할 때 그것은 크게 두 가지 형태로 나타난다. 우선 앞서 이야기한 바와 같이 낭만적이고 서정적인 소재로서의 '불'이 그것이다. 주로 시에서 많이 나타난다.

> 저 재를 넘어가는 저녁 해의 엷은 광선들이 섭섭합니다.
>
> 어머니, 아직 촛불을 켜지 말으셔요.

그리고 나의 작은 명상의 새 새끼들이
지금도 저 푸른 하늘에서 날고 있지 않습니까?
이윽고 하늘이 능금처럼 붉어질 때
그 새 새끼들은 어둠과 함께 돌아온다 합니다.

이 시는 신석정의 「아직 촛불을 켤 때가 아닙니다」의 첫 연이다. 이 시에서 나타나는 불은 촛불의 형태로, 그것은 인위적이고 작위적인 것을 거부하는 순수함을 강조하는 시어다. 이 '촛불'이라는 소재를 통해 이 시의 전원적이고 목가적인 분위기가 생동감 있게 살아난다. 특히 '어머니'라는 시어와 함께 우리가 흔히 촛불의 의미를 통해 느끼는 겸허와 희생의 아름다움도 이 시의 또 다른 매력으로 작용하고 있다. 시나 시조에서 흔히 볼 수 있는 이 '촛불'이라는 시어는 시의 분위기를 편안하고 안정되게 이끌어 주는 역할을 한다.

제운 밤 촛불이찌르르 녹아 버린다.
못 견디게 무거운 어느 별이 떨어지는가

어둑한 골목 골목에 수심은 떴다 갈앉았다
제운 밤 이 한 밤이 모질기도 하온가

희부얀 종이 등불 수집은 걸음걸이
샘물 정히 떠붓는 안쓰러운 마음결

한 해라 그리운 정을 묻고 쌓어 흰 그릇에
그대는 이 밤이라 맑으라 비사이다

위 작품은 김영랑의 「제야」라는 시다. 이 시의 주요 소재로 사용된 촛불은 앞서의 시와 마찬가지로 시의 분위기를 조용하고 안정되게 그리고 서정적으로 이끄는 역할을 한다. 특히 이렇게 촛불의 시어를 사용한 시의 공통된 특징으로 시의 분위기가 여성적이라는 점을 들 수 있겠다. 이 시에서 시의 이러한 분위기를 살려 주는 또 다른 시어로 3연의 '등불'을 들 수 있다. 이 '등불' 또한 어두운 곳을 널리 비추어 준다는 본래의 의미와 함께 시의 분위기를 서정적으로 이끄는 역할을 한다.

> 타고 남은 재가 다시 기름이 됩니다. 그칠 줄을 모르고 타는 나의 가슴은 누구의 밤을 지키는 약한 등불입니까.

위의 시는 우리가 아주 잘 아는 한용운의 「알 수 없어요」의 마지막 행이다. 이 시에서의 '등불'은 앞서 이야기한 촛불의 의미와 같은 희생과 겸허의 뜻을 담고 있다. 그리고 그와 함께 시의 분위기를 서정적 분위기로, 또 여성적인 분위기로 이끄는 역할을 한다.

이상에서 살펴본 것과 같은 서정적이고 여성적인 느낌의 '불'과는 달리 우리가 흔히 연상하는 남성적이고 강인한 불의 모습이 우리 문학 속에는 더욱 빈번히 나타난다. 시를 예로 들자면, 주요한의 「불노리」와 같은 작품에서 보여주는 불의 모습이 그것이다.

> 아 아 춤을 춘다, 춤을 춘다, 싯벌건 불덩이가, 춤을 춘다.
> 잠잠한 성문 우에서 나려다보니, 물냄새 모랫냄새, 밤을 깨물고 하늘을 깨무는 횃불이 그래도 무어시 부족하야 제 몸까지 물고 뜨들 때, 혼자서 어두운 가슴 품은 젊은 사람은 과거의 퍼런 꿈을 찬 강물

위에 내여 던지나……

주요한의 「불노리」의 일부다. 님을 잃은 슬픔과 또 결국은 그 슬픔을 극복하는 의지를 보여주는 이 작품에서 '불'은 시적 화자의 감정이입의 대상이 되기도 하고 남성적 화자의 의지를 확연하게 드러내기도 한다. 주제를 이끄는 시어가 되는 것이다. 여기에서 보이는 불의 모습은 앞서의 시들에서 보이는 여성적인 모습과는 반대되는 것이라 하겠다. 이렇게 남성적인 모습의 '불'이 등장하는 것은 주로 소설에서다. 그리고 그것은 '방화'의 형태가 많다. 그러면 먼저 '불'을 통한 결말이 아름답게 승화된 나도향의 「벙어리 삼룡이」부터 살펴보자.

마치 옴두꺼비 같은 추물 벙어리 삼룡이는 주인댁 색시를 선녀같이 생각하며 마음속으로 사모한다. 망나니 주인댁 아들에게 수모를 당하는 주인댁 색시를 안타까워하며 깊은 사랑을 키워 나간다. 색시가 남편의 수모를 견디다 못해 자결하려 하는 것을 삼룡이가 말리다 그것을 사람들이 오해하게 되고, 결국 삼룡이는 갖은 매를 다 맞고 쫓겨나게 된다.

> 그날 저녁 밤은 깊었는데 멀리서 닭이 우는 소리와 함께 개 짖는 소리뿐이 들린다. 난데없는 화염이 벙어리 있던 오생원 집을 에워쌌다. 그 불을 미리 놓으려고 준비하여 놓았는지 집 가장자리로 쭉 돌아가며 흩어놓은 풀에 모조리 돌라붙어 공중에서 내려다보며는 집의 윤곽이 선명하게 보일 듯이 타오른다.
>
> 불은 마치 피 묻은 살을 맛있게 잘라먹는 요마(妖魔)의 혓바닥처럼 날름날름 집 한 채를 삽시간에 먹어 버리었다. 이와 같은 화염 속으로 뛰어 들어가는 사람이 하나 있으니 그는 다른 사람이 아니라

낮에 이 집을 쫓겨난 삼룡이다. 그는 먼저 사랑에 가서 문을 깨뜨리고 주인을 업어다가 밭 가운데 놓고 다시 들어가려 할 제 얼굴과 등과 다리가 불에 데이어 쭈그러져드는 것을 알지 못하였다.

그는 건넌방으로 뛰어들었다. 그러나 색시는 없었다. 다시 안방으로 뛰어들었다. 그러나 또 없고 새서방이 그의 팔에 매달리어 구원하기를 애원하였다. 그러나 그는 그것을 뿌리쳤다. 다시 서까래가 불이 시뻘겋게 타면서 그의 머리에 떨어졌다. 그러나 그는 그것을 몰랐다. 부엌으로 가보았다. 거기서 나오다가 문설주가 떨어지며 왼팔이 부러졌다. 그러나 그것도 몰랐다. 그는 다시 광으로 가보았다. 거기도 없었다. 그는 다시 건넌방으로 들어갔다. 그때야 그는 색시가 타죽으려고 이불을 쓰고 누워있는 것을 보았다. 그는 색시를 안았다. 그리고는 길을 찾았다. 그러나 나갈 곳이 없었다. 그는 하는 수없이 지붕으로 올라갔다. 그는 비로소 자기의 몸이 자유롭지 못한 것을 알았다. 그러나 그는 자기가 여태까지 맛보지 못한 즐거운 쾌감을 자기의 가슴에 느끼는 것을 알았다. 색시를 자기 가슴에 안았을 때 그는 이제 처음으로 살아난 듯하였다. 그는 자기의 목숨이 다한 줄 알았을 때 그 색시를 내려놓을 때는 그는 벌써 목숨이 끊어진 뒤였다. 집은 모조리 타고 벙어리는 색시를 무릎에 뉘고 있었다. 그의 울분은 그 불과 함께 사라졌을는지! 평화롭고 행복스러운 웃음이 그의 입 가장자리에 엷게 나타났을 뿐이다.

「벙어리 삼룡이」의 가장 압권인 결말 부분이다. 여기에서 우리가 살펴보고자 하는 불의 의미가 잘 드러난다. 불은 삼룡이의 모든 회한을 소멸시킨다. 그리고 그 자리엔 삼룡이의 지순한 사랑이 새로운 형태로 승화되어 나타나는 것이다. 상(上)-하(下), 미(美)-추(醜)의 가장 극한의 거리에 있었던 삼룡이와 주인댁 색시는 '불'을 통해 그 극한의 거리가 무너지게 되는 것이다. 여기에서 삼룡이가 불을 지른 방화의 행위가 삼룡이의 마음속 응어리를 풀게 되는 행위라면, 삼룡이가 불 속을 뛰어든 행위는 한 차원 높은 사랑의 행위인 것이다. '불'이 결말에 나타나는 소설들에서의 '불'은 주로 「벙어리 삼룡이」의 경우처럼 방화인 경우가 대부분이고, 그 방화는 주인공의 깊은 응어리를 풀게 되는 핵심적인 행위가 된다. 현진건의 「불」이나 최서해의 「홍염」도 이와 같은 경우다. 특히 방화의 장면이 자주 등장하는 최서해의 작품들 중 대표적인 작품이라 할 수 있는「홍염」을 살펴보자.

중국인 인가에게 빚 대신 딸 용녀를 빼앗긴 문서방은 병석에 누운 아내가 딸 용녀를 찾자 인가에게 가서 딸을 보여 달라고 조른다. 그러나 인가는 문서방의 청을 거절하고 문서방에게 지폐 석장을 건넨다. 문서방이 집에 돌아 왔을 때 그의 아내는 발광 상태가 되어 있었다.

> "이것 놓아주오! 아이쿠! 우리 용녀가 죽소! 우리 용녀를 살려 주!" 문서방의 아내는 검붉은 피를 토하면서 앞으로 거꾸러졌다. 이튿날 밤 회오리바람이 일어나고 있어 나무도 꿈쩍 못 하고 있을 때 그림자 하나가 인가의 집 앞에 나타났다. 그림자는 보자기에 담긴 고기로 개들을 유인해 놓고 보리 짚더미에 불을 질렀다. 문서방은 시원스럽게 웃으며 꽁무니에 찬 도끼를 만져 보았다. 불길 속에서 두 그림자가 나타났다. 문서방은 달려가 인가의 머리를 도끼로 후려치고 용녀를 구출하였다. 그는 딸을 안고 뜨거운 눈물을 흘렸다. 슬픈 중에도 그는 기쁘고 시원하였다. 하늘과 땅을 주어도 그 기쁨을 바꿀

것 같지 않았다.

이 작품에서 주인공 문서방은 인가의 집에 불을 지르는 행위를 통해 지금까지 억눌려 왔던 감정을 일시에 폭파하게 된다. 그래서 방화에 대한 후회나 뒷일에 대한 걱정은 조금도 없는 일종의 황홀경의 상태를 맡게 되는 것이다. 이러한 도취 상태를 즐기기 위해 방화를 일삼는 행위가 현대소설에 올수록 많이 나타난다. 이것은 일종의 정신질환인데, (속설이기는 하나) 자신의 시적 영감을 위해 로마시를 불태웠다는 네로 황제를 떠올린다면 쉽게 이해될 것이다. 불의 강렬한 인상이 광기와 연결되어 예술가의 영감을 자극한다는 것이다. 우리가 잘 아는 작품으로 김동인의 「광염 소나타」가 여기에 속한다.

음악 비평가 K씨는 습관처럼 이른 봄 어느 날 예배당에서 명상으로 시간을 보내고 있었다. 그렇게 얼마쯤 명상에 잠겨 있는데 갑자기 예배당 안으로 한 청년이 뛰어 들어온다. 그가 바로 백성수였다. 그는 들어오자마자 오르간 앞에 앉아서는 무슨 곡인가를 미친 듯이 연주하고 연주를 듣고 있던 K씨는 그 곡에 넋을 잃고 만다.

그 후 백성수의 천재성을 인정한 K는 백성수에게 음악 공부를 할 수 있는 여건을 마련해 준다. 그러나 백성수는 자신이 가지고 있는 기이한 천재성 때문에 그 환경에 쉽게 적응하지 못하고 더불어 K의 수업에도 따르질 않는다. 어느 날인가 백성수는 홀연히 사라져 버리고, 얼마쯤 지나 K씨는 백성수로부터 한 통의 편지를 받는다. 편지의 내용은 이러하다.

백성수는 자신의 어린 시절, 자신의 심성에 영향을 끼친 이가 어머니라고 이야기한다. 그리고 아버지가 돌아가신 후 중학교를 마치자 기울어져 가는 가세 때문에 학업을 중단하곤 공장에 들어가 어머니를 봉양하게 되었노라 말한다.

공장에서 돌아온 어느 날, 어머니까지 병이 악화되어 위독한 지경에 이르자 그는 곧 의사를 부르러 거리로 나선다. 의사를 부르기 위해 거리를 지날 쯤 텅 비어있는 담배 가게로 들어가 돈을 훔쳐 달아나지만 곧 주인에게 붙잡혀 경찰서로 넘어가서는 6개월의 교도소 생활을 한다. 그 사이 어머니는 운명하시고 후에 분묘조차 발견할 수 없는 지경에 이른다. 이리하여 갈 곳 없이 헤매던 그가 그날 밤 찾아온 곳이 K가 있었던 예배당이었다.

K는 그날 밤, 예전에 돈을 훔친 담배 가게 앞을 지나다 과거의 무서운 복수심이 일어 그 가게에 불을 지르게 되고 그런 심적 상태로 교회 오르간에서 탄생시킨 것이 바로 「광염소나타」였다.

이것은 백성수의 광포적이고, 야성적인 천재성이 어머니의 어진 교육 탓에 마음속에 내재되어 있다가 드디어 표출된 것이라고 K는 생각한다. 그 후로도 백성수는 몇 차례의 방화를 저지르며 「성난 파도」라는 곡을 탄생시키고 그 뒤로도 도처에서 일어난 방화와 사체 모욕, 살인 등의 행위를 저지르다 경찰에 붙잡히게 된다. 그의 천재성을 아깝게 생각한 예술 협회의 탄원 덕에 사형은 면하나 정신병원에 수감된다.

이렇게 「광염 소나타」와 같은 작품에서 나타나는 불의 모습은 백성수의 광기와 야성성과 같은 모습이다. 즉 불의 원시 상태 그대로의 모습인 것이다. 이 작품에서의 불도 처음에는 앞서의 「벙어리 삼룡이」나 「홍염」에서의 불과 같이 가슴 속에 맺힌 응어리를 해소하는 매개체라고 할 수 있다. 그러나 「광염 소나타」에서의 '불'은 그와 달리 백성수에게 내재되어 있던 광포성과 야성성을 폭발시킨 것이다. 이 작품에서

'불'의 의미는 그래서 갈등의 해소의 역할보다는 원시적 광기의 표출이다. 예술가에게서 볼 수 있던 이러한 불의 광기가 평범한 소시민에게서도 보인다. 사람의 미묘하고 섬세한 감정을 세밀하게 다루는 작가 오정희의 「불의 강」이 바로 그런 작품이다.

「불의 강」에서 초점 대상인 남편은 유년 시절 발전소에 대한 아픈 추억을 가지고 있는 심약한 재봉사이다. 일상생활에서 재봉틀 소리가 계속 따라다니는 듯한 환청을 듣기도 하는 그는 그러한 자신의 생활에서 벗어나고 싶어 하지만 그러질 못한다. 그런 그에게 성냥갑을 모으는 취미와 불에 대한 강한 관심이 생긴다. 그리고 아내인 나에게 허둥대며 거짓말을 하고 나가는 밤외출의 기이한 버릇이 생긴다. 발전소가 곧 헐릴 거라는 소문이 돌고, 남편의 일상에서 벗어난 버릇을 모른 척해 주며 괴로워하던 나는 어느 날 밤, 발전소가 벌겋게 불타는 걸 보게 된다. 그리고 남편에게서 불에 탄 재 냄새를 맡게 된다. 나는 밤외출에서 돌아온 남편을 어린아이를 잠재우듯 안고는 쓸쓸한 기분이 든다.

이 작품에서 초점 대상인 '남편'의 성냥을 지니고 다니는 행위는(그는 담배를 피우지 않는 사람이다) 재봉틀 소리에 묶인 생활에서 탈출하고자 하는 욕망을 나타내는 것이며, 심약한 성격에서의 일탈을 시도해 보는 행위다. 그리고 그의 발전소의 방화는 자신의 어두운 기억과의 단절, 그리고 지겨운 일상에서의 탈출을 의미한다.

광기에 의한 방화이거나, 가슴 속의 응어리를 해소하는 매개체로서의 방화이거나 간에 불은 파괴의 속성을 가지고 있다. 이런 불의 파괴적 속성 이후 재가 된 일상을 대할 때의 암담함 또한 문학에 등장하는 불의 또 다른 얼굴이다. 월북 작가 이태준의 단편 「산월이」는 바로 이러한 불의 모습을 보여주는 작품이다.

목청 하나로 기생 생활을 해오던 산월이는 그 목청마저 몹쓸 병에 걸려 쟁겨 버린 후 그야말로 아무 것도 없게 된 늙은 기생이다. 밥벌이를 위해 새벽 두 시까지 매춘의 대상을 찾아 해매지만 번번이 퇴짜만 맞고 몹쓸 욕만 듣는다. 자신의 그런 처지를 절망적으로 생각하고 있을 때, 기적 같이 손님 한 명을 얻게 되고 그 손님을 자기의 여관집 빈 방으로 데리고 간다. 그러나 여관집에 도착했을 때 자기가 앞머리를 지질 때 쓰던 '아이론' 때문에 자기 방과 안채까지 불타 없어진 것을 알게 된다. 결국 손님은 가버리고 산월이는 불탄 자리에 주저앉아 통곡하는 것으로 작품은 끝난다. 이 작품에서 불은 산월이의 황폐한 생활을 더 이상 돌이킬 수 없게 훼손시키는 존재이다. 즉 불의 파괴적 본성을 가장 확실하게 보여준다.

이상에서 우리는 우리 문학에 나타나는 여러 가지 불의 모습을 살펴보았다. 그것은 촛불이나 등불과 같이 낭만적인 형태로 나타나기도 하고, 또 광기의 표출로도 나타났다. 이러한 여러 가지 불의 모습에서 우리는 불이 우리의 일상생활에서뿐 아니라 문학에서도 중요한 의미로 작용하고 있다는 것을 알 수 있었다. 파괴적 속성과 함께 갈등 해소의 의미로 그리고 신비한 대상으로 불은 인간적 속성뿐 아니라 신적인 속성까지도 가지고 있다고 할 수 있다. 그 밖에도 이청준의 「배화밀교」나 이문열의 「젊은 날의 초상」 등에도 불에 대한 재미있는 이야기가 잘 나타나고 있다.

'불'이 주요하게 다루어진 작품들

설화 「오봉산의 불」

주요한의 「불노리」

신석정의 「아직은 촛불을 켤 때가 아닙니다」

한용운의 「알 수 없어요」

김영랑의 「제야」

최서해의 「홍염」

나도향의 「벙어리 삼룡이」

김동인의 「광염 소나타」

이태준의 「산월이」

오정희의 「불의 강」

이청준의 「배화밀교」

이문열의 「젊은날의 초상」

3부

같은 작품 다른 관점

다양하게 읽는 독후감

현진건 「고향」을 읽는 두 가지 방법
염상섭의 「표본실의 청개구리」를 보는 두 가지 방법
김승옥의 「서울, 1964년 겨울」에 대한 두 가지 이해
현진건의 「불」에 대한 두 가지 이해

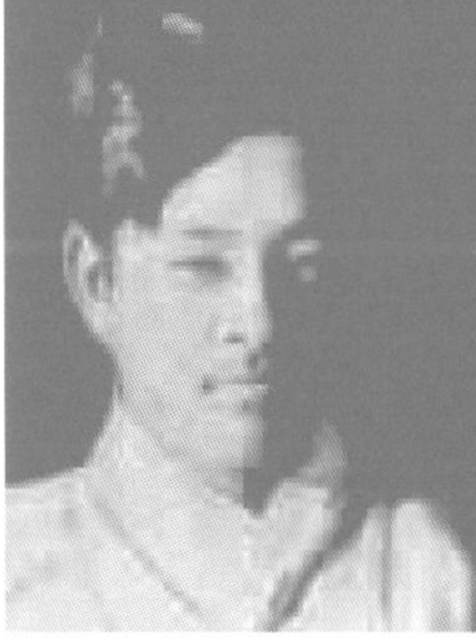

이 장은 같은 작품을 그 관점을 달리하면 작품을 읽는 다양한 해석이 가능해진다는 것을 보여 주는 장이다. 이 장에서 다루고 있는 작품들은 대부분 앞 장에서 살펴본 서사주제학의 주제를 잘 나타내는 작품들 중 특히 우리 문학사에서 중요한 작품들로 논의되는 것들이다.

현진건의 「고향」, 「불」, 염상섭의 「표본실의 청개구리」, 김승옥의 「서울, 1964년 겨울」 등의 작품을 읽고, 상반되는 두 가지 관점의 독후감을 제시한다. 그러한 독후 과정을 통해 작품 자체에 대한 이해도가 깊어질 뿐 아니라 작품 속에 등장인물이나 시대 상황에 대한 폭넓은 이해가 가능할 것이라 본다.

현진건 『고향』을 읽는 두 가지 방법

돌아갈 곳을 만들지 못한 사람

언젠가 넓은 강이 있는 도시를 여행한 적이 있었다. 버스에서 내려 한참을 걸어 들어간 곳에서 강 위에 떠올라 있는 바위산의 절경을 구경했다. 그곳을 굽어볼 수 있는 언덕배기에 작은 정자가 하나 있었는데, '망향정'이라고 불리는 그 정자에는 그것을 세운 사람들의 목소리가 적혀 있었다. 원래 그 주변은 사람이 살고 있던 마을이었는데, 댐 공사로 인하여 그 지역은 이른바 '수몰 지역'이 되어 버렸다고 한다. 어쩔 수 없지만 나라의 큰일을 위해서 고향을 떠나야 하는 마을 사람들이 고향이 보고 싶을 때에 찾아볼 수 있도록 이곳에 정자를 세운다는 것이 그곳에 씌어 있던 글의 내용이었다.

어쩔 수 없는 이유 때문에 고향을 떠나게 되었고, 또 다시 돌아올 수도 없게 되어 버렸지만 그곳을 떠난 사람들은 분명 다른 곳에서 열심히 삶을 살고 있을 것이라고 생각했다. 떠난 사람들은 물속에 잠겨 버린 고향을 기억 속에 아름다운 모습으로 간직해 두고 각자가 살아가게 된 그곳에서 정을 붙이려고 할 것이다. 그리고 그들은 정을 붙인 그곳을 또 다른 고향으로 생각하게 될 것이다.

현진건의 「고향」에 등장하는 사내 역시 자신의 힘으로 어쩔 수 없는 거대한 운명의 채찍에 맞아 고향을 잃어버린다. 물론 그의 경우는 물속에 잠긴 마을의 사람들과는 다르다. 하지만 고향이 없어져 버렸다는 비슷한 상황 하에서, 그는 일어서서 살아가려 하기보다, 없어져 버린 고향 그 자체에만 집착한다. 고향이 없어졌다면, 이미 없어진 그곳은 예전의 고운 추억으로 머릿속에 넣어두고 새로운 삶의 공간을 찾아서 그곳에 정을 붙이고 살아야만 하는 것이다. 고향이 없어졌다고 이제는 돌아갈 곳이 없다고 푸념하는 것보다는 스스로 돌아갈 곳을 만드는 것이 훨씬 유익하다.

물론 고향이 없어져 버린 것은 그를 그렇게 내동댕이쳐 버린 시대에 가장 커다란 책임이 있다. 하지만 주어진 운명 앞에서 체념하고 넘어져 버리며, 다가온 절망만을 움켜쥐고 있는 것은 아무런 의미가 없는 것이다. 그는 일어서야만 했는데도 그러지 않았다.

처음 정착하려 한 서간도에서, 그는 정을 붙이지 못하고 떠나 버렸다. 그곳이 부모를 빼어간 땅이라는 명백한 이유가 있기는 하다. 하지만 그가 조금이라도 현명했더라면 조선인이라는 식민지의 명찰을 달고 있는 이상, 그 시대의 어느 곳을 가더라도 그곳은 부모를 빼어간 땅 이상으로 진저리날 것이라는 것을 알았을 것이다. 그는 그가 떠돌아다니던 그 어느 곳에서 이를 악물고 새벽을 기다리며 살아가야만 했다. 떠돌아다니는 것은 그에게 있어서 운명을 더욱 힘들게 만드는 일일 뿐이다. 이를 악물고 버틸 때 그리고 그가 서 있는 그 장소에서 운명과 싸울 때, 그는 쉴 수 있는 또 다른 고향과 식민지의 이름을 벗어던질 기회를 가질 수 있었을 것이다.

> 가슴을 짜는 듯한 괴로운 한숨을 쉬더니만 그는 지난 슬픔을 새록새록 자아내어 마음에 새기기에 지쳤음이더라. "이야기를 다 하면 무얼 하는기오."

하지만 그는 체념을 해 버렸다. 그에게 다가온 운명의 힘에 일찌감치 손을 들어 버렸다. 물론, 그가 살았던 시대에서 운명에 맞서는 것이 상상할 수 없을 만큼 힘이 드는 일이라는 것을 안다. 그러나 살아가야 했다면 그리고 그에게 주어진 젊음 만큼의 가능성이 있었다면 그는 맞서야 했다.

그는 시대의 힘에 쓰러져 버린 순수한 피해자는 아닌 것 같다. 그는 돌아갈 곳을 잃어버린 사람이 아니라 돌아갈 곳을 만들지 못한 가엾은 사람인 것이다.

돌아갈 곳이 없는 사람

비가 내리는 밤에, 백열등의 노란 불빛만이 어둠을 깨고 있는 방안에 있다. 이 방은 마치 동굴 같다. 비 냄새가 스며드는 창밖은 춥고 젖어 있지만, 투명한 창 하나를 사이에 두고 이 안은 포근하고 따뜻하다. 이 공간 밖에 있는 어떤 것도 이 방안만은 침범하지 못할 것 같고, 방은 바닷속 깊숙이 가라앉은 밀실이 된 느낌이다. 이유 모를 편안함과 포근함이 몸을 감싸고 있다. 뜨거운 물에 목욕을 하고 있는 나른한 느낌이다.

이런 느낌은 어쩌면 아주 오래전 가졌었던 어머니 뱃속에서의 느낌일지도 모른다. 세상에 있는 모든 포근함과 따뜻함 전부를 담고 있는 단 하나의 이름, 어머니. '고향'이라는 말은 이렇게 포근한 동굴 같은 '어머니'의 품을 함께 가지고 있다. 고향은 어머니 그 자체로 다가온다.

"모친 꺼정 돌아갔구마."

"돌아가실 때 흰 죽 한 모금도 못 자셨구마."

> 하고 이야기하던 이가 문득 말을 뚝 끊는다. 그의 눈이 번들번들함은 눈물이 쏟아졌음이리라.

「고향」에서 '사내'에게 어머니는 고향이었다. 사내는 소설 속에서 두 번이나 고향을 잃어버린다. 그 처음이 바로 '어머니의 죽음'이다. 윤동주가 「별헤는 밤」에서 마지막 별 하나에 어머니를 부르는 것도, 오래된 한국영화에서 죽어가는 어린 군인의 입에서 나오는 마지막 말이 '어머니'인 것도, 그것이 돌아갈 곳의 이름이기 때문이다.

서간도로 '살기 위해서' 떠난 사내였지만, 그때까지 그에게는 돌아갈 '어머니의 품'이 있었다. 하지만 어머니가 돌아가신 그때부터 이미 사내에게 고향은 없어졌다. 부모를 잃은 땅을 떠나 떠돌아다니던 그가 단지 어린 시절의 기억만이 남아 있는 고향이라는 '공간'을 찾아간 것은 그에게 이미 없어져 버린 '돌아갈 곳'을 억지로라도 마음속에 넣어 두려고 한 것이리라.

> "고향이 통 없어졌더마." "변하고 뭐고 간에 아무것도 없더마. 집도 없고 사람도 없고 개 한 마리 얼씬도 않더마."

하지만 운명은 그에게 거짓으로라도 웃어 주지 않았다. 사내는 어머니에 이어 그 공간마저도 잃어버린 것이다. 무너져 버린 담들, 누구의 그림자도 보이지 않는 퇴락한 마을. 사내에게 이제 '고향'이라는 것은 완전히 사라졌다. 하지만 가혹한 운명은 그것으로도 만족하지 않았다. 사내가 가질 수 있는 고향에 대한 기억마저도 철저하게 짓밟아 버린다.

사내에게 남아 있는 '돌아갈 곳'은 이제 그의 머릿속에 남은 기억밖에 없었다. 그의 기억 속에는 어머니의 자리를 메워 줄 수 있는 또 다른 여인이 있었다. 기억 속에서 그녀는 아름다웠다. 그는 어쩌면 기억 속의 그녀에게서 '어머니'를 발견할 수 있었을지도 모른다. 그리고 지쳤을 때 돌아갈 곳을 그녀에게서 찾을 수 있었을지도 모른다. 하지만 운명이 만나게 한 현실의 그녀는 퇴락한 고향만큼이나 변해 있었고, 그가 발견할 수 있었던 것은 돌아갈 수 있는 포근한 연인의 품이 아니라 비참한 절망의 또 다른 모습이었다. 그는 이제 모조리 잃어버렸다.

삶에 지친 사람에게는 아무런 대가를 지불하지 않고도 쉴 수 있는 곳이 하나쯤은 필요하다. 누구나의 가슴속에 남아 있는 '고향'이라는 이미지는 단지 내가 세상이라는 곳에서 경주를 시작한 출발선의 의미뿐만이 아니라, 지친 나를 쉬게 해 줄 수 있는 곳의 의미를 가지고 있다. 그것을 모조리 잃어버린 사람에게는 잠시도 쉴 수 없는 끝없는 경주만이 남아 있을 뿐이다. 돌아갈 곳을 잃어버린 사람들은 단지 운명이 그들의 경주를 끝내어 버릴 때까지 달려야 한다. 아마도 소설 속의 사내는 더욱 지쳐 갈 것이다. 그에게 돌아갈 곳은 아무데도 없기에.

염상섭의 「표본실의 청개구리」를 보는 두 가지 방법

시대를 짊어진 어느 광인의 '꿈'

소설은 그 시대를 반영한다. 그 시대의 고통과 아픔이 소설 속에 본래의 모습으로 고스란히 들어 있을 수도 있고, 약간 변화된 모습으로 나타날 수도 있지만 어쨌든 소설은 그 소설이 발표된 시대와 동떨어질 수는 없다. 그런 점에서 염상섭의 「표본실의 청개구리」는 그 시대를 잘 반영해서 보여준 작품이라 할 수 있다.

이 작품이 어떻게 시대를 반영하고 있는지를 알기 위해, 우선 발표 당시의 시대 상황을 알아볼 필요가 있다. 그리고 이 작품의 주인공이 어떻게 그 당시의 시대를 대변하고 있는지를 알아보아야 한다.

「표본실의 청개구리」가 발표될 당시인 1921년은 모두가 알다시피 일제 강점기였다. 구체적으로는 우리 민족사의 중요한 역사적 사건인 3·1운동이 실패로 끝나고 난 뒤였다. 3·1운동의 실패는 우리 국민 모두에게 상당한 고통과 고뇌를 안겨 주었다. 그 중 특히 그 지도적 입장에 있었던 지식인들이 겪었던 고충은 말로 표현할 수 없을 만큼 큰 것이었다. 이러한 억압적 현실 상황에서는 아무것도 할 수 없다는 무기력함이 그 시대 지식인의 정신을 지배하고 있었다. 또 실제로 지식인이 아무것도 할 수 없도록 만들어진 사회 체계인 식민 제도가 1920년대 지식인에게 준 것은 암담함 뿐이었다.

이런 시대 상황과 관련하여 「표본실의 청개구리」를 볼 때, 우선 구시대를 가장 잘 대변하고 있는 인물, 즉 주인공은 '나'가 아니라 '김창억'이라고 볼 수 있다. 물론 무기력함과 암담함을 나타내는 인물로서 '나' 즉 X도 김창억과 마찬가지로 중요한 인물이긴 하지만, 그 시대가 단순히 무기력하고 암담한 시대일 뿐만 아니라 그러한 시대 상황에서는 정상적인 생활을 할 수 없다는 점까지 보여 준다는 점에서 김창억의 일대기와 광기는 그 시대를 한층 분명히 보여 주는 것이라 하겠다.

김창억은 전형적으로 열악한 환경에서 태어났다. 그는 부모를 일찍 잃었고 생활은 온전치 못했다. 그에게 주어진 잠깐 동안의 행복 또한 그의 불행한 삶을 더욱 선명하게 해 줄 뿐이었다.

누명을 쓰고 감옥에 간 그가 3개월 후 출옥하게 되었을 때, 그의 아내는 이미 딸을 버리고 사라진 후였다. 아내의 부재가 그의 광기의 직접적 원인이 된 것은 사실이다. 그러나 그의 광기는 아내의 배신이라는 개인적인 상황을 넘어서서 '가정'이라는 가장 소박한 행복조차 누리지 못하는 그 시대 상황에 대한 분노와 비판이 들어 있다. 그의 이러한 분노는 "서양놈의 혀꼬부라진 말을 해야 사람의 구실을 하는 쌍놈의 세상이 아닙니까?"와 같이 시대에 대한 강한 비판으로 나타난다.

그의 광기어린 행동들은 꿈속과 같은 분위기로 제시된다. '동서 친목회'나 '금강산에 정해둔 하느님의 옥좌', 그리고 '세계평화사상'과 같은 그의 비현실적인 이야기(강연)들을 주위 사람들은 광기로 인식하거나, 또는 '잠이 덜 깬 상태'로 이해한다. 주위의 인식과 상관없이 그의 이러한 이야기들 속에는 현실에 대한 강한 반발이 포함되어 있다.

한편, 「표본실의 청개구리」라는 제목이 상징하는 대로 서술자 '나'의 해부의 꿈은 그 꿈 자체로 의미가 있는 것이 아니라 그 꿈을 통해 자신의 현실 상황 즉 자신의 방을 표본실과 같은 의미의 갇힌 상황, 다시 말해 식민지 시대의 억압된 현실을 나타낸다는 것에 그 의의가 있다.

결국 '나'는 이러한 꿈을 통해 김창억을 진심으로 이해하는 유일한 사람이 된다. 즉 '나'의 꿈은 김창억을 이해하는 하나의 모티프로 작용하게 된다.

작품의 마지막 부분에 '나'는 Y에게서 김창억의 3층집이 불타고 김창억이 없어졌다는 편지를 받게 된다. 그 편지로 '나'는 김창억이 죽었다고 생각하며 부러움과 절망의 상반된 감정을 느낀다.

하지만 "일 년 열 두 달 열어 보는 일이 없이 꼭 닫은 보통문 밖에 보금자리 같은 짚더미 속에서 우물우물 하기도 하고 혹은 그 앞 보통강가로 돌아다니는 걸인은 오직 대동강가의 장발객과 형제거나 다만 걸인으로 알 뿐이요, 동리에서도 누구인지는 아무도 몰랐다"와 같이 작품의 가장 마지막 부분에 김창억이 죽지 않았다는 것을 보여 준다. 결국 김창억은 '나'의 서술이 미치지 않는 곳에 살아 있는 것이다.

여기서 김창억이 죽지 않았다는 것은 무슨 의미인가? 그의 살아남음은 그의 광기와 그의 강연(이야기) 속에 번뜩이는 현실 상황에 대한 비판과 함께 그 시대 상황이 죽는 일조차 쉽지 않은 극단적인 상황이라는 것을 암시해 준다.

결론적으로, 이 작품 「표본실의 청개구리」의 두 인물 '나'와 김창억은 식민지 상황에서 가장 식민지적인 암담한 상황, 즉 그 어떤 온전한 생활도 기대할 수 없는 상황을 나타내고 있다. 그리고 그것을 통해 그 시대에 대한 비판과 반발을 드러내는데, 이러한 비판과 반발은 직접적 표현에 의한 것이 아니라 그들의 꿈으로, 또 꿈과 유사한 환상, 환각, 광기 등의 은유적 표현으로 나타낸다. 그리하여 이 작품은 시대 인식과 비판 의식을 꿈을 통해 담고 있는 작품이라 할 수 있다.

살아남은 자의 惡夢

소설 속에 나오는 인물의 꿈을 살펴본다는 것은 어려운 일이다. 실제로 살아 있는 사람이라면 물어 보기라도 하겠지만, 소설 속의 인물은 그럴 수도 없다. 그러나 실제와 같이 말하고 듣는 것은 아니지만 소설 속의 인물들도 소설 안에서 그들끼리 끊임없이 대화를 나눈다. 즉 소설은 그 안에 그 나름대로의 세계가 있는 것이다. 이 세계 안에서 인물들이 하는 행동과 말을 통해 우리는 소설 속에 나타난 꿈이 어떠한 뜻을 지니고 있는지 살펴볼 수가 있다.

「표본실의 청개구리」의 주인공인 '나'는 해부된 청개구리의 기억과 거기서 파생되는 메스, 책상 속에 들어있는 면도날에 대한 두려움으로 고통을 느끼고 있다. 비록 주인공이 실제로 겪은 일이긴 하지만 해부된 청개구리는 비몽사몽간의 기억일 뿐이므로 현실과 비교할 때 꿈이나 마찬가지라고 볼 수 있다. 이러한 '나'의 꿈에 나타난 주인공의 모습은 칠성판에 사지를 꽂고 뻗어 있는 청개구리 모습이다. 온갖 외부의 횡포 속에서 아무것도 할 수 없는 극도로 나약한 지식인인 '나'는 새파란 메스의 위협 속에 숨을 벌떡거리고 있는 해부된 청개구리의 비참한 모습을 자신의 모습이라 생각하며 자학하고 있다. 그것에서 비롯된 무기력함으로 '나'는 아무런 실제적인 위험도 되지 않는 '책상 속의 면도날'에 극심한 공포를 느낀다. 결국 '나'는 그 '책상 속의 면도날'을 밖으로 내던지지만 자신의 공포를 극복하는 데는 도움이 되지 못함을 안다. 결국 나는 방을 떠나기로 마음먹는다.

> 그러나 역시 잠은 못 들었다. 맥이 확 풀리고 이마에는 식은땀이 비쳐 나왔다. 시체 같은 몸을 고민하고 난 병인처럼 사지를 죽 늘여 뜨려 놓고 누워 생각하였다. (하여간 이 방만은 면하여야 하겠다)

그러나 '나'는 좀처럼 마음먹은 대로 실행에 옮기지를 못한다. 친구 H의 권유로 못 이기는 듯 집을 나서기는 하지만, 나는 그렇게도 생각해왔던 여행에 대해서도 사소한 일들로 자주 회의에 빠진다.

여기서 '나'는 왜 자신이 공포를 떨치기 위해 방을 떠나는 방법을 생각했을까? 하는 의문이 생긴다. 그것은 이렇게 분석해 볼 수 있다. '나'의 꿈에서 '나'는 개구리가 되었고, 8년 전 기억 속의 표본실은 현재의 '나'의 방으로 인식하는 것이다. 즉 '나'는 꿈을 통해서 8년 전의 끔찍스러운 기억을 현재 자신의 방 안에서 현실화시킨 것이다. 기억 속의 메스는 현재 책상 속의 면도날로 치환되어, 그 공포의 메스에서 벗어나려는 개구리처럼 나는 면도날을 집어던져 버리는 것이다. 이와 같이 이 소설에서 해부된 개구리의 꿈은 주인공이 처한 현실과 심리를 상징적으로 나타내 주는 구실을 한다. 즉 해부된 채 묶여 있는 개구리는 무기력한 주인공의 처지를 나타내며, 표본실은 주인공을 가두고 있는 현실을 상징한다고 할 수 있다.

이와 같이 꿈을 통해 칠성판 위의 개구리로 동질화된 '나'는 엄습해오는 공포의 기억을 떨쳐버리려는 마지막 방법으로 표본실에서 탈출을 생각하게 된다. 하지만 표본실을 탈출한 '나'는 행동하는 지식인이 아니다. '나'는 현실적으로 아무것도 할 수가 없는 무능하고 나약한 지식인이다. '나'는 이 현실 속에서 깨어 있는 것, 즉 살아있는 것 자체가 슬프고도 고통스럽다. 자살도 할 수 없는 나약한 주인공이 간절히 원하는 것은 미인의 손에서 즐겁게 죽어 가는 것이다. 그래서 '나'는 다시 한 번 새로운 형태의 꿈을 꾸게 되는 것이다.

> 흰 가루가 뒤바른 손을 들고 마루 끝에서 어정버정하다가 인제는 죽을 때가 되었다는 것처럼 손에 들었던 수건으로 목을 매고 덧문을 첩첩이 닫은 방 앞 툇마루 위에 반듯이 드러누우니까, 어떤 바짝 말라서 뼈만 남은 흰 손이 머리맡에서 슬그머니 넘어와서 목에 매인 수건의 두 자락을 좌우로 슬금슬금 마른 졸라 대었다. 그때에 나는 이것이 당연히 당할 약조가 있었다는 것처럼 어떠한 만족과 안심을 가지고 눈을 감은 채 조용히 드러누웠었다. 그때에 차차 목이 메어 올 때의 이상한 자극은 낙지(落地) 이후에 처음 경험하는 쾌감이었다. 그러나 무슨 까닭이 이같이 일찍 죽지 않으면 안 되는가... 참 정말 죽었는가 하는 의문이 나서 몸을 뒤틀며 눈을 번쩍 떠 보았다.

이와 같은 죽음의 꿈을 어떻게 보아야 할까? 이것은 단순히 주인공이 갖는 또 다른 자학의 꿈일까? 이 꿈을 정확하게 이해하기 위해서는 또 다른 인물 '김창억'을 연관지어 생각해야 한다.

이 소설 「표본실의 청개구리」는 '나'라는 주인공과 '김창억'이라는 광인이 등장한다. 어떻게 보면 주인공 '나'가 김창억에 대하여 서술해 나가는 것으로 볼 수 있겠지만, '나'와 '김창억'은 같은 사람이라고 생각할 수 있다. 광인이라고 불리는 김창억의 생각과 행동, 그리고 그가 그러한 상태에 처한 상황까지도 '나'는 분명하게 이해하는 것이다. 실제로 소설의 중간 부분에서 주인공이 김창억의 일생을 이야기하는 데에서 마치 자신의 이야기를 말하고 있는 듯한 느낌을 받는다.

김창억의 일생에서 볼 수 있듯이 김창억과 '나'는 암울한 시대에 죽지 못해 살아남은 지식인이다. 죽고 싶지만 죽지 못하는 지식인 김창억은 그러한 모순적 현실을 광적인 행동으로 보여 주며, '나'는 그러한 김창억에 대한 동경과 연민으로 그에게서 자신의 모습을 찾으려고 한다. 마지막 Y의 편지를 통해, 김창억의 죽음을 전해 듣고, '나'는 그에 대한 측은함이나 연민보다는 부러움의 감정을 느낀다. 이제 상황은 분명해졌다. '나'는 '김창억'이고, '김창억'은 죽고, 그 죽음에 대해 '나'는 연민이 아닌 '부러움'을 느낀다. 즉 '나'는 자신의 목을 조르고 있는 현실로부터의 완전한 탈출을 위해 자신의 '죽음'을 꿈꾸는 것이다. 따라서 주인공의 꿈을 단순한 자학의 꿈으로 보아서는 안 된다. 그것은 자기 소망 충족의 꿈이다. 소설은 이와 같은 주인공의 심리를 꿈을 통하여 표현한 것이다. 그리고 꿈에 나타난 그러한 주인공의 심리는 소설 속의 다른 인물과의 관계를 통해서 한층 정확히 이해될 수 있다.

이상에서 「표본실의 청개구리」에 나타나는 '나'의 꿈을 알아보았다. '나'의 해부의 꿈은 그가 처한 현실과 관련짓고, 죽음의 꿈은 소설 속의 또 다른 등장인물 '김창억'과 관련지어 생각하면 쉽게 이해될 수 있었다. 즉, 소설에 나타난 꿈의 의미는 그 소설의 내용을 잘 살펴보면 찾을 수 있다고 할 수 있다.

김승옥의 「서울, 1964년 겨울」에 대한 두 가지 이해

'도시'라는 사실

신세대라는 말은 어느 세대에나 존재한다. "나는 나만의 멋을 중시한다.", "세상은 나를 중심으로 돌아간다"는 등의 시끄러운 광고 문구를 인용하지 않더라도, 누구에게라도 간섭당하기 싫어하는 자유로운 젊은 사람들이 지금 우리 시대에 존재하고 있다는 것을 누구나 인정한다. 그런데 그들의 삶은 필연적으로 '도시'라는 공간과 연관되어 있다. 부정적으로든지 긍정적으로든지 X라고 불리는 사람들이 어울리는 공간은 '도시'이며, 도시적인 삶을 추구하는 사람들에게 볼 수 있는 세련됨과 화려함을 이들이 가지고 있다고 생각한다. 무슨 뜻인지도 모르면서, 유행에 민감한 세련된 사람들이 저마다 신세대를 자처하고 있다는 것은, 신세대라는 말 속에 도시의 이미지가 녹아 있다는 것을 의미한다.

우리는 이십대 초반 정도의 도시 젊은이에게 신세대라는 명칭을 붙이곤 한다. 그것이 정확하게 정해져 있지는 않지만, 적어도 신세대라고 하면 '도시'와 '젊다'는 두 가지가 기본적으로 느껴지기 때문이다. 분명 신세대라는 말은 지금 우리가 살아가는 이 시대의 젊은이에게 붙여질 수 있는 말이긴 하지만, 어느 시대라도 도시에 살아가는 젊은이에게는 그들의 '젊음'과 '도시'에 합당한 엇비슷한 말들을 붙이곤 했다. 2014년의 서울에서나 1964년의 서울에서나, 그 시대를 살아가는 젊은이들은 시대가 요구하는 삶들에 반항하는 것을 그들의 본질적인 의무이자 권리라고 믿었다.

2014년의 서울에 신세대라고 불리는 반항의 무리들이 있듯이, 50년 저쪽 공간에 스물다섯 살짜리 도시 젊은이들이 「서울, 1964년 겨울」

에 등장한다. 그런데 50년의 간격을 두고 있는 같은 공간의 사람들은 너무나 다르다. 소설 속에서 그들의 말대로 "이제 겨우 스물다섯 살"인 그들이 너무 늙어 버린 것인지, 아니면 이 시대의 신세대들이 아직 너무 어린 것인지 그들이 느끼는 같은 공간 '도시'는 너무나 다른 세계이다. 물론 시간의 차이를 두고 두 공간의 변화를 잊어버리고 있는 것은 아니다.

하지만 지금의 신세대가 가지고 있는 '도시'의 공간은 세련되고 화려하고 감각적인 말 그대로의 '도시적인 도시'이다. 하지만 50년 저쪽의 사람들이 가지는 '도시'는 우울하고 어두운 소외된 자들의 공간이다. 1964년의 서울에서 '도시적인 도시'를 느끼는 사람은, 세련됨과 화려함을 즐길 수 있을 만큼의 돈을 소유한 부유층의 기성세대들이었다. 그렇지 못한 '도시 사람들'은 소설이 그려 내고 있는 '오뎅과 군참새를 구워 주는' 선술집에서 찾아 볼 수 있다. 두 사람의 젊은이가 앉아 있는 도시의 어느 그늘 밑에 있는 선술집에서 그들은 지쳐 있었다. 그들에게는 우리의 신세대들이 가지는 자신감과 화려함과 세련됨을 추구하고 싶은 감각적인 감성이 없다. 단지 그들이 가지고 있는 것은 지친 삶에서 더 이상 쓰러지지 않기 위한 사물 보기의 특이한 방법 정도이다. 그들은 감각적이고 직접적이지 못하고 공허하고 추상적이었으며, 빛나는 네온사인이 주는 불빛을 즐길 수 있는 텅 빈 머리보다는 '나만의 사실'들을 찾아 헤매는 복잡한 머리를 가지고 있었다. 그들에게 '도시'는 나를 즐겁게 해주는 도깨비 방망이가 아니라 그 불빛만큼의 그늘이 너무 차갑고 우울하고 답답한 늪이었다.

그런데 1964년 겨울의 서울에 있었던 젊은이들이 느끼던 우울과 지금의 젊은이들이 느끼는 서울의 화려함은 50년의 시간의 틀을 기준으로 양분되는 '다름'이 아니다. 그것은 1964년이나 2014년 어느 공간에서나 함께 존재하는 '다름'이다. 도시 속에는 언제나 우울과 화려함이 함께 존재하고 있다. 겉과 속을 구분짓기는 어렵지만, 도시는 그의 우울한 내면을 화려함이라는 멋진 포장지로 잘 포장하고 있는 것처럼 보인다.

도시 속을 살아가는 사람들 중에는 삶을 즐기기보다는 삶에 지쳐 힘든 사람이 더 많다. 단지 우리는 화려한 도시의 외관에 눈길을 주는 것이 더 즐겁기에 우울한 그 많은 것들을 힘들게 외면하고 있는 것이다. 김승옥의 「서울, 1964년 겨울」에서는 사람들이 애써 외면하려 하는 도시의 본 모습을 그려내고 있다. 즐기면서 화려하게 살아가는 사람들의 도시가 아니라, 지치고 힘들지만 살아 갈 수밖에 없는 많은 사람들을 세 사람의 모습으로 보이고 있는 것이다.

많은 영화나 텔레비전이 만들어 내고 있는 화려한 도시의 모습들은 단지 환상에 불과하다. 물론 그 모든 것들이 실제 도시 안에서 존재하고 있기는 하지만, 도시를 이루는 사람들은 그런 화려한 사람이 아니라 김승옥이 그린 세 사람처럼 소외받고 살아가는 말 없는 다수들이다. 작가는 도시의 본모습이 우울하다는 것을 애써 강조하려는 것이 아니라, 도시에 대한 환상이 마구 쏟아지고 있는 가운데 극도로 사실에 가까운 것을 그려 내고자 한 것 같다. 이런 측면에서 「서울, 1964년 겨울」은 만들어진 것이 아닌 실재하는 공간이 '도시'라는 사실을 그려 내려고 한 작품이다.

도시,
두 얼굴의 공간

텔레비전을 켰다. 화면 속엔 높은 빌딩이 있었고, 눈부신 네온사인이 춤추고 있었으며, 화장실도 가지 않을 것 같은 세련된 사람들이 있었다. 그것은 물론 항상 보아 왔던 익숙한 도시의 모습들이었지만 왠지 모를 어색함을 가지고 있었다. 텔레비전을 껐다. 그리고 내가 살고 있는 도시 속으로 들어가 보았다. 분명 그 속엔 높은 빌딩이 있었고, 눈부신 네온사인이 여전히 춤추고 있었으며 화장실에 가지 않을 것 같은 사람들이 있었다. 그러나 움츠린 사람들도 거기에 같이 있었다. 그곳엔 삶을 증오하며 살아가는 사람들이 있었고, 생활의 무게에 어깨가 짓눌려 버린 가엾은 가장, 집으로 돌아가지 못하는 가난한 누이도 있었다. 도시는 그 육중한 덩치 아래에, 그 밝은 네온사인 불빛이 스며들지 않는 곳에 세련되지 못한 많은 것을 숨겨 가지고 있었다.

'1964년 겨울을 서울에서 지냈던 사람'이라면 누구나 알 수 있는 것들을 도시라는 이름은 숨겨 가지고 있다. 김승옥이 그의 소설에서 당연하게 알 것이라고 여기는 오뎅과 군참새와 세 가지 종류의 술 등은 분명 도시 속에서 가지고 있는 것이었지만 그것들에서 '도시'의 냄새 - 사람들이 생각하듯이 세련되고 멋있고 깔끔한 냄새-를 맡아 보기는 힘들다. '도시 사람'은 '중년 사내가 술을 따르고 안주를 구워주고 있는 그러한 선술집'이 아니라 조용한 재즈 음악이 흐르고, 나비넥타이를 맨 깔끔한 바텐더가 칵테일을 만들어 주고 있는 그러한 장소에 있는 것이 더 어울리는 것처럼 보인다. 하지만 김승옥이 그의 소설 「서울, 1964년 겨울」에서 그려내고 있는 사람들 역시 '시골'이 아니라 '도시'

사람들이다. 그가 그려내고 있는 삶은 사람들이 흔히 생각하는 세련된 도시의 삶이 아니라 도시라는 이름 뒤에 숨어 있는 소외된 사람들의 삶이다.

소설에는 세 사람이 등장한다. 항상 삶에 지쳐 있는 구청 병사계 직원, 가끔씩 삶에 지친다는 걸 느끼는 대학원생, 그리고 갑작스럽게 삶이 증오스러워져 버린 월부 책장수. 이 세 사람의 생활에 떠밀려난 사람들은 지쳐 있는 상태로 우연히 만난다. 작가는 구청 병사계 직원인 '나'와 대학원생 '안'의 무의미한 대화들에서 그들이 발견하고 있는 것이 도시의 숨겨진 모습이라는 것을 어렴풋이 보여준다.

결코 화려하지 않은 도시의 밤거리에서 그들이 찾으러 다녔던 것은 자신들만이 알고 있는 '자기 소유의 사실'이었다. 두 사람의 행위는 각자의 머릿속에서는 서로 다른 목적을 가지고 있지만 그들이 공통된 행위를 행하고 있다는 것에서 그들은 '도시'라는 거대한 덩어리에서 밀려나온 사람들이라는 것을 알 수 있다. 화려하고 세련되어 누구나 알 수 있는 도시의 모습보다 그들이 보고 싶고 경험하고 싶은 것은 두꺼운 콘크리트 바닥에 가라앉아 있는 어두운 도시의 모습이었던 것이다. 그것을 경험함으로써 그들은 '나만이 밀려난 것은 아니다'라는 느낌을 찾으려 했던 것 같다. '안'이 느끼는 밤거리의 뿌듯함은 도시 속에서 밀려버린 자신의 비참함이 결코 혼자만의 것이 아니라는 것을 찾아내었을 때 가질 수 있는 것이었다.

혼자서 행하던 '자기 소유의 사실 찾기'를 같이 해 보려고 자리에서 일어나는 순간, '나'와 '안'에게 새로운 동료가 합류한다. 월부 책장사인 사내는 '나'와 '안'처럼 스스로가 밀려나고 있다는 것을 느끼지 못하고 있던 사람이었다. 그는 도시 속에서 도시 사람으로 살아가고 있다고 느껴 왔지만, 그에게 찾아 왔던 갑작스런 아내의 죽음으로 모든 것이 송두리째 무너져내리는 것을 느낀다. 아내의 시체를 병원에 팔아버렸을 때, 그에게 남아 있는 것은 다 써 버려야만 하는 '아내의 몸 값' 뿐이었고, 소외되지 않기 위해 발버둥 치던 월부 책장수는 결국은 자신이 도시의 공간 아래로 떨어져 내려와 있다는 것을 느끼게 된다. 그에게 다가온 절망은 '나'와 '안'이 가지는 아주 일상적인 소외감이 아니라 도무지 빠져나올 길을 찾기 어려운 추락이었다. 소외된 도시 생활에서 적응하는 방법을 알지 못하는 '책 장수'가 '죽음'을 선택한 것은 어찌 보면 필연적인 귀결인지도 모른다. 스물다섯 살짜리 사내들처럼 밀려남을 즐기기엔 도시의 삶이 너무나 지겨워져 버린 사람은 도시를 떠날 수 밖에 없기 때문이다. 김승옥이 그려내고 있는 이러한 사람들의 모습은 분명히 존재하고 있는 도시의 또 다른 이야기였다.

도시는 두 가지의 얼굴을 가지고 있다. 그는 자신이 마련해 놓은 화려함과 세련됨의 덩어리에 적응하지 못하는 많은 것들을 끊임없이 숨겨 나간다. 도시의 불빛이 밝은 것에는 그만큼의 그늘이 짙게 깔려 있는 걸 의미한다. 도시 속에 적응하지 못하는 수많은 아웃사이더들은 그 그늘 속에 숨어서 '즐기기'보다는 '살아가기'에 바쁘다. 도시는 겉으로 보이는 화려함과 동시에 그만큼의 우울함을 함께 가지고 있는 두 얼굴의 공간인 것이다.

현진건의 「불」에 대한 두 가지 이해

'나'의 공간을 위한 탈출

지금 여기서 내가 글을 쓰고 있는 공간은 작은 방이다. 내가 차지하고 있는 이 작은 공간은 가장 기본적으로 나에게 글을 쓸 수 있는 환경을 마련해 준다. 컴퓨터가 있고 목을 축일 수 있는 한 잔의 음료수가 갖추어져 있다고 하더라도 지금 이 공간이 '방'이 아니라 사방이 열려진 길 한 가운데라고 한다면, 나는 내 생각을 단 한 줄의 글로도 써 나갈 수 없을 것이다.

'방'이라는 막혀진 공간은 열려진 공간보다 훨씬 더 '장소'라는 느낌을 크게 준다. '방'은 열려진 '거리'보다는 훨씬 고정되어 있기 때문이다. 이곳의 공기는 '거리'에 비해서 쉽게 바뀌어지지 않으며, 나와 내가 관계하는 몇 가지 것들을 제외하고는 변화하는 것은 거의 없다. 나를 둘러싸고 있는 '공간'이라는 환경을 '거리'보다는 훨씬 정확하게 파악할 수 있는 곳이다. 사람들은 자신이 어느 정도 정확하게 파악할 수 있는 '공간'에 대해서 몇 가지 의미를 붙이곤 한다.

음악이 굳어져 있는 공기 사이로 퍼져 나가고 흐린 불빛이 책상 위를 비추고 있는, 지금 내가 있는 이 '방'이라고 파악하는 공간에서 나는 글을 쓰고 있기 때문에 난 이 공간에 '생각할 수 있는 방'이라는 의미를 부여한다. 앞서 말했듯이 이 공간 밖에서 생각을 가다듬는 작업은 다소 어렵기 때문이다. 이상의 「날개」에서 '나'가 부여한 방의 의미는 껍질을 깨기 전에, 날개가 돋기 전에 가질 수 있었던 유일한 '나의 세계'였다. 오직 '나의 방'에서만 나는 아무에게도 간섭받지 않는 삶을 살아갈 수 있었던 것이다.

현진건의 「불」에서 주인공 순이는 그녀가 파악할 수 있었던 '방'에 '원수의 방'이라는 의미를 부여했다. 보통사람에게 있어서 '방'은 안식의 공간이며 생활의 공간이다. 마치 혼자 있는 좁은 화장실이 비밀이 철저하게 보장될 수 있는 사적인 공간이듯이, 개인에게 있어서 '방'은 생활을 위해서 만들어진 최소의 사적인 성(城)이며, 도피처일 것이다. 이 공간을 불신하고 부정한다는 것은 삶이라는 것에 아무런 의미도 발견하지 못하고, 삶을 부정하고 불신할 수밖에 없다는 것을 의미한다.

실제로 순이에게 있어서 삶은 재미라고는 찾아 볼 수 없는, 충분한 수면도 따뜻한 사랑도 기대할 수 없는 없는 피곤하고 막막한 것일 뿐이었다. 순이의 삶에서 순이는 항상 주인이 아닌 종이었다. 그녀에게 도피할 수 있는 공간이라고는 아무데도 없었다. 다음 날의 생기 있는 생활을 위해서 수면을 취할 수 있는 '방'이라는 공간에서 순이는 매일 밤 남편의 육체적 요구에 시달린다. 그 공간에서 벗어나려고 숨었던 헛간도 순이를 완벽하게 숨겨 주진 못했다. 고통 속에서 눈을 떠 본 아침에 어느새 순이는 '원수의 방'에서 남편에게 시달리고 있었던 것이다.

어리고 약한 순이는 자신을 억압하는 주위의 모든 사람들과 상황에 전혀 반항하지 못했다. 나름의 반항이라고 생각한 '송사리 죽이기'도 여린 순이에게는 공포였고 고통이었다. 반항할 수 없고, 도망할 수 없는 극도의 피곤 속에서 순이는 쓰러진다. 하지만 눈을 떠본 곳은 여전히 변하지 않은 원수의 방. 잠시 동안의 혼절도 그녀를 지켜 줄 수는 없었다. 깨어난 현실은 훨씬 더 무겁게 그녀를 짓누르고, 또 다시 '원수의 노릇'을 해야만 하는 밤이 가까워져 있었다. 어떻게 해서든지 그녀는 탈출해야 했다. 자신을 옭아매는 공간에서 벗어나기 위해서 꿀 같은 단잠과 피곤을 풀어주는 휴식을 가져다 줄 수 있는 '은인의 방'을 찾기 위해서.

그녀가 '원수의 방'에 불을 질러 태워 버린 것은, 어리거나 약한 순이의 잘못된 판단 때문이 아니다. 그녀에게 있어 가장 무거운 것은 그녀를 쉬지 못하게 만든 그놈의 '방'이었고 순이는 그 '방'을 없애버리는 것으로 자신을 둘러싼 억압에 반항하려 한 것이다. 항상 종으로만 살아왔던 순이는 자신의 삶에서 스스로가 주인이 되지 못하는 막힌 '방'을 태워 열려진 공간으로 만들어서 다시 그 열린 공간 위에 자신만의 '방'을 만들려고 한 것인지도 모른다. 순이의 행위는 그녀가 할 수 있었던 가장 합리적인 탈출 방법이었다.

겨우 찾은 비난의 대상, 방

감정이입이라는 것이 있다. 생각을 직접적으로 표현하기 싫을 때, 자신이 아닌 다른 것에 감정을 실어서 표현하는 것이다. '나'의 감정을 담을 수 있는 그릇은 말하지 못하는 사물이 될 수도 있고, 내가 아닌 다른 누군가가 될 수도 있으며 어떠한 공간이 될 수도 있다. 실연을 당하고 돌아오는 길가에 서있는 가로등이 한없이 외로워 보이고 즐거운 모습을 하면서 지나가는 모든 사람들의 웃음은 공허해 보인다. 혼자 있는 시간이 괴로울 때 내가 있는 작은 방은 너무나 넓게만 느껴진다. 사람의 생각이라는 것은 언제나 별로 변하지 않고 있는 세상의 모든 것을 한없이 다르게 볼 수도 있게 만드는 것이다.

스스로의 감정에 따라 세상의 모든 것을 다르게 보기 좋아하는 많은 사람들은 또한 상처받기를 두려워한다. 그래서 스스로에게 다가온 감정 때문에 다르게 보아왔던 가엾은 사물과 사람들에게 책임을 떠넘기기를 좋아하는 것이다. 분명히 나의 잘못에서 비롯된 고통인 것을 잘 알고 있으면서도 그것을 인정했을 때에 받게 되는 상처가 두려워서 대신 비난받을 수 있는 다른 무엇인가를 찾으려 한다.

두 사람이 같이한 일이 실패했을 때 실패를 가져온 중대한 잘못은 다른 사람의 몫이고 나는 단지 사소한 잘못만을 저질렀을 뿐이라는 것이다. 나의 실수로 깨진 값비싼 도자기는 도자기를 너무 미끄럽게 만든 솜씨 없는 도공이나 너무 높게 만들어서 내 손을 부자유스럽게 한 선반 제작자의 잘못으로 돌린다.

비난의 화살을 자연스럽게 돌릴 수 있는 '누군가'가 주위에 있으면 다행이지만, '나' 이외에 아무도 없을 때나 또는 누군가를 비난하는 것이 더 두려울 때 사람들은 말 못하는 사물과 공간에게 화살을 돌리곤 한다.

현진건의 「불」에 등장하는 '원수의 방'은 주인공 순이가 어렵게 발견해 낸 비난의 대상이다. 이 소설에서 순이가 저지른 잘못은 별로 없지만, 답답하고 피곤한 결혼 생활 때문에 순이는 고통스럽다. 순이는 당연히 그 고통의 원인을 찾아야 했다. 닦달하는 시어머니, 매일같이 피곤한 자신에게 달려들어 욕망을 채우고자하는 남편, 이 먼 곳까지 시집을 보낸 야속한 친정 부모님들. 이 모두가 비난의 대상이 될 수 있었지만 순이에겐 그들을 비난하는 것이 고통을 견디는 것보다 더 힘든 일이다. 소심한 순이는 '사람'이 아닌 것에서 비난의 대상을 찾아본다. 처음으로 그녀가 찾았던 비난의 대상은 피곤에 지친 자신의 유희를 만족시켜 주지 못한 작은 '송사리'였다. 몇 번의 시도를 했지만 '짜증이 나서 울고 싶을' 정도로 잘 잡히지 않은 송사리떼 중에서, 겨우 붙잡은 송사리 한 마리에게 순이는 쌓였던 감정을 폭발시킨다. 하지만 여리고 어린 순이에게 송사리를 죽이는 일은 또 하나의 고통으로 다가왔을 뿐 쌓였던 것을 하나도 풀어 주지 못했다.

피곤에 지쳐 쓰러져 버리고 말았을 때 겨우 일어난 자리에서 깨진 그릇 때문에 시어머니의 매를 맞고 있던 순이는 어떻게 해서든지 자신에게 다가오는 고통의 원인을 찾아내어야만 했다. 더 이상은 이렇게 힘겹고 피곤하게 생활할 수는 없었다. 해가 지고 다시 '원수의 방'에서 남편과 그 고통스러운 잠자리를 해야만 했을 때 순이는 고통의 원인을 발견할 수 있었다. 다른 '사람'과 '동물'을 비난하기에 너무 여린 순이였기에 그녀는 피곤한 자신을 편히 쉴 수 있게 만들지 못하는 '방'을 가장 큰 비난의 대상으로 찾아낸 것이다.

순이에게 '방'은 안주할 수 있는 편안한 공간도, 다음 날의 힘든 노동을 위해서 힘을 축적할 수 있는 저장의 공간도 아니었다. '방'은 순이에게 단지 피곤한 육체를 더 고통스럽게 만드는 고문의 공간이었던 것이다. '방'만 없어진다면, 밤이라는 시간 동안 순이는 피곤한 육체를 쉴 수 있고 다음날 활기찬 몸으로 생기 있게 활동할 수 있다고 생각한 것이다. 그래서 순이는 그 고통의 원인을 제거해 버린다. 가장 소극적인 사람이 할 수 있었던 가장 극단적인 행동으로 순이는 '방'을 태워 버린다.

하지만 순이에게 육체적 고통을 주었던 것은 '방'이 아니라 그녀의 남편이었다. 순이는 그것을 알고 있으면서도 비난의 화살을 다른 '사람'에게 돌릴 수 없을 만큼 소극적이었다. 이러한 순이의 소극성 때문에 순이는 아마 또 다른 '원수의 방'을 가지게 될 것이다. 그것이 헛간이든지 안방이든지 들판이든지. 올바로 겨누지 않은 비난의 화살은 결코 순이를 자유롭게 할 수 없을 것이다.

4부

서사주제학의 확장과 탐색

작품 다시 읽기와 해석하기

이 장은 서사주제학의 연구 방법론으로 분석한 여러 작가와 작품에 대한 구체적인 연구 결과이다. 이 장의 순서는 작가가 활동한 시대별로 배열되었고, 앞서 서사주제학의 기본 개념에서 살펴본 바와 같이 서사주제학의 연구는 그 분야가 더욱 넓게 확대되어 간다는 것을 이 장의 연구 결과물을 통해서도 확인할 수 있을 것이다.

이 장은 8개의 주제로 구성되어 있다. 먼저 「해학과 아이러니의 미학- 김유정론」은 김유정의 작품을 꿰뚫는 주제가 무엇인가에 대한 고찰이다. 김유정 문학을 해학과 아이러니라는 주제로 포착한 논의라고 할 수 있다.

다음으로 「이태준 단편소설의 명명법 연구」는 이태준의 단편소설을 대상으로 등장인물의 명명이 작품의 주제와 어떠한 관련성을 가지는가에 대한 연구이다. 역시 이태준 문학을 대상으로 한 「이태준 문학에 나타난 선비의식 고찰」은 이태준 문학을 '선비의식'이라는 주제로 관통하여 고찰하고자 한 시도라고 할 수 있다.

최명익에 대한 논의인 「결벽성의 시학」 역시 최명익의 작품 세계를 관통하는 주제를 '결벽성'이라고 전제하고, 그러한 특징이 가장 잘 드러나는 작품으로 「장삼이사」의 다시 읽기를 시도한 논의라고 할 수 있다.

서사주제학의 확장이라고 할 수 있는 「김승옥 단편소설 연구」는 서사주제학과 시점의 연구를 통합하여 김승옥의 작품 중에 일인칭 제한 시점의 의미를 고찰한 것이다.

이와 유사한 연구가 바로 「여성적 자아로의 길 찾기」인 오정희 문학에 대한 연구이다. 이 논의는 오정희의 작품 세계를 '여성주체의 혁명'이라는 주제로 파악하고 서사주제학과 페미니즘을 통합한 연구이다. 이 논의는 오정희의 작품 세계에서 아버지의 질서에 대한 거부와 강요된 모성성에 대한 거부의 의미를 지니는 부분들을 핵심적으로 추출하여 고찰한 논의이다.

다음으로 서사주제학의 확장이 문학 내에서뿐 아니라 다른 영역으로까지 가능하다는 것을 보여준 논의가 「현대소설의 병리적 상징성 연구」와 「회화를 통한 문학적 서사성의 구현 양상 연구」이다. 이 가운데 「현대소설의 병리적 상징성 연구」는 김훈의 「화장」을 대상으로 하여 서사주제학과 병리학의 통합을 통해 작품의 주제론적 이해를 심화시킨 연구이다.

「회화를 통한 문학적 서사성의 구현 양상 연구」는 문학 작품인 유홍종의 단편소설 「죽은 황녀를 위한 파반느」, 박민규의 장편소설 「죽은 왕녀를 위한 파반느」와 회화 작품인 벨라스케스의 「시녀들」 간에 장르를 넘어 관통하는 주제를 추출한 것이다. 이 논의는 문학과 회화의 상호텍스트성을 고려한 것이라고 할 수 있다.

이 장은 서사주제학의 논의를 활용하여 우리 문학 작품을 다시 읽어 보는 시도와 함께 문학과 다른 인접 학문과의 연관을 통해 서사주제학의 영역이 더욱 확대될 수 있다는 점을 제시하고자 한 장이다.

김유정, 그 해학과 아이러니의 미학

가난과 질병의 생애

김유정의 생애를 관통하고 있는 두 가지 현실적 요소는 가난과 질병이었다. 그리고 김유정의 생애는 그것을 견디다 그것으로 인해 파멸한 과정이라 있다(박세현 1998:25). 극히 짧은 유년기를 제외하면 김유정의 일생은 이 가난과 질병이라는 두 개의 질곡에서 단 한순간도 벗어나지 못했다. 그러므로 김유정은 우리 근대문학사에서 가장 불행했던 작가 중 한 사람이라 할 수 있다.

김유정은 1908년 1월 11일에 태어났다. 천석꾼의 아들로 태어났으나 일곱 살에 어머니를, 그리고 아홉 살에 아버지마저 잃게 되어 형 유근(裕近)의 손에서 성장하게 된다. 그러나 유정의 실질적인 보호자였던 형은 술과 난봉으로 재산을 축내면서 가족의 안위를 전혀 돌보지 않는 금치산자였다. 이러한 형을 심약한 유정이 견뎌야 한다는 것 자체도 불행이었을 뿐 아니라, 형의 이러한 생활은 바로 유정의 일생에서 가장 큰 질곡의 하나인 '가난'의 전조가 된다는 점에서 더욱 문제를 지니고 있었다. 이러한 형 유근에 대한 이야기는 김유정의 자전적 작품이라 할 수 있는 「형」에 나타나 있다.

점점 어려워지는 가세로 유정은 1930년 어렵게 진학한 연희전문을 자퇴하고 만다. 그리고 유정은 이 무렵부터 피복공장에 다니는 누이 유형의 집에 얹혀사는 신세가 된다. 또한 이 시기부터 유정의 일생의 또 하나의 질곡인 병마와 싸우게 된다. 치질, 늑막염, 폐결핵 등이 바로 그가 종생토록 싸워야 할 병마였으며 결국 그를 절명시킨 병들이다. 유정과 누이 유형은 그야말로 애증이 뒤얽힌 관계였는데, 누이의 성격은 「따라지」나 「생의 반려」와 같은 자전적 작품에서 잘 나타난다.

유정은 나이 22세 되던 해부터 2년여를 고향인 강원도 춘천군 실레 마을로 와서 지내게 된다. 이 기간이 유정의 생애에 중요한 의미를 가지는 이유는, 그가 마을에 야학당을 열고 이 야학당이 금병의숙의 인가를 받았다는 실천적인 삶의 궤적이 있었던 시기였기 때문이기도 하지만, 무엇보다도 이 시기의 경험이 그의 대표작의 창작 계기가 되었기 때문이다.

유정의 생애에서 빼놓을 수 없는 또 하나의 사건은 명창 박녹주를 향한 끊임없는 구애와 실연이다. 이 역시 그의 자전 소설인 「생의 반려」에서 그 구체적인 내용이 잘 드러나는데, 작품 내에서 주인공의 심경을 빌어 표출하는 바와 같이 박녹주를 향한 사랑의 근본적인 동인은 '애정 결핍'에 있다고 할 수 있다. 김유정은 부모 형제에게서 정상적으로 받지 못한 애정을 자신보다 연상의 여인인 박녹주에게서 갈구했던 것이다. 그러므로 김유정이 사랑했던 대상은 실제 여성으로서의 '박녹주'가 아니라 추상화된 인물, 즉 자신을 질병과 궁핍한 현실로부터 초극시켜 줄 구원의 대상으로 상정된 인물로서의 '박녹주'라고 할 수 있다. 이렇게 정상적인 관계의 애정이 아니라 추상화되고 건강하지 못한 과도한 애정의 분출은 유정에게 '실연'이라는 상처만을 안겨 주게 되고, 이 또한 유정의 불행한 일생의 한 축을 형성하게 한다.

유정의 문단 활동은 1935년 조선일보 신춘문예에 「소낙비」가 당선되고, 조선중앙일보 신춘문예에 「노다지」가 입선되면서 공식적으로 시작된다.[1] 그러므로 김유정의 공식적인 문단활동은 1935년부터 그가

1 그러나 김유정은 이보다 앞서 1933년 잡지 『第

세상을 떠난 1937년까지 불과 2-3년의 짧은 기간이라 할 수 있다. 이러한 짧은 생애 동안 그가 남긴 작품들은 사후에 발표된 「형」, 「애기」를 포함하여 31편의 주옥같은 단편들인데[2], 이러한 작품들로 인해 가난과 질병으로 점철된 그의 짧은 생애가 더욱 안타까움을 더한다.

기존의 평가 검토

지금까지 김유정에 관한 논의의 중심을 차지하는 것은 크게 두 가지로 나눌 수 있다. 그 하나는 김유정 소설에서 현실 인식 혹은 현실 반영 유무에 대한 논의이고, 또 다른 하나는 김유정 소설 자체의 문예미학적 연구이다.

먼저 '현실 인식'의 유무에 관한 연구의 중심 견해는 '그의 소설이 다루고 있는 궁핍화의 문제를 통해 피폐한 식민지 상황 아래에서의 구조적 모순을 극명하게 드러냄으로써 투철한 사회의식을 담고 있는 사실주의적 작품(정창범, 1955)'이라는 것과 '현실을 고발하거나 개선하려는 역사 의식의 결여로 김유정 소설은 패배자의 비굴한 희화가 되고 만다'(구인환, 1980)는 견해가 팽팽하게 맞서고 있다. 그러나 이러한 논의

一線』과 『신여성』에 「산골나그내」와 「총각과 맹꽁이」를 각각 발표한 바 있다는 자료도 있다(박세현 1998:36).

2 물론 미완의 장편소설인 「생의 반려」는 예외로 한다.

는 김유정의 작품에서 현실 인식이나 역사의식의 유무만이 과연 김유정 문학의 가치를 평가하는 절대적인 잣대인가 하는 기본적 문제에서 그 한계를 보여 준다고 할 수 있다.

김유정 소설 자체의 문예미학적 연구의 중심을 차지하는 것은 김유정 소설의 특질로 전제되는 해학과 토속성, 그리고 풍자와 아이러니에 관한 연구이다.[3] 그리고 유정에 관한 최근의 논의 역시 이러한 맥락과도 관련되는 것이다. 유정의 작품에 나타나는 '매춘' 모티프에 관한 논의, 작품의 시간·공간에 관한 논의, 행위와 행위주에 관한 논의 등 유정 작품의 개별적 특성에 맞춘 내재적 분석 등이 활발히 이루어지고 있다. 이렇게 김유정 작품에 대한 내재적 분석이 최근까지 활발하게 진행되는 이유는 바로 당대 작가들과는 다른 색깔을 가지고 있는 김유정의 특이성에 기인한 것이며, 이러한 연구는 바로 김유정 문학의 독특한 미학을 찾고자 하는 노력이라 할 수 있다.

작품의 경향과 특성
「소낙비」, 「안해」 등을 중심으로

김유정의 작품 전체를 그 배경적 차원에서 분류하면 농촌과 도시로 이분할 수 있다. 물론 김유정 문학의 본류는 '농촌'을 배경으로 한 작품에

---

3 이에 관한 연구는 김유정 문학의 대표적 논의이며 그 양 또한 풍성하다. 김문집(1968), 정태용(1958), 이재선(1974), 정한숙(1977), 유인순(1983), 이주일(1980) 등이 있다.

서 논의되며, 이들 작품에서 추출되는 향토성과 해학성을 김유정 문학의 핵심으로 평가한다. 이에 반해 '도시'를 배경으로 한 작품들은 문학성이 다소 떨어지는 것으로 평가되며, 작품 자체에 대한 분석보다 작품들의 자전적 경향에 주목하여 김유정의 실제 삶을 연구하는 자료로 이용된다.

물론 기존의 평가대로 이러한 두 경향의 작품들의 문학적 완성도가 일정하지는 않다. 하지만 이들 작품들이 모두 짧은 문학적 인생을 살다간 김유정의 편린들이라고 했을 때, 이들 작품들에서 공통적으로 추구하는 바가 무엇인가 하는 연구는 김유정 문학을 읽는 기본적인 태도이며 핵심적인 문제라고 할 수 있다.[4] 그러므로 본 논의가 김유정의 대표작에 대한 분석의 결과를 김유정의 자전적 작품[5]들과 연관시키려는 이유도 여기에 있다고 할 수 있다.

본 논의의 중심이 되는 작품인 「소낙비」, 「안해」 등은 모두 농촌을 배경으로 하는 작품으로, 김유정 특유의 향토성과 해학성이 뛰어난 작품이다. 물론 여기에서의 향토성이란 단순한 토속어에 의해 환기되는

---

4 이러한 문제에 대해 김한식은 '현실의 절망적인 삶의 표현'과 '질서 있고 개어지지 않은 화해로운 삶에 대한 희구'로 김유정 문학의 핵심을 추출하고 있다. 김한식의 이러한 논의는 도시/농촌 배경의 작품들을 하나의 맥락으로 묶으려는 시도뿐 아니라 이러한 과정에서 숨겨진 작가의 숨은 욕망까지 추출하려고 한 탁월한 논의라 하겠다.(김한식 1996: 297)

5 자전적 요소가 강한 소설로 「형」, 「생의 반려」, 「두꺼비」, 「연기」, 「심청」, 「슬픈 이야기」, 「따라지」 등이 있다.

측면을 넘어선 '향토적 서정주의'를 일컫는 것이며, 이러한 '서정주의'는 김유정이 의도적으로 고안한 문체에 의해 형성된다. 물론 이러한 문체의 형성에는 '해학성'과 더불어 어둡고 비참한 현실을 고도의 기교로 감추려는 작가의 숨은 욕망이 내재해 있다고도 볼 수 있다.

해학성은 김유정 문학의 핵심적인 문제이다. 대체로 김유정 문학의 해학성을 비속어의 사용, 판소리계 소설의 전승(박세현 1998:101), 모자라는 인물의 등장 등의 요소에서 찾고 있다. 그러나 무엇보다 김유정 소설이 해학적인 이유는 소설 속 인생의 여러 양상들이 제시하는 아이러니컬한 상황에 의한 것으로 볼 수 있다. 이러한 아이러니는 주지하듯이 극적 아이러니, 사건의 아이러니, 자기 폭로의 아이러니 등으로 나눌 수 있고, 이들은 모두 위선, 완미, 자신감에 찬 우행, 합리화 또는 허영을 폭로하는 형태로 나타난다고 볼 수 있다(Muecke 1980:41). 김유정의 소설 세계에서 웃음을 자아내게 하는 요소는 바로 이러한 폭로에 의한 것이라 하겠다. 그러므로 김유정 해학의 핵심은 바로 아이러니컬한 상황의 폭로라 할 수 있다.

먼저 「소낙비」에서 발생하는 아이러니컬한 상황은 남편의 노름 밑천을 위해 아내가 매춘을 하고, 부부는 이러한 아내의 매춘을 가난에서 벗어나고 '의좋은 부부로 남는' 유일한 방법이라고 믿는다는 것에서부터 비롯된다.

남편의 매질에 못 이겨 돈 이원을 꾸기 위해 춘호처가 찾아가는 쇠돌네는 '하늘이 도와 동리의 부자양반 이주사와 은근히 배가 맞은 뒤로는 아주 금방석에 딩구는' 팔자가 된 인물로 제시된다. 그리고 이러한 쇠돌네에 대한 춘호처의 감정은 '부러움'과 함께 자기도 기회를 잘만 이용했더라면 하는 '아쉬움'으로 표출되는데, 여기에서 이미 '매춘'

의 상황은 예정되어 있다고 볼 수 있다. 그러므로 쇠돌네가 없는 집에 이주사가 혼자 들어가는 것을 목격하고, '소낙비'에 온몸이 다 젖은 채로 쇠돌네집으로 간 춘호처의 의도는 이미 '기회'를 잡겠다는 간교한 계산이 숨어 있다고 하겠다. 춘호처의 이러한 계산은 성공을 거두는데, 그 성공의 결과가 바로 매춘이라고 할 수 있다. 아이러니컬한 상황은 이러한 아내의 매춘에 대한 춘호의 반응이다.

> 안해가 꼼지락어리는 것이 보기에 퍽으나 갑갑하엿다. 남편은 안해 손에서 얼개빗을 쑥뽑아들고는 시원스리 쭉쭉 나려빗긴다. 다 빗긴 뒤 엽헤노힌 밥사발의 물을 손바닥에 연실 칠해가며 머리에다 번지를하게 발라노앗다. 그래 노코 위서부터 머리칼을 재워가며 맵씨잇게 쪽을 딱 찔러주드니 오늘 아츰에 한사코 공을드려 삶아노앗든 집석이를 안해의 발에 신기고 주먹으로 자근자근 골을 내주엇다.(50쪽)[6]

이렇게 이주사에게 '매춘'을 하기 위해 가는 아내를 춘호는 정성스럽게 단장시켜 보낸다. 그의 이러한 단장의 의도는 물론 '그 이원을 고이밧고자 손색없도록 실패없도록 안해를 모양내어' 보내는 것이다. 그러나 우리는 이 장면에서 삶의 아이러니를 느끼게 된다. 왜냐하면 부부관계의 가장 중요한 덕목의 하나인 '정조'를 파기함으로써 이들 부부가 얻게 되는 것은 실제적인 돈 이원뿐 아니라 삶에 대한 희망이라 할 수 있

---

6 원문을 인용할 경우 전신재가 편한 『원본김유정전집』(1997, 도서출판 강)에 실린 것으로 한다. 이후 원문을 인용할 경우 본문에 해당하는 지면만을 밝힌다.

기 때문이다. 춘호가 욕망하는 것은 아내 매춘의 대가로 얻게 되는 돈 이원을 밑천으로 노름을 하고, 노름으로 다소의 돈을 마련하여 '살기 조흔 서울'로 가고자 하는 것이다. 춘호 처 역시 남편의 욕망을 함께 욕망하고 있다. 하지만 춘호 처에게 무엇보다 중요한 것은 '매춘'의 대가로 지급되는 돈에 더해 남편의 극진한 사랑을 회복하여 '행복감' 마저 느끼게 된다는 사실이다. 그러므로 이 경우 '매춘'에 대한 죄책감이나 부끄러움은 의미가 없는 것이 되고 만다. 김유정 작품의 독특함은 바로 이런 상황을 전개하는 것에서 드러난다. 즉 일상적인 상황에서는 부부의 중요한 덕목이 되는 '정조'가 아무런 가치가 없고, 매춘에 의해 삶의 희망이 생긴다는 상황 자체를 제시함으로써 바로 삶의 아이러니를 독자로 하여금 느끼게 하는 것이다.

삶의 중요한 가치들이 희화화되고, 이런 희화화의 과정에서 삶의 아이러니가 폭로되는 또 다른 작품으로 「안해」가 있다. 「안해」는 남편인 '나'의 1인칭 서술로 이루어진 작품인데, 이 작품에서 김유정의 해학성을 절감할 수 있는 부분은 못생긴 아내가 들병이로 나서겠다는 제안을 하고 남편은 이러한 아내의 제안을 실현시키기 위해 아내에게 들병이가 되기 위한 준비를 시키는 것에서부터이다.

> 따는 내 주변으로 생각도 못했던 일이지만 참 훌륭한 생각이다. 미찌는 농사보다는 이밥에, 고기에, 옷 마음대로 입고 좀 호강이냐. 마는 년의 얼굴을 이윽히 뜯어보다간고만 풀이 죽는구나. 들병이에게 술 먹으러오는건 계집의 얼굴 보자하는걸. 어떤 밸없는 놈이 저낮짝엔 몸살 날것같지 않다. 알고보니 참 분하다. 년이 좀만 똑똑이 나왔더면 수가 나는걸. (174쪽)

이렇게 들병이로 나서겠다는 아내의 제안, 즉 공식적인 매춘 행위를 하겠다는 선언에 대해 남편인 '나'는 어떤 저항이나 저어함도 없다. 오히려 아내의 이러한 제안을 '참 훌륭한 생각'이라고까지 생각한다. 다만 남편인 '나'가 염려하는 것은 아내가 너무 못생긴 것이 들병이 생활에 장애가 되지 않을까하는 염려일 뿐이다.

이렇게 '공식적인 매춘'에 대한 합의가 이루어진 이후 들병이 생활을 준비하는 아내와 나의 생활은 그야말로 희극적인 것이다. 남편은 낮의 노동으로 피곤한 몸을 이끌고도 들병이가 되려는 아내를 위해 밤새워 타령을 가르치고, 아내는 그러한 남편의 가르침에 졸음을 참아가며 열성을 보인다. 이에 더하여 아내는 야학에 나가 창가를 배워 오기도 한다. 들병이가 되려는 아내의 노력은 여기서 그치지 않는다. 그녀는 "들병이가 될랴면 소리도 소리려니와 담배도 먹을 줄 알고 술도 마실줄알고 사람도 주무를줄 알아야" 한다는 소리를 듣고 밥을 지으면서도 창가를 연습하고, 남편에게 경을 치면서도 곰방대로 담배 피우는 연습을 게을리하지 않는다(장소진 2002:183).

이렇게 '매춘'을 위한 철저한 준비를 한다는 상황 자체도 아니러니컬할 뿐 아니라, 이러한 준비에 남편의 방조 내지는 적극적인 동참이 있다는 사실은 그야말로 삶의 아이러니를 표출하고 있다고 할 수 있다. 하지만 이들 부부의 이러한 열성적인 노력은 결국 무위로 끝나고 마는데, 이것은 서술자인 '나'가 남편으로서의 최후의 권위가 묵살되는 상황을 용인하지 못했기 때문이다.

년의 꼴봐하니 행실은 예전에 글럿다. 이년하고 들병이로 나갔다가는 넉넉히 나는 한옆에 재워놓고 딴서방차고 다라날 년이야. 너는

> 들병이로 돈 벌 생각도 말고 그저 집안에 가만히 앉었는 것이 옳겠다. 구구루 주는 밥이나 얻어먹고 몸 성히 있다가 연해 자식이나 쏟아라. 뭐많이도 말고 굴때같은 아들로만 열다섯이면 족하지. 가만 있자. 한놈이 일년에 벼 열섬씩만 번다면 열다썸이니까 일백오십섬. 한섬에 더도 말고 십원 한 장식만 받는다면 죄다 일천 오백원이지. 일천오백원. 일천오백원. 사실 일천오백원이면 어이구 이건 참 너무 많구나. 그런줄 몰랐더니 이년이 배속에 일천오백원을 지니고 있으니까 아무렇게 따저도 나보담은 낫지 않은가. (178-179쪽)

위 인용은 '나'가 나무를 팔고 돌아오는 길에 술집에서 아내가 뭉태놈과 어울리는 현장을 목격하고 분을 참지 못하고 술집으로 들어가 자리를 뒤엎고는 술에 취해 몸조차 가누지 못하는 아내를 업고 집으로 돌아오며 혼자 하는 생각이다. 물론 이러한 생각 자체도 아이러니컬하며 해학적이다. 남편으로서의 최후의 권위를 지키기 위해 술에 취한 아내를 업고 나오면서 사실은 이 아내가 들병이로 나서 매춘을 하는 것보다 자식을 낫는 것이 더 이익이라는 논리로 자신의 권위를 합리화하는 이러한 상황 자체가 바로 아이러니컬한 것이라 하겠다.

이상의 작품들에서 보여준 바와 같이 김유정 작품에서의 아이러니는 전도된 가치에 의해 발생하는 것이다. 이렇게 일상적인 가치가 전도되는 자체에서 해학성을 발견하고 김유정 작품의 세계를 일상의 가치가 전도되는 놀이의 세계(이재선 1974:414)로 볼 수도 있다. 하지만 이러한 놀이의 세계로 빠져들면서도 결코 놓치지 않는 주인공의 마지막 욕망이 존재하는데, 그것은 바로 어떠한 상황에서도 '가족'의 붕괴만은 막겠다는 욕망이다.

그러므로 아내의 매춘에서 삶의 희망을 새로 찾는 「소낙비」의 경우나 아내가 들병이로 나서는 것을 장려하는 「안해」의 경우에 우리가 간과하지 말아야 할 작가의 목소리는 어떠한 경우에도 가족의 붕괴는 일어나서는 안된다는 것이다. 그러므로 부부의 가장 중요한 덕목인 '정조'보다 더 시급한 것은 현실적인 '배고픔'이라는 궁핍상의 강조는 작가가 궁극적으로 말하고자 하는 바는 아닌 것이다.

김유정의 다른 작품들에서도 이와 같은 분석은 가능하다. 덕돌과 혼사를 치루고, 삶의 고단함에서 벗어났던 '산골나그내'가 자신의 안락함을 버리고 옷을 훔쳐 달아난 상황의 이면에는 병든 남편을 먹여 살린다는 해답이 존재하고 있었다. 그러므로 「산골나그내」에서 발견할 수 있는 작가의 목소리 또한 '삶의 안락함' 보다 더 중요한 것은 어떠한 형태로든 가족의 붕괴를 막겠다는 것이다. 그러므로 여기에서 강조되는 것은 가족을 지키려는 아내 '산골나그내'의 안간힘이라고 할 수 있다. 유정의 또 다른 작품인 「가을」의 경우도 마찬가지이다. 아내를 팔아먹는 매매계약서까지 쓰고 아내를 소장수에게 넘긴 남편과 아내가 동시에 없어짐으로써 이들의 매매 역시 위장이었다는 것을 추측할 수 있고, 이 경우 역시 결코 가족은 붕괴되지 않는다는 것을 보여 준다.[7]

이와 같이 김유정의 작품에는 어떠한 경우에도 가족의 붕괴가 일어나지 않는다. 병든 아내가 등장하는 「땡볕」이나, 행랑 어멈과 술김에

---

7 흔히 김유정의 대표작이라 일컫는 「봄 봄」이나 「동백꽃」의 경우에도 이 같은 목소리는 발견된다. 「동백꽃」의 경우 유년기의 화자가 조숙한 마름의 딸 점순에게 결국 굴복하고 마는 것도 점순이의 권력으로 말미암아 집과 땅이 떨어지는 가족의 붕괴를 염려한 때문이라고도 할 수 있기 때문이다.

관계를 맺고 만 「정조」, 그리고 다른 남자의 아이를 배고 결혼한 「애기」, 특히 아내의 속곳과 맷돌 그리고 부뚜막에 걸린 솥까지 떼어다 들병이에게 바치고, 아내와 자식을 버린 채 그녀와 함께 막 떠나려 하는 순간 그녀의 본남편이 나타남으로써 이 꿈이 좌절되는 「솥」의 경우는 더욱 그러하다. 즉 기존의 윤리, 도덕관으로 이해할 수 없는 어떠한 경우에도 그로 인한 가족의 붕괴는 결코 일어나지는 않는다는 것이 김유정 작품의 한 특징이라 할 수 있다.

김유정 작품의 이러한 특징은 앞서 지적했듯이 작가의 숨은 욕망과 관련된다. 김유정의 실제 생을 언급할 때 김유정의 일생은 불행한 인생이었으며 무엇보다 지속적인 '애정 결핍'의 상태에 있었다. 그러므로 감수성이 예민한 유정에게 참기 힘든 고통은 실질적인 가난이나 그를 죽음으로 내몰았던 질병보다 붕괴되어 버린 가족을 바라보는 일이었을 것이다. 이는 도시를 배경으로 한 그의 자전적 작품에서 표출되는 특징으로 그가 묘사하는 그의 형이나 같이 기거하는 누이에 대한 애증은 가족의 사랑이 붕괴된 이후의 고통이 얼마나 극심한지를 보여 준다고 할 수 있다.

그러므로 김유정의 숨은 욕망이며 가장 궁극적이 욕망은 어떠한 경우에도 가족이 가족의 형태로 살아 견뎌야 한다는 것이다. 이는 자신의 생이 실제로 가족의 붕괴와 더불어 불행으로 점철된 것과 연관한다면 더욱 절실한 욕망이라 할 수 있다. 이런 측면에서 본다면 김유정 작품에서 보이는 아이러니컬한 상황은 그의 실제 생애와의 대비를 통해 더욱 아이러니컬하게 다가온다고 할 수 있다.

문학사적 의의와 향후의 연구 과제

소설가 김유정은 한국 근대소설의 공간에서 주목할 만한 문학적 업적을 남겨 놓은 작가이다. 그가 거둔 문학적 성과는 당대 사회의 문제들을 예리하게 성찰하고 종합하여 자신의 독특한 작가적 개성과 소설미학을 통해 제시했다는 데에 있다.

김유정의 소설 세계는 일제 강점기였던 1930년대의 농민들의 실상을 특유의 해학적 방법을 통해 여실히 묘파했다는 것으로 요약된다. 이러한 김유정의 특징은 같은 시기에 활동했던 다른 작가들에게서는 쉽게 발견되지 않는 특징이며 근대문학사 전체로 확대해 보아도 그 특이성은 빛을 잃지 않는다.

특히 김유정은 당대 빈민의 문제와 같은 어둡고 무거운 주제를 다루면서도 이상주의적 관념에 붙잡히지 않고 해학과 같은 소설미학을 통해 현실을 인식함으로써 특유의 문학성을 확보하게 되었다. 이것은 통시적 입장에서 본다면 18세기 후반부터 발흥하기 시작한 평민문학의 전통적 서사 양식이 김유정 문학에 훌륭하게 접목된 것으로 볼 수도 있다(박세현 1998:15).

이 글에서와 같이 김유정에 관한 논의는 그의 해학적 특성이 돋보이는 농민소설을 중심으로 주로 이루어져 왔다. 물론 김유정의 대표 작품들이 보여주는 문학적 성과는 우리의 소설사에서 돋보이는 한 획을 이루는 것이긴 하지만 한 작가의 총괄적인 문학 세계에 대한 논의는 작가가 남긴 전 작품을 대상으로 행해져야 한다. 그리하여 그 모든 작품들을 총괄하는 하나의 질서를 발견하는 과정이 중요하다고 하겠다. 김유정 연구의 다음 과제는 바로 여기에 있다.

참고문헌

김한식(1996), 「절망적 현실과 화해로운 삶의 꿈」, 『근대문학과 구인회』, 깊은샘.

박세현(1998), 『김유정의 소설 세계』, 국학자료원.

박정규(1992), 『김유정 소설과 시간』, 깊은샘.

신동욱(1994), 「김유정 소설 연구」, 『1930년대 한국소설연구』, 한샘.

유인순(1988), 『김유정 문학 연구』, 강원대학교 출판부.

이선영(1995), 「김유정 소설의 민중적 성격」, 『구인환 교수 정년퇴임 기념 논문집』.

이재선(1974), 「희학적 감각과 바보열전」, 『문학사상』.

전신재 편(1997), 『원본 김유정 전집』, 도서출판 강.

정태용(1958), 「김유정론」, 『현대문학』 44.

정한숙(1977), 「해학의 변이-김유정 문학의 본질」, 『현대한국작가론』, 고려대학교 출판부.

조진기(1984), 「김유정 소설의 현실수용」, 『한국현대소설연구』, 학문사.

이태준 단편소설의 명명법 연구

인물의 성격화를 중심으로

들어가며

상허 이태준은 소설 속에서 인물의 창조를 특별히 강조한 작가이다. 이러한 사실은 특히 그가 『문장』의 소설 추천 심사위원으로 소설 선후평을 쓴 것을 보면 아주 잘 알 수 있다.

> 먼저 인물을 살려놓고 볼 것이다. 甚한말로 人物만 살면 플롯은 없어도 좋다. 人物이란 어떤 것이고 간에 생활을진 것이니 人物만 제대로 움직여 놓으면 결국 거기에 적거나 크거나 절로 두드러진 것이다.[1]

> 아무리 대가라고 인물을 살리지 못하고 그 소설을 구하는가 보라. 소설을 생각으로나 사건으로 만들거니 할 게 아니라 인물로 만든단 정의를 가짐도 좋다[2]

위의 인용에서와 같이 인물에 대한 이태준의 관심은 상당한 것이었고, 그에 따라 그의 소설들은 다양한 유형의 인물들이 등장하는 것으로도 정평이 나 있다. 당연히 학위논문만도 220여 편에 이르는 이태준 소설 연구에 있어서 대부분 그 논의의 핵심은 이태준 소설의 인물에 놓여 있었다. 그러나 그 대부분은 이태준 소설의 인물을 피상적으로 드러나는 성격에 따라 유형화하는 작업이거나, 이태준 문학의 인물 대부분이 당대의 시대 상황을 반영한다는 논리를 바탕으로 인물 연구를 이태준

---

1 이태준(1939), 「소설선후」, 『문장』 제6호, p.134.

2 이태준(1939), 「소설선후」, 『문장』 제8호, p.102.

문학의 사회성 규명으로 연결짓는 작업이었다. 물론 이러한 인물 유형화 작업도 의미가 없는 것은 아니다. 그러나 작품 각각에 대한 면밀한 분석이나 각 인물이 어떻게 성격화되고 있는가 하는, 그야말로 인물 각각의 특질에 대한 고려 없이 이루어진 인물 유형화는 이태준 소설의 전체 작품 세계를 거시적인 안목에서 이해하는 정도에서 크게 벗어나지 못하는 한계를 지닌다.

이태준의 인물에 대한 지대한 관심은 그의 단편 작품들에서 특히 잘 드러난다. 왜냐하면 그의 단편은 다양한 유형의 인물을 제시하고 있으며, 그 인물의 특징을 잘 성격화하고 있기 때문이다. 여기에서 인물 성격화의 가장 기본적인 형태는 인물의 특징에 맞는 이름 붙이기, 즉 명명화(Wellek & Warren 1949:219)라 할 수 있다. 한국 작가들이 한 민족의 전문화적인 상황과 얽혀 작중 인물들의 명명에 일반적으로 무관심한(이어령 1977:316) 데 비해 이태준은 인명 제시나 호칭에 상당히 관심을 보였다. 그 증거로 그의 소설은 인물을 소설의 표제로 사용한 경우도 많고,[3] 소설에서 그 인물명이 제시된 이유를 비교적 상세히 설명하기도 한 점을 들 수 있다.[4] 특히 그가 제시하는 인물의 호칭(인물명, 호칭)이

3 이태준의 단편소설만을 대상으로 한다고 하여도, 「오몽녀」, 「누이」, 「산월이」, 「은희부처」, 「불우선생」, 「미어기」, 「촌뜨기」, 「우암노인」, 「색시」, 「손거부」, 「영월영감」, 「아련」, 「뒷방마냄」, 「호랑이할머니」 등이 있다. 이것은 이어령이 "우리의 경우는 주인공명을 소설 제목으로까지 바라지 않는다 치더라도 기억에 남을 만한 작중 인물명이 떠오르지 않는다."(이어령 1977:315)고 지적한 한국 작가들의 인물명의 무관심에 대한 비판과 상반되는 사실이며, 이태준의 인물에 대한 관심을 그대로 반영하는 예라고 할 수 있다.

소설 전체에서 보여주는 인물의 성격을 잘 드러낸다는 특징은 인물명에 대한 그의 관심을 집약적으로 보여주는 사실이라 할 수 있다.[5]

그러나 기존의 이태준 소설의 인물 명명화에 대한 연구[6]는 인물의 성격화에 초점을 두었다기보다는 명명의 형태를 분류하여 유형화한 정도였다. 그 대표적인 논의로 김현숙의 분류가 있다. 그녀는 이태준 소설의 인물 명명법을 ❶알레고리의 명명법 ❷음성상징을 이용한 명명법 ❸인유적 명명법 ❹사회통념적인 명명법 ❺철자의 병렬법에 의한 상징적 명명법 ❻자연적인 연령을 나타내는 호칭으로 명명하는 법의 6가지로 나누고 있다. 이러한 분류는 이어령이 서구의 작품들을 대상으로 분류한 것[7]을 그대로 따른 것으로 이태준 소설 자체의 인물의 성격

---

4 이 점에 관해서는 인물의 명명화와 인물의 성격화의 관련성을 논하는 부분에서 자세히 다루겠다.

5 이 점에 관하여 이어령은 "주인공의 한 이름에 응결해 있는 이미지와 그 의지를 설명하자면 곧 그 한 권의 소설로 환원되고 마는 것이다. 그리하여 이름 가운데 응결해 있는 상징성이야말로 바로 소설의 심장을 이루고 있는 것이다"고 지적하였다. 이는 인물의 명명에 대한 중요성과 작가의 인물에 대한 관심을 아울러 강조한 것으로 볼 수 있다(이어령 1977:305).

6 독자적인 논문의 형태로 인물의 명명화만을 다룬 연구는 없다. 단지 이태준 소설의 다른 특징들을 분석하면서 인물의 명명에 대한 부분을 비교적 소상히 다룬 논의로 김현숙(1991), 이병렬(1998) 등이 있다.

7 ①우유적(禹喩的)인 명명법 ②음성상징을 통한 명명법 ③인유적인 명명법 ④사회통념적인 관습적 명명법 ⑤철자의 병렬법에 의한 상징적 명명법 ⑥

화를 나타내기에는 너무 광범위한 분류이다. 김현숙의 분류를 그대로 수용한 측면에서 인물의 성격화까지 고려한 이태준 소설의 명명법을 유형화한 논의로 이병렬의 논의가 있다. 그는 이태준 소설의 인물 명명법을 ❶아이러니 명명법 ❷약자(略字)에 의한 명명법 ❸음성 상징에 의한 명명법 등으로 나누고 있다. 그러나 이 분류도 이태준 소설의 인물 성격화의 여러 요소를 다루는 중에 간략한 한 부분으로 소개하는 정도라 이러한 명명법이 인물의 성격화를 어느 정도 잘 드러내 주고 있는지에 대한 구체적 분석은 부족한 편이다.

따라서 본고가 다루고자 하는 이태준 소설의 인물 명명법은 단지 명명을 위한 분류가 아니라 인물의 명명법이 인물의 성격화를 얼마나 잘 나타내느냐의 측면에 초점을 둔 것이다. 이것은 앞서 이야기 한 바 있는 "인물의 성격화의 가장 간단한 형식은 명명이다"라고 한 웰렉과 워렌의 논거(Wellek & Warren 1949:219)를 기본으로 한 것이다. 본고에서 제시하고자 하는 명명법을 분류한다면 2가지 정도로 크게 분류할 수 있다. 그 첫 번째가 유비에 의한 명명법이고, 둘째가 관습에 의한 명명법이다. 유비에 의한 명명법은 인물의 성격과 명명 간의 유사성, 대조성, 상징성 등을 파악하는 것이다. 이러한 파악은 작품의 내재적 분석과 아울러 인물(특히 주초점 대상이 되는 인물)의 명명이 인물의 성격화를 얼마나 잘 이루고 있는가를 파악할 수 있을 것이다. 다음으로 관습에 의한 명명법은 인물 자체의 성격화라기보다는 작가(혹은 서술자)의 관점이 어디에 집중되는가의 측면에 초점을 둔 인물의 분석이다. 이러한 분석

자연적인 연령을 나타내는 호칭으로 나누고 있다
(이어령 1977:307-314).

을 통해 이태준의 시대 의식에 대한 고찰도 가능하리라 본다.

유비에 의한 명명법

토마스 도첼티는 읽기 과정에서 나타나는 이름의 기능은 실제로 고유명사가 존재하는지의 여부에 달려 있다고 보고, 그 기능을 세 가지 범주로 나누었다.

첫째, 이름은 어떤 종류의 권위를 가리킨다. 이러한 권위 안에서 이름은 실제 역사적인 이름과 함께 사용된다.

둘째, 이름은 인물화가 실제로 일어나는 장소이다. 특성과 자질이 고유 명사에 부여되고 따라서 명명된 인물이 만들어진다.

셋째, 이름은 독자에게 전적으로 기능에 근거한 시점을 제공한다. 그것은 독자에게 거주할 위치와 소설의 세계와 다른 인물들을 보는 위치를 제공한다. 분명히 이 '위치'는 본래부터 상대론적이다(Docherty 1983:74).

이렇게 소설에 있어 인물의 특성을 드러내는 가장 기본적인 자질이 바로 인물의 이름, 즉 명명법의 문제이다. 여기에서의 명명법은 작가가 부여한 인물의 이름인 고유명사를 지칭하는 것이다. 본고의 대상이 되는 이태준 단편소설의 인물화 역시 작가가 창조한 고유명사와 밀접한 관련을 가지는 것이다. 먼저 이러한 관련성을 유비의 측면을 통해 고찰하고자 한다. 여기에서 유비는 리몬-케넌이 인물의 성격화를 다루는 부분에서 제시한 방법론(kennan 1985:35)으로 명명법과 인물의 성격과의 유사성, 대조성을 고찰하여 인물의 성격화를 드러내는 방법이다. 본고 역시 인물의 성격화와 명명법 간의 유사성과 대조성으로 나누어 작품을 분석하고자 한다.

인물의 성격화와 유사성의 명명법

인물과 명명 간의 유사성은 또 다시 크게 두 가지로 나누어서 고찰할 수 있다. 먼저, 개별 작품의 독서 행위가 끝난 후 인물의 이름과 명명이 일치하였음을 깨닫게 되는 경우[8]와 명명만의 상징성을 해석자가 분석하여 인물과의 성격과 관련시키는 경우로 나눌 수 있다. 전자의 경우 대체로 그 이름을 명명한 서술자에 의해 이름에 대한 설명이 제시되어 인물과 명명법 간의 유사성을 쉽게 알게 된다. 이 경우에 명명은 일반적인 호칭이 아니라 별명이나 이름의 유래를 제시하는 경우도 있다. 그에 비해 후자는 그야말로 독자의 능동적인 독서 행위가 전제되어야 하는 경우인데, 인물과 명명법 간의 암시된 관련성을 독자가 찾아내는 작업이다.

명명에 대한 설명과 인물의 성격화

> H군과 나는 그를 '불우 선생'이라 부른다. 우리가 불우 선생을 처음 알기는 작년 여름 돈암동의 의신여관에 있을 때다. (「불우 선생」, p.161)[9]

---

8 김현숙(1991:31)은 이러한 유형을 알레고리에 의한 명명법으로 분류했다.

9 본고의 텍스트는 『이태준문학전집1, 2』(깊은샘, 1995)로 한다. 이후 인용은 작품명과 페이지만 명시한다.

이와 같이 시작하는 「불우 선생」은 그야 말로 우리가 '불우 선생'으로 부르기로 한 그 '송 선생'이 불우 선생인가의 사연에 대한 글이다. 처음 서술자인 '나'와 '불우 선생'인 송 선생의 만남에서부터 송 선생은 '불우(不遇)'의 자질을 가지고 있다. 그리고 서술자 '나'의 인물에 대한 관찰도 이러한 자질에 주목하여 이루어진다.

> 과연 그 손님은 목소리만은 점잔스러웠다. 의복이 초췌해 그렇지 신수도 좀스럽거나 막된 사람은 아니었다. 그의 후줄근한 모시주의에 맥고모자는 삼년상을 그 모자로만 치르는지 먼지가 더께로 앉고 베헌겊 조차 땀에 얼룩이가 저 있었다. 툇돌 우에 벗어놓았다가 다시 집어 툇마루 위에 올려놓는 신발도 그리 대단스럽지는 못한 누르퉁퉁한 고무신이었다. (「불우 선생」, p.162)

위의 인용에서처럼 처음 불우 선생이 가진 불우의 자질은 빈곤함이었다. 이러한 빈곤함 위에 두드러진 특색으로 제시된 '점잔은 목소리'를 시작으로 서술자 '나'는 더운 방에서 굴원의 어부사를 낭낭한 목소리로 읽는 것을 듣게 된다. 그 이후 '나'는 그를 물질적 빈곤 상태만의 '불우 선생'이 아니라 시대를 잘못 만난 '불우 선생'으로 느끼게 된다. 그리고 이러한 인식은 후에 그의 과거사 제시와 현재의 생활 모습, 그리고 계속된 불운의 사건들을 통해서 정확히 제시된다. 특히 초점 대상이 되고 있는 인물 '송 선생'을 완전한 불우 선생으로 인물화하게 된다. 그의 가족에 대한 이야기나 전차에 받혀 목숨까지 잃을 뻔한 이야기는 이 인물이 얼마나 불우한 인물인가 하는 점을 보여준다.

> 불우 선생은 돌연히 지난 여름 의신여관에서 보던 때와 같은 형형한 정열의 안광이 빛나기 시작하였다. 그리고 그는 나의 음식을 먹으면서도 나를 자기가 먹이는 듯 무엇인지 나를 압박하는 것이 있었다. (「불우 선생」, p.170)

위의 인용에서 보여주는 「불우 선생」의 마지막 장면은 '송 선생'이 단지 일신상의 불행이 겹친 '불우한 늙은이'가 아니라 아주 담대한 꿈을 가지고 있고, 능력도 있는, 특히 시대의 불행을 안고 살아가려고 하는 '불우 선생'이라는 것이다. ㄱ익 압박하는 듯한 눈빛이 바로 '불우 선생'으로서의 인물을 잘 형상화하고 있다고 볼 수 있다. 이와 같이 「불우 선생」의 명명법은 인물화를 그대로 대변해 준다. 특히 이러한 관련성은 서술자 '나'가 송 선생의 인물을 파악하고 명명하기로 작정한 명명이라는 점에서 그 깊은 유사성을 내재하고 있는 명명이라고 할 수 있다. 이와 유사한 작품으로 「영월영감」과 「우암노인」이 있다. 이들 작품은 다 같이 노인 인물을 다루었다는 공통점 외에도 인물의 명명법과 인물화가 깊은 유사성을 가졌다는 특색을 공유하고 있다.

> 젊어 영월군수를 지내어 영월댁이라 영월영감이라, 영월 아저씨, 영월 할아버지로 불리어지는 인데, 키가 훨칠하고, 이글이글 타는 눈방울이 늘 술취한 사람처럼 화기 띤 얼굴에서 번뜩일뿐 아니라 음성이 행길에서 들더라도 찌렁찌렁 울리는 데가 있는 어른이어서, 영월 할아버지 오신다 하면 아이들은 울음을 그치었다. (「영월영감」, p.117)

위의 제시문 역시 '영월영감'이 왜 '영월영감'으로 명명화되었는지에 대한 유래를 설명하고 있다. 이러한 명명은 단순히 인물의 과거 경력과 연관되는 것이지만, 소식이 끊어진 지 십 오륙 년 후에 나타난 그의 현재 모습에 서술자 '성익'이 느끼는 '이 분도 시대의 운명을 어쩌기는 커녕 자기 자신의 운명 속에 휩쓸리고 마는 것이 아닌가' 하는 서글픔 등은 인물의 운명이 평탄한 것이 아니라 시대의 운명만큼 험난한 것임을 보여준다. 이리고 이러한 인물의 특징은 인물의 명명과 깊은 유사성을 가진다. '영월'이라는 지역적 특성을 고려할 때[10]영월영감의 성격화는 더욱 두드러진다. 산세가 험하고 탄광이 많은 곳이 영월이다. 이러한 영월의 특징은 또한 '금광'에 대한 초점 인물 영월영감의 지나친 집착과도 관련된다. 그러므로 '영월영감'이라는 명명은 단순히 인물의 과거사와 관련된 것이 아니라 인물의 성격, 외모, 그리고 영월이라는 지리적 특성이 함께 어울린 명명이다.

「愚菴老人」의 경우에는, '愚菴老人'이라는 명명뿐 아니라 '기용'의 명명까지 '우암노인'의 성격화에 영향을 미치는 요소이다. '愚菴老人'은 특히 작가가 의도적으로 한자를 만들어 사용한 명명이라[11] 한자의 의미를 통해 인물의 성격화를 고찰하는 것이 유용할 것이다. '愚菴'의

10 김현숙(19991:138) 역시 알레고리에 의한 명명법을 다루는 항에서 영월영감의 명명을 영월의 지리적 특징과 관련시켰다.

11 상허의 수필집 『무서록』 중 「소설」이란 글에 "나도 수년 전에 「우암노인」이란 소편에서 한자를 시험해 보았다."라는 내용이 나온다. 이렇게 볼 때 「우암노인」에서의 한자는 작가가 실험적, 의도적으로 쓴 것 같다.

'愚'는 어리석음, 고지식함의 의미와 함께 어두움의 의미를 담고 있다. 또 '菴' 역시 흔히 우리가 알고 있는 절이나 암자의 뜻 이외에도 무엇인가를 가린다는 뜻이 있다. 그러므로 '愚菴'은 한자의 의미 자체가 이미 어둡고 답답하고 암울함을 담고 있다.[12] 이 '우암노인'의 암울함은 죽음과 관련된 것이다. 자신의 죽음이 멀지 않았다는 의식과 함께[13] 늘그막에 본 아들 기용의 건강과 장래에 대한 걱정이 그를 더욱 암담하게 한다. 여기에서 특이한 것은 '愚菴老人'은 한자로 제시된 명명인 것에 반해 '기용'은 한자 없이 한글로 '기용'으로 명명되어 있다는 것이다. '기용'은 그야말로 '起勇'이거나 '氣勇'의 의미일 것이다. 아들이 '起勇'이거나 '氣勇'이길 바라는 절실함은 '愚菴老人'이라는 명명과 함께 삶에 대한 강한 집착을 지니고 있는 우암노인의 성격을 그대로 보여 준다고 하겠다.

인물의 명명법에 대한 설명이 제시되는 또 다른 작품으로 「미어기」와 「촌뜨기」가 있다. 이 작품들은 앞서 분석한 작품들과는 달리 인물의 별명에 대한 설명이 제시되어 있다. 그리고 왜 그러한 별명으로 불

12 김현숙(1991:136) 역시 '愚菴'의 '愚'를 어리석음, 고지식함, 어두움으로, '菴'을 절, 암자, 가리움으로 해석하고 '우암'이라는 명명 자체가 어둡고 답답함을 느끼는 명명이라고 분석했다.

13 "죽음이란 아무 것도 안 보이는 저런 빛의 것이려니 생각하니 방 안이 갑자기 깊고 깊은 산 곳이나 바다 속처럼 견딜 수 없이 쓸쓸스러웠다. 그리고 이 끝없이 깊은 어둠과 쓸쓸함이 이제부터는 큰마누라보다도 작은마누라보다도 기용이보다도 더 가깝게 사귀어 나가야만 할 그것임을 깨달을 때, 노인은 무서운 野獸와나 마주치는 듯 머리끝이 쭈뼛 곤두 솟았다." (「愚菴老人」, p.292)

리는가에 대한 설명이 작품의 마지막 부분에 제시되어 있다.

「미어기」의 초점인물인 '오군'은 허황된 꿈 (물에 빠진 미모의 부잣집 딸을 구조하고 그녀와 결혼한다는)을 가진 수영 선수이다. 그는 이러한 허황된 꿈을 좇기 위해 아내마저 내친 다소 도덕성이 부족한 인물이다. '오군'에 대한 이야기는 오군의 이러한 내력만을 제시하다가 그가 절호의 기회가 왔다고 생각하며 물에 빠진 여인을 구하는 순가 그를 지켜보던 구경꾼에 의해 그의 별명이 왜 '미어기'인가가 제시된다.[14] 그리고 결국 그가 구한 여자가 자신의 아내라는 것을 알게 되고, 그에 의해 아내가 목숨을 건지게 되고, 그의 아내에 대한 반성과 함께 이야기는 끝난다. 즉 그는 물에 빠진 아내를 구한 '미어기'가 된 것이다. 오군을 가장 잘 성격화한 부분이 바로 그에 대한 구경꾼의 설명 부분이라는 점을 감안할 때 이 작품 역시 인물과 명명 간의 유사성을 직접 설명하고 있는 작품으로 볼 수 있다.

「촌뜨기」는 다소 유형이 다르다. 「미어기」에서처럼 '촌뜨기'라는 별명에 대한 설명이 제시되는 것이 아니라 인물은 계속 '장군이'로 생활한다. '장군이'는 아내를 포함한 안악골의 촌사람들을 은근히 무시하면서 자신이 꽤나 잘났다고 생각한다. 그리고 그러한 자신감을 바탕으로 시골 생활을 청산하고 아내를 친정에 보내기까지 하면서 고향을 떠난다. 훌쩍이는 아내를 위해 읍내에서 떡을 사 먹이고 헤어질 때까지 '장군이'는 아내를 못났다고 여기는 그야말로 '장군이'였다. '장군이'가

14 "저 사람은 별명이 미어기요. 생긴 것도 미어기 같지만 물속에 들어가 십 분은 견디오. 사람 여럿 건졌소." (「미어기」, p.227)

제시하는 고향 사람들에 대한 평가나 아내에 대한 감정들은 그가 가진 자신감을 표출하고 있으며, 이때 인물은 '장군이'로 성격화되고 있다.

> 무엇인가 갑자기 허리가 다 시큰하도록 볼기짝께를 들이받았다. 쓰러질뻔하면서도 두어 걸음 눌러나 얼굴을 돌리니 얼굴에는 대뜸 불이 번쩍이는 따귀가 올라왔다. 그리고 뺨을 때린 손길과 같이 날카로운 소리가 났다. "이 자식아, 왜 큰길에 떡 막아서서 종을 울려도 안 비키나? 촌뜨기 녀석 같으니...." 무슨 관청의 급사인 듯 양복쟁이이나 노상 어린애였다. (「촌뜨기」, p.279)

위의 인용에서와 같이 '장군이'는 아내와 헤어진 그 순간에서부터 '촌뜨기'로 성격화되는 것이다. '장군이'가 '촌뜨기'로 되는 순간부터 그에게는 '장군이'로서의 자신감도 모두 사라진 채 '양복쟁이나 노상 어린애'인 도회의 관청 급사에게 부당하게 따귀까지 맞게 된다. 반발의 여지도 없이 빠르게 사라져 간 자전거를 보면서 '장군이'는 그 빠름을 좇아갈 수 없는 '촌뜨기'로 성격화되는 것이다.

이태준 단편소설의 인물 명명법 중 특히 여성 인물의 명명에는 그 인물의 성격과 함께 외향 묘사와 인물 특유의 분위를 많이 따르고 있다. 인물의 분위기와 함께 인물의 이름이 제시될 때 그 인물의 분위기는 바로 명명에 대한 설명으로 파악할 수 있다. 「그림자」와 「석양」의 경우 특이한 분위기의 여성 인물이 등장하고 인물의 명명 또한 그러한 특이성과 유사한 것이다.

「그림자」의 여성 인물인 기생 '소련'에 대한 묘사는 대조적인 자질을 가진 향화에 대한 묘사와 함께 진행된다.

> 향화(香花)는 얼마가지 않아 그 음란하고 천박한 품이 드러났다. 가리마를 한 편으로 묶어 탄 것이라든지 조선 복색엔 당치 않은 루바슈카 끈으로 중동묶기를 한 것이든지 치마폭은 좁게 하여 일부러 속옷 가랑이를 내놓은 것이라든지 소리도 수심가란 입내뿐이요, 유행창가 밖에는 못하였었다. 소련(小蓮)은 이와 반대로 조에 깊은 기생이었다. 첫째 옷매무시와 말솜씨가 여염 부녀와 같이 단정하였다. 그러나 그 단정한 것이 결코 객의 흥취를 상하게 하지 않을 뿐 아니라 도리어 좌중이 손을 잡고 노는 것과 같이 화락하였다. 그의 주름을 잘게 잡은 모시치마라든지 그 속에서 은은히 빛나는 수염낭이라든지 아무튼 향화를 닭이라고 하면 소련은 학과 같은 기품이 있는 여자였다. (「그림자」, p.45)

서술자 '나'는 친구들과 함께 처음 가보는 기생집 명월관에서 향화(香花)와 소련(小蓮)을 만나게 된다. 향화와 소련에 대한 인물 소개는 처음에는 비교적 객관적으로 두 사람 모두에게 그 인물의 외향과 명명이 얼마나 잘 어울리는지를 보여주는 방향으로 진행된다. 향화는 그야말로 화려한 꽃의 모습으로, 그리고 소련은 '단조한 흰 모시 저고리와 흰 모시치마, 흑각비녀'로 이미지화된 그야말로 소박하고 수수한 연꽃과 같은 모습으로 말이다. 그리고 서술자 '나'의 인물에 대한 가치 평가가 시작되는 것이 바로 위의 예시에서부터이다. 그리고 이러한 가치 평가 역시 '향화'는 화려하고 짙은 향기라 질리기 쉽고, '소련'은 질리지 않는 소박한 모습으로 그 기품이 오래 간직된다는 인물의 성격과 명명이 자연스럽게 어울리는 방향으로 평가된다.

소련에 대한 인물 소개에서 소련의 수수함과 함께 제시되는 것이

'젖은 눈초리'로 묘사되는 슬픈 분위기이다. 이 역시 소련의 이미지와 유사한 인물의 특성이라 할 수 있다. 「그림자」는 이러한 이미지를 가진 여성 인물의 슬픈 과거와, 그러한 그녀가 서술자 '나'로 인해 더욱 슬픈 이미지로 고착되는 과정을 그린 작품이다. 그래서 소련이라는 인물의 명명이 인물의 과거와 인물이 지닌 이미지, 즉 인물의 포괄적인 성격과 얼마나 유사한지를 잘 보여준다.

「석양」에서의 여성 인물 '타옥' 역시 인물의 명명과 성격이 유사한 인물이다. 호고벽이 있는 작자 매헌이 경주 여행에서 만나게 된 고완품점의 처녀 타옥(陀玉)은 '처음부터 매헌에게 이상한 매력을 느끼게' 하는 인물이었다. 특히 이 작품은 서술자 매헌이 타옥이라는 이름을 알게 되기 전에 '처녀'로 명명될 때의 인물의 성격[15]과 '陀玉'이라는 이름으로 명명된 후의 인물의 성격이 다소 다른 형태로 제시된다.

> 반짝이는 모새위에 푸른 먼 산을 배경으로 한 순간 상큼 서 보는 나체, 그 신비한 곡선들의 오릉 속에서 뛰어나온 요정이 아니고 무엇이랴! (「석양」, p.215)

위의 예시에서처럼 '처녀'로 명명될 때의 매헌의 관심은 주로 그녀의 '젊음'과 특이한 자질, 그리고 여성적인 매력에로 집중된다. 즉 '처녀'는 잘 알지 못하는 매헌 앞에서 거리낌 없이 옷을 벗을 정도로 특이한

---

15 이때 인물의 성격은 인물(타옥)이 가진 원래의 성격과 매헌에 의해 느껴지는 인물의 성격 모두를 포함한 것이다.

천진함을 가진 여성으로 성격화된다. 이에 반해 '타옥'으로 명명된 후의 인물의 성격은 다른 특징을 보인다. 우선 '타옥'이라는 이름부터가 불교의 '彌陀'와 관련되는 것으로 이러한 명명은 경주라는 지역적 특성과도 어울리는 것이다.

> 지천명이 내일 모레인 자기의 그 집요한 삿된 정욕을 만나는 일순에 돈망경에 빠뜨려 놓는 타옥도 역시 자기에겐 숭고한 영원의 여성이었다. (「석양」, p.226)

> 타옥은 이조백자와 같은 여자라 생각하였다. ...(중략)... 고요히 위로와 안식을 주며 싫어지는 날이 없는 영원의 그릇이다. (「석양」, p.226)

위의 예시에서와 같이 '타옥'으로 명명된 후의 성격화는 '구원의 여성'으로 형상화된다. 작품의 마지막은 '타옥'이 약혼자에게로 간다는 쪽지만을 남기고 떠나는 것으로 되어 있다. 이 점에 초점을 두어 김현숙(1991:136)은 타옥(陀玉)은 타옥(他玉)의 동음으로 명명된 것으로 보았다. 이러한 분석은 단지 타옥이 다른 이에게로 떠났다는 점에만 초점을 둔 것이다. 그러나 떠남에만 초점을 둘 것이 아니라 매헌이 '미타'와 같은 존재로 '타옥'을 파악했다는 점에 초점을 둔다면, 陀玉은 他玉이 아니라 원래의 의미대로 陀玉일 뿐이며, 陀玉이 떠나는 사건 역시 매헌에게 마지막으로 "파도 소리는 어제와 다름없었다. 타옥의 말대로 파도 소리는 유구스러웠다. 석양은 해변에서도 아름다웠다. 그러나 각각으로 변하였다. 너무나 속히 황혼이 되어 버리는 것이었다."와 같이 인생에 대한 진리를 깨닫게 해 준다는 의미로 파악할 수 있다. 그러므로 '陀

玉'은 이러한 인물의 성격과 너무나 유사한 명명인 것이다.

명명에 암시된 상징성 해석과 인물의 성격화

「오몽녀」는 이태준의 처녀작이다. 어려서 소경 지참봉에게 팔려와 그의 아내가 된 어촌 여성 '오몽녀'를 주 인물로 한 이 작품에서 특히 두드러진 것은 그녀의 성적 문란성이다. 그녀는 '생활'을 매개로 또는 '사랑'을 매개로 여러 남자들과 성관계를 가지게 되는데, 지참봉, 방순사, 남순사, 금돌이가 그들이다. 여기에서의 등장인물은 처녀작(원작) 「오몽녀」를 대상으로 한 것이다. 이 작품은 습작기의 미성숙성을 표출하고 있는 것으로 평가되며, 그래서인지 발표 이후 이태준에 의해 과감한 개작을 거친 것으로도 유명하다. 원작과 개작은 여러 가지 차이를 보이는데[16] 특히 앞서 제시한 등장 인물에 있어 원작에 나타나던 '방순사'가 개작에서는 완전히 사라져 버렸다는 점이 두드러진다. 이 점은 인물 명명의 의미를 규명하는 데도 적잖은 작용을 한다. '오몽녀'는 '오몽내(五夢女)'로 표기되어 있다. 이 때 '내'는 이태준의 「사상의 월야」에서 설명하는 것[17]을 바탕으로 할 때, 단순히 여자의 이름에 붙이는 접미사 정도이다. 그리고 오몽(五夢) 역시 예에도 있는 이름과 같이 - 삼

---

16 이병렬,(1998)에 이러한 문제에 대한 논의가 자세히 언급되어 있다.

17 "여기 아이들은 남녀간에 석자 이름이 많았다. 사내 아이면 '재민돌'이니 '인금돌'이니 하고 석자에 '돌'자가 많이 붙었고, 계집아이면 '옥등내'니 '삼몽내'니 하고 석자에 '녀'자가 많이 붙는데, '녀'는 으레 '내'로 발음하였다. (이태준(1988), 「사상의 월야」, 서음출판사, p.40)

몽(三夢)처럼- 아무 뜻 없이 흔히 부르던 이름일지도 모른다. 그러나 흔한 이름이라 할지라도 명명과 인물화와의 관련을 다른 각도에서 해석해 보는 것은 작품의 또 다른 특색을 찾아볼 수 있는 여지를 줄 것이다.

우선 '오몽녀'에서 五夢은 그야말로 다섯 가지 꿈 정도로 풀이될 수 있다. 이 점에 관해 이병렬은 왜 오몽인가 하는 의문은 제기했지만 아무런 해답을 내리지 못한 채, 단지 「감자」의 '福女'와 같이 이름과 명명이 대조적인 한 유형으로 파악했다.[18]

「오몽녀」의 원작을 바탕으로 '오몽'의 이름을 해석하면, '오몽'은 단지 '오몽녀' 한 사람의 인물화만을 다루는 것이 아니라 오몽녀, 지참봉, 방순사, 남순사, 금돌이 이렇게 다섯 사람의 꿈, 즉 성욕을 다루는 명명으로 풀이해 볼 수도 있다. 물론 이러한 해석은 앞서도 제시했듯이 작품에서 그대로 설명되는 요소가 아니라 독자의 해석이 가미된 것이다. 이 해석은 그러나 「오몽녀」에서는 전혀 힘을 발휘하지 못한다. 앞서 파악한 대로 개작에서는 '방순사'가 빠져 있기 때문이다.

또 이렇게 해석해 볼 수도 있다. '오몽녀'는 그야말로 오몽녀와 그녀를 둘러싼 남자들 간의 성욕만을 다룬 작품이다. 이 때 오몽녀의 '오몽'을 오몽이 아니라 '오목'으로 해석한다면 이러한 주제적 특질이 잘 살아난다. 즉 오목은 -프로이드의 견해를 빌자면- '여성의 성기'를 그대

---

18 福女가 복이 있는 여자가 아니듯이 五夢女 역시 다섯 가지 꿈이 있는 여자는 아니라는 해석이다. (이병렬, 1998:189) 그러나 이는 오몽녀의 명명과 인물의 특질을 연구하는 데 아무런 도움이 되지 못한다. 단지 '오몽녀'의 명명을 해석하는 것이 중요하기는 하나 꽤 난해하다는 점만을 제공해줄 뿐이다.

로 상징하는 것이다. '오몽녀'는 지참봉을 비롯한 4명(개작에서는 3명)의 남자 모두에게 단지 성욕의 대상인 여성의 모습으로 밖에는 작용하지 못했다. 물론 '오목'에 '녀'라는 접미사가 붙으면 '오몽녀'로 발음된다는 것은 모두가 아는 발음법칙이기 때문에 '오목녀'가 왜 '오몽녀'인가에 대해서는 더 이상 설명하지 않아도 될 것이다.

아무튼 이러한 독자의 능동적인 해석을 통해 「오몽녀」의 명명과 인물화는 유사한 자질을 가짐을 알 수 있다. 이렇게 독서 후 인물과 명명 간의 유사성을 추적해 볼 수 있는 또 다른 작품으로 역시 여성 인물명이 작품이 표제로 사용된 「산월이」가 있다.

「산월이」는 스물일곱 살 된 늙은 기생 산월이가 몸단장을 하고 시내에 나가 손님을 구하나 계속 좌절만 당하다가, 겨우 손님 한 명을 구해 자기 집으로 와 보니 자기 방과 안채까지 불타 없어져 이를 보고 통곡하는 것으로 끝나는 작품이다. 이 작품에서 '산월이'는 처음에 단지 돈을 벌 대상으로서의 '손님'을 갈구하다 나중에는 여성으로서 남성을 갈구하는 모습이 된다.

> 산월이는 피곤하였다. 돈! 돈보다는 악에 받쳐서 사람이, 사내 사람이 몸이 달도록 그리워졌다. "돈 없는 녀석이라도!" 하고 굵다란 팔로 제 몸을 끌어안아 줄 사람이 못 견디게 그리움을 느끼었다. (「산월이」, p.83)

위의 예시에서와 같이 산월이의 욕망[19]은 '돈벌이'의 대상으로서의 남성에서 '성욕'의 대상으로서의 남성으로 변모되고 있다. 이러한 변모

19 졸고(1991)에서 산월이의 욕망을 개인적 욕망을 추구하는 형태로, 특히 성욕이 좌절된 형태로 분석하였다.

역시 '산월이'의 명명과 무관하지 않다. '산월이'는 기생의 흔한 이름으로 김현숙은 '산월이'를 관습에 의한 명명으로 분류하고 있는데(김현숙 1991:40) 이는 인물의 성격을 고려하지 않는 피상적인 분류이다. '山月이'는 글자 그대로 산(山)과 달(月)을 뜻하는 이름이다. 山은 흔히 남성을 그리고, 月은 여성을 상징하는 것으로 알려져 있다. 그러므로 '山月이'는 그야말로 남성과 여성의 결합을 원하는 이름으로 풀이할 수 있다. 그러나 이 이름은 또한 필연적인 좌절을 아울러 상징하고 있다. 산과 달은 서로 조응할 수는 있어도 결합할 수는 없다. '山月이'는 산 위에 뜬 외로운 달과 같이 '외로운' 처지일 수밖에 없는 성격을 암시한 명명으로 파악될 수 있다. 이러한 여성으로서의 외로움은 작품의 마지막에 확연히 드러나고 있다.

> 그제야 산월이는 제 방에서 불이 난 것도 처음 안 것처럼 울음이 복받쳐 나왔다. 산월이는 그만 살얼음이 잡히는 진창 위에 그대로 주저앉았다. 그리고 꺼이꺼이 소리를 내어 울고 말았다. 몇십 년이나 정들이고 살아오던 제 남편이나 달아난 것처럼 구렛나룻이 없어진 것이 무엇보다도 산월이의 가슴을 찢어 놓는 것처럼 쓰라림과 외로움을 주었던 것이다. (「山月이」, p.86)

인물의 성격화와 대조성의 명명법

인물의 성격과 명명간의 대조성은 특히 아이러니적인 효과를 통해 인물의 성격을 부각시키는 작용을 한다. 이태준의 단편들에서는 특히 이러한 유형의 명명을 효과적으로 창출하고 있다. 그 대표적인 작품으로 「손거부」, 「색시」, 「달밤」 등이 있다. 특히 이들 작품의 초점 대상이 되고 있는 인물은 다소 모자라긴 하나 순박하고 특이한 자질을 가진 인물이며, 이들을 다루는 서술자의 포용적인 시선이 같이 제시되고 있다는 점도 이들 작품의 공통적 특징이다. 본 장에서는 각 작품의 인물이 대조적인 명명법을 통해 어떻게 성격화되는지를 살펴보겠다.

> 일정한 직업도 없지만, 천성이 터벌터벌하여 남의 말 참례하기를 좋아하고 아무한테나 허튼 소리를 잘 걸다가 때로는 당치않은 구설도 듣는 수가 더러 있지만, 아무튼지 떠들썩하는 자리에는 누구보다도 잘 어울리는 사람이 손서방이다. (「손거부」, p.234)

「孫巨富」는 그야말로 '孫巨富'라는 인물에 대한 이야기이다. 일정한 직업도 없고, 국유지 개천둑에 집을 짓고 사는 성북동의 '명물' 이름이 '손거부(孫巨富)'이다. 그리고 그의 저능아 아들의 이름은 '손대성(孫大成)', '손복성(孫福成)'이다. 서술자가 이들의 이름을 한자로 풀이하면서 문패를 써 준다. 이 행위를 통해 그들의 실제 모습과 명명의 대조적 의미가 두드러지게 제시된다. 즉 인물의 명명과 그들의 특성이 대조되어 인물의 성격화가 이루어진다.

또 '손거부'가 가난한 생활 속에서도 열의를 가지고 가르치려 했던 아들 '大成'이 大成할 자질을 전혀 보이지 않고, 저능아라는 이유로 학교에도 다니지 못하게 되는 사건이 발생하는데, 이 때 물질적 빈곤의 대조성(가난과 巨富)보다 더 큰 인물의 좌절이 나타난다. 즉 가진 것이라고는 아들에 대한 기대감뿐이었던 인물의 박탈감은, 그야말로 '巨富'(물질이나 아들 모두)일 수 없는 '손거부'의 성격과 명명의 대조를 통해 더욱 비감하게 살아나는 것이다.

「孫巨富」와 유사한 자질을 가진 성북동의 또 다른 명물 '황수건'이 초점 대상인 작품 「달밤」 또한 인물의 성격과 명명의 대조를 통해 인물의 성격화가 이루어지는 작품이다.

> 그는 말 몇 마디 사귀지 않아서 곧 못난이란 것이 드러났다. 이 못난이는 성북동의 산들보다 물들보다, 조그만 지름길들보다, 더 나에게 성북동이 시골이란 느낌을 풍겨 주었다. (「달밤」, p.255)

위의 예시에서와 같이 '황수건'은 서술자에게 풍경화된 개인의 모습(졸고 1991:52)으로 제시된다. 이 때 인물의 자질은 '촌스럽다'는 것과 '못난이'라는 것으로 파악될 수 있는 것이데, 이러한 자질은 서사가 진행되면서 인물의 성격화로 된다. '황수건'이라는 명명은 그가 자신의 이름을 설명한 것으로 즉 황수건을 '노랑수건'으로 풀이할 때는 인물과 명명 간의 유사성의 성격화로 나타난다. 그러나 원래 그의 이름은 '황가의 성에 목숨 수 세울 건 자의 황수건'이다. 즉, 인물의 바보스러운 자질과 비교했을 때 그의 이름은 지나치게 엄숙하다는 것이다. 이러한 측면에서는 대조성을 띤다고 하겠다. 특히 그가 평생 소원으로 바라던 '원배달부'의 자리에서 반편이라는 이유로 쫓겨났을 때 서술자 '나'는 "가까운 친구를 먼 곳에 보낸 것처럼, 아니 친구가 큰 사업에나 실패하는 것을 보는 것처럼, 못 만나는 섭섭뿐 아니라 마음이 아프기도 하였다. 그 당자와 함께 세상의 야박함이 원망스럽기"까지 하다. 이 때 '세상의 야박함'에 맞서 그야말로 '목숨을(壽) 세워야할(建)' 명명인 '수건'은 인물의 성격과는 너무도 대조적인 명명인 것이다. 이러한 명명을 통해 인물의 순박함이라는 자질과 세상의 야박함이라는 대조적 자질이 두드러진다.

「색시」 또한 인물의 성격과 명명 간의 대조를 통해 인물의 성격이 강하게 부각되는 작품이다. 워낙 성질이 괄괄하고 열이 많아 무엇이든지 제자리에 바로 두는 것이 없는 인물을 '색시'로 명명해 부름으로써 이 인물의 특성과 명명 간의 대조가 두드러진다. 그리고 진실로 '색시'가 되고 싶었지만 '색시'가 될 수 없었던 인물의 결혼 생활과 결혼관이 주요 사건으로 등장함으로써 인물의 명명이 인물의 특성과 대조를 이룬다. 이러한 대조에 의해 인물의 성격화가 이루어진다.

> 지금 생각하니 우리는 일 년이나 같이 있던 사람을 성도 이름도 모르고 말았다. 마구 나선 사람이 아닌데다 나이도 아직 젊어서 '어멈'이니 '식모'니 부르기엔 좀 야박스러웠다. 아내가 먼저 '색시'라 하였고 나중엔 아이들까지 '아주머니'라 하래도 '색시 색시' 하였다. (「색시」, p.293)

위의 예시는 이태준의 다른 작품들에서 공통적으로 나타나는 바와 같이 인물의 명명에 대한 이유를 제시하는 부분이다. 여기에서는 단지 일반적 의미의 젊은 여자를 지칭하는 명명으로 '색시'가 제시된다. 이러한 의미의 색시가 결혼에 대해 지나치게 집착함으로써,[20] 그리고 그

20 그는 조용히 앉기만 하면 다시 시집 갈 궁리였다. (중략) "나두 인젠 살림하문 저런 거 사와야지.. 화신상회랬죠?"하고 벼르는 것이었다. 벼를 뿐 아니라 전기다리미만은 하도 신기했던지 둘째 번 월급을 받아서는 그것부터 하나 사다 가지었다. (「색시」, p.297) 같은 부분에서 이러한 특징이 잘 나타

러한 집착과는 대조적으로 '색시'가 되는 길과는 점점 먼 허황된 꿈[21]을 좇는 인물의 성격을 통해 '색시'의 명명은 인물화를 대조적인 특징에 의해 부각시키는 작용을 한다.

관습에 의한 명명법

이태준의 단편에 있어, 관습에 의한 인물의 명명법은 그 명명을 통해 인물의 성격이 드러나는 동시에 작가(혹은 서술자)의 관심이 어디에 집중되어 있느냐의 문제까지 내재되어 있어 흥미롭다. 본 장에서 다룰 인물의 명명은 관직명이나, 신분을 드러내는 명명 외에 약자(略字: 영문 약자, 한글 약자)의 명명법까지 포괄하는 것이다. 특히 영문 약자와 한글 약자가 제시된 작품에서 인물을 파악하는 서술자의 관점에 다소 차이가 있는데, 그 차이가 의미하는 것이 무엇인지도 작품 분석을 통해 드러내고자 한다.

「복덕방」은 인생의 황혼기에 접어든 세 노인이 '복덕방'이라는 실제 공간이자 상징화된 공간을 중심으로 남은 생(生)에 대해 각자 다른 욕망을 추구해 가는 과정을 그린 작품이다(졸고 1991:57). 여기에서 특히 주목해야 할 점은 등장인물의 명명이 각각 '서참의', '박희완 영감', '안

난다.

21 건너집의 전문학교 학생들에게 마음을 주고 하는 일 등.

초시'로 분리되어 있다는 점이다. 이 때 '참의', '초시'는 과거 인물의 관직을 나타내는 명명으로 이 명명을 통해 서참의와 안초시의 어떤 개인적 특질보다 과거의 질서가 더 중요한 요건으로 등장한다는 것을 알 수 있다. 물론 박희완 영감 또한 과거의 질서에 속해 있기는 하나 세 인물 중 가장 현실적인 자질을 많이 가지고 있는 인물이다. 이 점은 '복덕방'과 대립되는 공간이 '무용 연구소'에 속하는 인물인 '안경화'의 명명에서 더욱 뚜렷이 나타난다. 안초시의 딸인 '안경화'는 '무용가 안경화'나 '안초시의 딸'로 명명되기보다는 그냥 '안경화'이다. 이 점은 안경화가 개인적 자질이 중요한 특색으로 부각되는 근대적 질서에 속하는 인물이라는 점을 보여준다. 그러므로 「복덕방」은 붕괴되어 가는 옛 질서에 속하는 인물 (서참의, 안초시, 박희완 영감22)과 근대적 질서에 속하는 인물(안경화)의 대립을 보여주는데, 그 가장 중점적인 요소로 작용하는 것이 바로 과거의 관직과 같은 관습적인 명명을 사용하는 것과 개인적인 자질만을 내세운 인물의 고유명사를 부각시킨 것이다. 그리고 이들의 대립은 결국 '안초시'의 죽음으로 끝난다는 것에서 붕괴되어 가는 옛 질서의 허망함을 표출하기도 한다.

또 안경화에 대해 '재물이란 친자간의 의리도 배추 밑 도리듯'하는 부정적인 인물로 묘사함으로써 서술자는 근대적인 질서보다 붕괴되어 가는 구질서에 대한 안타까움을 가진 입장이라는 것이 드러난다. 이러

22 물론 여기서 박희완 영감은 구질서에 속하기는 하나 근대적 질서를 비교적 많이 수용하고 있는 인물로, 세 인물 중 구질서의 자질이 가장 약한 인물이기는 하지만 전체적인 맥락에서는 구질서의 인물로 분류한다.

한 점은 약자(略字)를 사용한 인물의 명명에서 더욱 강하게 나타난다.

「천사의 분노」의 P부인은 위선적인 자선 사업가이다. 거지들을 위한 성대한 자선파티가 끝난 후 자신이 아끼는 새 자동차 안에 늙은 거지 하나가 얼어 죽어 있는 것을 보고 분노의 불길이 폭발하는 그야말로 남에게 보이기 위해 자선 사업을 하는 위선자의 대표적인 인물이다. 이러한 인물의 명명에 P부인이라는 영문 약자를 사용했다는 것은 새로운 문물을 전하는 위선적인 선교사, 신여성 등에 대한 부정적인 평가를 담고 있는 것이다. 이와 유사한 작품으로 「아담의 후예」의 B부인이 있다. 이 인물 역시 빈민 구제라는 미명 하에 자유를 구속하는 인물로 다소 부정적으로 묘사된다.

이와 달리 한글 약자를 사용하는 명명의 경우 그 인물에 대한 평가는 다소 호의적이다. 「순정」의 '현', 「패강냉」의 '현', 「토끼 이야기」의 '현', 「사냥」의 '한', 「뒷방마냄」의 '윤' 등이 바로 그러한 인물인데, 이 인물들은 붕괴되어 가는 옛 질서에 대해, 비감함을 안고 있거나 시대 상황에 대해 문제의식을 지니고 있는 존재로 나타난다. 특히 이들은 작중 화자인 '나'와 일체화되는 인물로서 대부분이 지식인이며 그 직업도 기자, 작가이다. 이 같은 특징으로 인해 이 유형의 인물들을 상허 이태준의 분신으로 파악하기도 한다(김현숙 1991:141).

인물의 명명이 약자로 제시될 경우, 영문 약자인 경우 근대적인 특성을 담고 있으나 다소 위선적인 인물로, 그리고 한글 약자인 경우에는 작가의 감정과 일체화하여 시대의 아픔을 공유하려는 인물로 성격화라고 있다는 점 또한 이태준 단편소설에 나타나는 한 가지 특징적 요소라 할 수 있다.

결론

이상에서 이태준 단편소설의 인물 명명법에 대해 살펴보았다. 각 작품들 속의 인물의 명명과 인물의 성격화와의 관계에 초점을 맞추어 유비에 의한 명명법과 관습에 의한 명명법으로 나누어 살펴보았다. 유비에 의한 명명법은 특히 인물의 성격과 명명간의 유사성을 바탕으로 하여, 명명의 이유가 설명되어 있는 명명과 암시에 의한 명명, 그리고 인물의 성격과 명명 간의 대조성에 의해 인물의 성격화가 더욱 잘 드러나는 명명 등으로 나누어 고찰하였다.

인물의 성격과 유사성을 가지면서 명명에 대한 이유가 소상히 설명되는 작품으로 「불우선생」, 「영월영감」, 「우암노인」 등 노인 주인공 소설이 많았다. 이들 작품은 인물의 성격과 명명의 관계를 서술자가 직접 설명하거나, 성격과 유사한 한자어를 사용하거나, 성격화의 바탕이 되는 지리적 특색을 내세우는 방법을 사용하고 있었다. 또 「미어기」나 「촌뜨기」와 같은 작품은 인물의 명명이 별명으로 제시되고 그 별명의 이유를 제시하는 것으로 인물의 성격과 명명과의 관계를 유사성의 관계로 파악하였다. 그 외 「그림자」, 「석양」과 같은 작품에서는 특히 여성 인물의 독특한 특색을 묘사하고 그 특색과 인물의 명명이 어떠한 유사성을 가졌는지를 고찰하였다. 또, 「오몽녀」와 「산월이」 같은 작품은 작품에 제시되어 있는 특징으로 인물의 명명과 성격화의 유사성을 고찰한 것이 아니라 암시되어 있는 명명의 특징을 분석하여 인물의 성격과의 관련성을 살펴보았다. 이러한 고찰을 통해 인물의 명명은 '인물의 성격화의 가장 간단한 형식'일 뿐 아니라 전체 인물의 성격화를 결정하는 중요한 자질임이 드러났다. 즉 명명은 인물을 소재하는 전제가 아니라 인물의 성격을 충분히 설명하는 성격화의 중요 부분이라는 것이다.

인물의 성격과 명명법과의 대조를 통해 인물의 성격화가 강조되는 작품으로는 「손거부」, 「달밤」, 「색시」와 같은 작품이 있었는데 이들 작품은 특히 인물의 결핍된 자질이 명명으로 제시됨으로써 인물의 결핍상을 더욱 부각시키는 역할을 하였다.

유비에 의한 명명법 외에 관습, 지위 등에 의해 인물을 명명한 관습에 의한 명명법의 작품으로는 「복덕방」이 대표적이다. 이 작품에서 사용되는 과거의 관직명을 통해 이 작품의 인물들이 사라져가는 옛 질서를 상징하는 인물이라는 것을 알 수 있었다. 또 관습에 의한 명명은 명명 자체의 의미와 함께 서술자의 관점이 어디에 집중되어 있느냐 하는 부분이 강하게 부각되는 것이었다. 사라져가는 옛 질서에 대한 서술자의 안타까움과 새로운 질서에 대한 반감 등을 인물의 명명을 통해 드러내고 있었다. 특히 약자화된 인물의 명명에서 이러한 요소는 더욱 부각되고 있었다.

이상에서 살펴본 바에 의하면 이태준 단편소설의 인물 명명법은 인물의 성격화와 아주 밀접한 관련을 가지고 있다. 그러므로 명명법은 단지 성격화의 한 요소가 아니라 성격 자체를 대변해 주는 기능을 한다고도 할 수 있겠다. 이태준 단편소설에만 국한한 이러한 논의는 앞으로 장편소설들의 명명법 고찰에 의해 더욱 분명하게 논증될 것으로 기대한다.

참고문헌

자료

『이태준문학전집1, 2』(1995), 깊은샘.

참고문헌

김은정(1991), 「이태준 단편소설 연구」, 서강대학교 대학원 석사학위논문.

김현숙(1991), 「이태준 소설의 기호론적 연구」, 이화여자대학교 대학원 박사학위논문.

이병렬(1998), 「'복녀'와 '오몽녀'의 거리」, 『이태준 소설 연구』, 평민사.

이어령(1977), 『가난한 시인에게 주는 엽서』, 갑인출판사.

이태준(1939), 「소설선후」, 『문장』 제6호.

R.Wellek & Warren(1949), Theory of Literature ,Penguin Books.

Rimmon-Kennan(1985), Narrative Fiction: Contemporary Poetics, 최상규 역, 『소설의 시학』, 문학과 지성사.

Thomas Docherty(1983), Reading (Absent) Charater, Clarendon Press.

이태준 문학에 나타난 '선비의식' 고찰

단편소설을 중심으로

들어가며

1925년 시대 일보에 「오몽녀」라는 단편 소설로 문단에 등장한 상허 이태준은 30년대 문단의 중심적인 작가이다. 특히 그는 「달밤」, 「돌다리」, 「가마귀」, 「복덕방」등 방대한 양의 단편 소설을 발표하였으며, 그 작품들의 수준 또한 우리 문학사의 한 위상을 높였다고 하여 김동인, 현진건의 뒤를 잇는 단편 소설의 완성자(이재선 1979:364-365)로 평가받고 있다.

그에 대한 기존 논의들은 그가 '월북 작가'라는 사실로 인하여 1988년 이전까지는 상당히 미비한 상태였다. 최근 이태준에 대한 새로운 평가 작업들이 앞 다투어 이루어지고 있는데[1], 특히 최근의 이러한 작업들에서 이태준 소설의 현실 인식 문제가 중요하게 거론되고 있다.

기존의 논의들[2]을 크게 대별하면, 이태준 문학을 '상고주의' 혹은 '선비기질'의 문학이라 하여 그의 작품들 속에는 옛것에 대한 집착과 고완의 취미가 나타날 뿐 시대 인식이 배제되어 있다는 견해[3]와 그는

---

1 해금 후의 학위 논문만을 간추려 보아도 그 수는 실로 방대하다. 김미순(1990), 조문규(1990), 정병구(1990), 김한응(1990), 졸고(1991), 송인화(1991), 김현숙(1991), 신순철(1991), 박기연(1991), 김수경(1991), 장영우(1992), 양진오(1992), 안남연(1993), 이병렬(1993), 이명희(1993), 김진기(1993) 등이 있다.

2 주요 논의들로 백철(1969), 조연현(1969), 김현·김윤식(1973), 김우종(1974), 이재선(1979) 등이 있다.

3 백철(1969)에서는 이태준의 기질적인 바탕이 근본적으로 센티멘탈리즘에 있으며, 이 센티멘탈리즘은 소녀적인 감상성으로 나타나거나, 과거적인

그의 작품들 속에서 인물들의 좌절이나 결핍의 상황을 통하여 시대의 아픔을 은유적으로 표현하였으며 이러한 표현들을 통해 시대 인식이 강하게 나타난다[4]는 두 가지 견해로 요약할 수 있다.

그러나 전자의 평가에서 사용하고 있는 이태준의 '선비 기질'이라는 개념의 사용은 '선비'라는 개념 자체를 부정적으로 사용하고 있을 뿐 아니라, 시대정신이나 현실 인식과 상반된 의미로 사용하고 있다. 이러한 '선비'라는 개념의 혼란에서부터 이태준의 문학 세계를 구체화하는 여러 가지 혼란된 개념들이 야기되고 있는 것이다.

따라서 본고에서는 '선비정신'의 구체적 개념 설정과 이울러 이태준의 문학 세계를 설명해 주는 '선비' 의식 자체가 이태준의 시대 인식과 무관하지 않다는 것을 고찰하고자 한다. 이러한 논의를 통하여 이태준의 '선비 기질'을 논할 때의 대표적인 예시에 해당했던 그의 고완적 취미(김윤식 1989:87)도 어떻게 시대 인식과 연관되는지가 밝혀지리라 생각한다. 또 이것은 이태준의 소설 작품과 평론, 수필이 다른 맥락에서 다루어져 왔던 기왕의 논거들을 통합할 수 있는 하나의 단서가 되

것과 결부되어 약화되는 현실과의 관련에서 조선적인 애수의 문으로 발전되었음을 지적했다. 김현·김윤식(1973)에서는 백철의 기질론과 김우종의 이태준의 기질에 대한 언급과 관련하여 이태준의 작가적 기질의 기반은 선비 기질과는 근본적으로 다른 딜레탕티즘에 있다고 지적했다. 그러나 이러한 김윤식의 지적은 실상 백철의 '선비 기질'을 '딜레탕티즘'으로 용어를 바꾸었을 뿐 그 개념에 있어 크게 변별성이 나타나지 않다는 지적도 있다(이병렬 1993:7).

4 강진호(1987), 이선미(1993) 등에 공통적으로 나타나는 견해이다.

리라 기대한다.

먼저, 본고는 기존의 논의들이 '선비정신'에 대한 아무런 개념 설정이 없이 이태준 문학을 논했다는 한계점을 극복하기 위해 유가의 대표적인 덕목인 선비의식의 구체적인 부분부터 살펴보겠다.

이 고찰은 주로 선비의 구체적인 행위를 다루고 있는 『예기』의 유행편과 『논어』에서 보여 주는 선비의 덕목을 바탕으로 한다. 이러한 선비의식이 이태준의 문학관에 어떻게 나타나고 있는가의 문제와 이태준이 가장 큰 관심을 기울였던 인물의 묘사 부분에도 어떻게 적용되는가를 살펴보고자 한다.

인물론은 그의 해방 전에 발표한 단편 소설을 중심으로 할 것인데, 그의 문학의 핵심이 단편 소설이라는 기왕의 논거[5]들을 수용하는 입장에서의 시도이다. 그리고 특히 이 '선비의식'이 이태준의 단편소설만을 설명해 주는 것이 아니라는 점은 미리 밝히고자 한다. '선비의식'은 이태준의 전체 문학 세계(장편 소설을 포함할 뿐 아니라, 그의 문학관 자체가 바뀌었다고 평가하는 해방 후의 그의 작품까지도 아울러)를 설명해 주는 하나의 총체적인 핵심 요소가 될 수 있는 것이다.

선비정신의 개념 규정

한국인의 의식 구조에 있어 선비정신이란 유교의 전통적 가치관 위에

---

5 최재서(1938), 정현기(1989), 이병렬(1993) 등 다수의 논의들에서 공통적으로 모아진 의견이라 할 수 있다.

서 형성된 것이라는 점은 이미 익숙하게 알고 있는 사실이다. 유교의 전통적인 가치관을 대표하는 것이 바로 『논어』인데, 『논어』의 기본 원리를 이해하게 될 때, 우리는 선비의식의 기본 개념에 쉽게 접근할 수가 있을 것이다. 왜냐하면 유교의 가장 이상적인 인간상인 '군자', '성인'의 경지로 나아가고자 하여 덕을 닦아가는 사람이 바로 본고에서 논할 '선비'이기 때문이다.

『논어』[6]에는 공자의 중심사상이요, 유교정신의 핵심이기도 한 '인'의 사상을 도처에서 찾을 수 있다. 이 '인'은 사람을 사랑하는 것이요, 인간을 존중하는 개념으로 규정지을 수 있다(정태옥 1985:56). 이것은 '충서'의 마음이요 '극기복례'의 정신을 의미한다. 그러므로 '인'의 정신을 한마디로 요약한다면 바로 '사랑'이라고 할 수 있다. 『논어』나 『예기』에 나타나는 군자의 행실은 모두 이러한 '인'의 정신 즉 사랑을 그 근본에 두고 있다. 이러한 '인'의 정신을 두 가지 특징을 중심으로 하여 구체적으로 살펴보겠는데, 먼저 자신의 맡은 바 일을 사랑하는 태도, 즉 성실한 자세를 통해 드러나는 선비의식, 그리고 사랑 즉 '인'이 이웃(백성)을 향하여 구체적으로 나타나는 부분에 중점을 두겠다.

먼저 『예기』 유행편에는 선비의 몸가짐과 숭상해야 할 일, 지켜야 할 지조 등이 17가지 정도의 항목으로 기록되어 있다[7]. 그 17가지 항목

---

6 『논어』에 나타나는 선비의식은 너무나 광범위한 부분에 걸쳐 방대하기 때문에 구체적인 인용은 생략하겠다. 작품을 다루면서 관련되는 부분을 따로 인용하겠다.

7 ❶ 선비는 석상의 보배를 가지고 초빙을 기다립니다. 이른 아침에서 늦은 저녁까지 힘써 배우며 스스로 물음을 기다립니다. 충성과 신의를 품고서 근

본을 듣기를 기다리며 힘써 행함으로써 스스로 취득함을 기다립니다. 그 스스로 입신하는 방법에 이와 같은 것이 있습니다.
❷ 선비는 의관이 바르고 동작은 신중하며, 크게 양보함에는 거만한 것같이 하고, 적게 양보함에는 거짓 같은 것이 있습니다. 크면 곧 위엄이 있는 것과 같고 작으면 곧 부끄러워하는 것과 같으니, 그 나아감에는 힘들고, 물러감에는 쉬운 것이요, 유약한 모양이 무능해 보이며, 그 용모에 이와 같은 것이 있습니다.
❸ 선비는 거처가 가지런하고도 어려워 보이고 앉거나 일어날 때에는 공경스럽고, 언사에는 반드시 신의가 앞서서 행동은 반드시 바르게 해야 합니다. 길을 갈 때에는 험하고 쉬운 길의 이점을 다투지 않고, 겨울과 여름에 춥고 더운 곳을 따라 거처함을 다투지 않으며, 그 죽음을 꺼리지 않음으로써 기다림이 있습니다. 그 몸을 배양함으로써 일삼을 것이 있으니 그 예비함에 이와 같은 것이 있습니다.
❹ 선비는 금옥을 보배로 여기는 게 아니라 충신으로 보배를 삼는다. 토지를 기구하지 않으며 의를 확립하는 것으로 토지를 삼는다. 많이 축적하는 것을 기구하지 않고 다문으로 부를 삼는다. 얻기가 어려워야 녹이 쉽고, 녹을 쉽게 얻으면 저축하기가 어렵다. 때가 아니면 볼 수 없으니 또한 얻기 어려운 것이 아니겠는가? 수고한 뒤에야 녹이 있는 것이니 또한 녹이 쉬운 것이 아니겠는가? 거기에 가까운 사람으로 이와 같은 자가 있다.
❺ 선비에게는 재물을 가지고 맡겨 그 즐김에 젖어들게 할지라도 이(이)를 보고 그 의를 이지러지게 하지 않으며, 무리로써 겁을 주거나 군사로써 이를 막으려 할지라도 죽음을 보고 그 수호함을 고치려 하지 않는다. 맹조와 맹수가 사납게 덤벼도 용자를 저울질하지 못하며, 무거운 부담으로 이끌어도 그 힘을 저울질하지 못한다. 지나간 일에 후회함이 없고, 장래에 올 일을 예비하지 않으며, 이미 말했으면 다시 하지 않고, 떠도는 말이라도 추궁하지 않는

다. 그 위엄이 단절되지 않으며, 그 도모하는 일을 연습하지 않으니, 그 특별히 확립됨이 이와 같은 것이 있다.

❻ 선비에게는 친할 것이오 겁을 주어서는 아니 되며, 가깝게 하는 것이지 핍박해서는 아니 되고, 죽일지언정 욕을 보여서는 안 된다. 그 거처는 사치하여 분수에 넘치는 일이 없어야 하고, 그 음식은 농후함이 있어서는 안 되며, 그 과실은 가볍게 일깨워 줄 것이지 맞대고 따질 것이 아니니, 그 강의함에 이와 같은 것이 있다.

❼ 선비는 충과 신으로 갑주를 삼고, 예와 의로써 간로를 삼으며, 인을 쓰고 다니며 의를 품고 대하니, 비록 폭정이 있더라도 그 대하는 바를 고칠 수 없다. 그 스스로 확립됨이 이와 같은 것이 있다.

❽ 선비는 일묘의 담자에 환도의 실에다 대를 쪼개어 엮은 문을 달고, 문 옆에 작은 문을 내며 쑥대로 역은 출입문에 옹기 구멍의 들창을 달고 옷은 번갈아 입고 나오며 이틀에 하루치의 음식을 먹고서도 임금이 그 말을 응용하면 감히 의심하지 않고, 응용하지 않더라도 감히 첨유함이 없으니, 그 벼슬함에 이와 같은 것이 있다.

❾ 선비는 지금 사람과 더불어 살면서 옛사람들과 더불어 상고하여, 금세에 이를 행하고, 후세로써 본보기를 삼는다. 단지 세상을 만나지 못하여 위에서 불러 이끌어 쓰이지 못하고, 아래로는 밀어주는 이가 없으며 참첨을 하는 백성들이 서로 어울려 작당하여 위해를 주려는 자들이 있어 몸이 위태롭게 될지라도 뜻은 빼앗을 수 없으리라. 비록 기거동작이 위태롭지만 필경에는 그 뜻을 믿고, 도리어 백성의 근심을 입지 않으려 한다. 그 생각함에 이와 같은 것이 있다.

❿ 선비는 널리 배워 끝이 없고, 독실히 행하여 싫증내지 않고, 홀로 지낼 때일지라도 의를 잃지 않는다. 통달하면서도 곤혹함이 없고, 예의 체는 엄하나, 용은 화를 귀히 여긴다. 충신으로 미를 삼고, 유유로 법을 삼으며, 어진이를 사모함으로써 무리를

용납하고, 모난 것을 헐어서 다시 둥글게 합치니, 그 관유함에 이와 같은 것이 있다.

⑪ 선비는 안에서 추천함에 친척을 피하지 않으며 밖에서 추천함에 원수를 피하지 않는다. 공적을 헤아리고 사업의 실적을 보아 어진 이를 추천하여 그를 높은 자리에 나아가게 하지만 그 보답을 바라지 않는다. 임금이 그의 뜻을 얻었을 때는 진실로 국가를 이롭게 하여 부귀를 구하지 않는다. 그 현자를 추천하고 능력자를 추천함이 이와 같다.

⑫ 선비는 선을 들으면 서로 알리고 선을 보면 서로 보이며, 작위는 서로 양보하고 환난을 당하면 서로 치사한다. (벼슬함에 있어서는) 오래되면 서로 기다려 주고 소원해지면 서로 초치한다. 그 맡기고 천거함이 이와 같다.

⑬ 선비는 몸을 씻고 덕으로써 목욕하고 진언하고 복명하지만 고요하고 바르게 하니 위에서는 알지 못한다. 임금에게 허물을 들어 밝게 간언하여 또한 급하지 않게 하며, 깊은 곳에 임하지 않고도 높게 만들고, 적은 것을 더하지 않고도 많게 한다. 세상이 다스려져도 경솔하게 행동하지 않으며, 세상이 어지럽다고 해서 자기를 막지 않는다. 같다고 해서 어울리지 않으며 다르다고 해서 비난하지 않으니, 그 특별히 확립되어 독행함이 이와 같은 것이 있다

⑭ 선비는 도를 굽히면서, 위로 천자에게 신하 노릇을 하지 않으며, 아래로 제후에게 봉사하지 않는다. 삼가고 고요하게 너그러운 것을 숭상하며, 강하고도 의연하게 사람과 교제한다. 널리 배워 행함을 알고, 문장에 가까이 하여 구석구석까지 힘써 탁마한다. 비록 나라를 나누어 준다 해도 치수와 같이 여겨 신하 노릇도 하지 않고 벼슬을 하지도 않으니, 그 일삼는 법칙이 이와 같은 것이 있다.

⑮ 선비는 뜻을 합하여 학업을 같이 하고, 도를 영위함에 술을 같이하며, 어울려 나란히 입신하면 곧 즐기고, 상대보다 아래에 있어도 싫어하지 아니한다. 오랫동안 서로 만나지 못해도 떠도는 말을 듣고 믿지 않으며, 그 행실을 방정함을 근본으로 서서,

중 특히 본고에서 다루고자 하는 이태준의 선비의식과 연관된 중심 항목은 선비의 애민관이 드러나 있는 『예기』 유행편의 9번째 항목과 독실한 학문의 자세가 잘 나타나는 10번째 항목이다. 이러한 선비의 자세는 『논어』에서도 쉽게 찾아 볼 수 있는 선비의 기본 요건이라 하겠다.

> 儒有今人與居, 古人與稽. 今世行之, 後世以爲楷. 適弗逢世, 上弗援, 下弗推, 讒諂之民, 有比黨而危之者, 身可危也, 而志不可奪也, 雖危起居, 竟信其志, 猶將不忘百姓之病也. 其憂思有如此者.[8]
>
> 선비는 지금 사람과 더불어 살면서 옛사람들과 더불어 상고하여, 금세에 이를 행하고, 후세로써 본보기를 삼는다. 단지 세상을 만나지 못하여 위에서 불러 이끌어 쓰이지 못하고, 아래로는 밀어주는 이가 없으며 참첨을 하는 백성들이 서로 어울려 작당하여 위해를 주려는

의가 같으면 나아가나 같지 않으면 물러가니, 그 교우가 이와 같은 것이 있다.
⑯ 온량은 인의 근본이요, 경신은 인의 바탕이며, 관유는 인의 움직임이요, 손접은 인의 능이며, 예절은 인의 모양이요, 언담은 인의 문이며, 가악은 인의 화, 분산은 인의 시이다. 선비는 이를 모두 겸하여 지니고 있으나 오히려 감히 인을 말하지 않는다. 그 존경하고 사양함에 이와 같은 것이 있다.
⑰ 선비는 빈천 때문에 곤핍하여 지조를 잃는 일이 없고 부귀 때문에 환희·실절하지 않는다. 천자·제후를 욕되게 하지 않으며, 어른과 윗사람을 번거롭게 하지 않고, 유사를 근심하게 하지 않는다. 그러므로 선비라고 말하는 것이다. 오늘날 모든 사람을 선비라고 명명함은 망녕된 일이오, 항상 선비를 가지고 서로 욕하고 책망하는 것이다.

8 『예기』, 유행편 제9조.

> 자들이 있어 몸이 위태롭게 될지라도 뜻은 빼앗을 수 없으리라. 비록 기거동작이 위태롭지만 필경에는 그 뜻을 믿고, 도리어 백성의 근심을 입지 않으려 한다. 그 생각함에 이와 같은 것이 있다.

선비는 언제나 백성을 근심하고, 자신이 고난 속에 있더라도 백성에 대한 근심을 잊지 않는다. 이렇게 백성을 사랑하는 마음이 인간에 대한 선비의 근본적인 태도인 것이다.

이태준의 소설에서도 이러한 선비의 애민 정신과 같은 선비의식이 많이 나타나고 있다. 그러므로 이태준의 기질이 유약하다는 의미에서의 '선비 기질' 운운은 지양되어야 할 '선비'의 개념이라 할 수 있다. 이웃을 향한 진정한 사랑을 가지고 있는 그의 기질에서 '선비의식'을 고찰하는 것이 바람직하다 하겠다.

그리고 자신의 일에 대한 학문에 대한 끊임없는 정진에서 엿볼 수 있는 선비의식도 이태준의 문학관에서 잘 나타나는데, 우선 『예기』에서 이야기 하고 있는 학문의 자세부터 살펴보자.

> 儒有席上之珍以待聘, 夙夜强學以待問, 懷忠信以待擧, 力行以待取, 其自立有如此者.[9]
>
> 선비는 석상의 보배를 가지고 초빙을 기다립니다. 이른 아침에서 늦은 저녁까지 힘써 배우며 스스로 물음을 기다립니다. 충성과 신의를 품고서 근본을 듣기를 기다리며 힘써 행함으로써 스스로 취득함을

---

9 『예기』, 유행편 제 1조

기다립니다. 그 스스로 입신하는 방법에 이와 같은 것이 있습니다.

儒有博學而不窮, 篤行而不倦. 幽居而不淫, 上通而不困. 禮之以和爲貴, 忠信之美. 優游之法, 擧賢而容衆, 毁方以瓦合. 其寬裕有如此者.[10]

선비는 널리 배워 끝이 없고, 독실히 행하여 싫증내지 않고, 홀로 지낼 때일지라도 의를 잃지 않는다. 통달하면서도 곤혹함이 없고, 예의 체는 엄하나, 용은 화를 귀히 여긴다. 충신으로 미를 삼고, 유유로 법을 삼으며, 어진이를 사모함으로써 무리를 용납하고, 모난것을 헐어서 다시 둥글게 합치니, 그 관유함에 이와 같은 것이 있다.

위에서 보여주는 것과 같이 선비의 자신의 일(학문)에 대한 기본 자세는 끊임없는 정진이다. 이러한 선비의 학문관이 이태준의 문학관에 뚜렷이 나타나는데, 문장을 다듬는 그의 끊임없는 작법 태도에서 이 점은 특히 확연해진다.

이태준의 선비정신

이태준은 부친 장기 이씨 문교와 모친 순흥 안씨 사이에서 태어난 보수적인 세도가에서 자랐다. 비록 서자이기는 하지만 이러한 가정에서 자란 이태준의 전기적 사실로 미루어 보아 그의 사상의 근거가 유가 철학에 바탕을 두고 있다는 것은 자연스러운 일이다(민충환 1986:67). 그

10 『예기』 유행편 제 10조.

리고 유가 철학에 바탕을 둔 이태준의 의식 세계에서 자연스럽게 선비 정신을 찾을 수 있다.

이태준의 실제 의식을 알기 위해서는 그의 신변적 이야기를 주로 다룬 수필이나, 문장에 대한 그의 견해를 다룬 문학 입문서, 그리고 평론 작품들을 주목할 필요가 있다. 그래서 본고는 이태준의 수필집『무서록』, 그리고 문학 개론서인『문장강화』,『상허문학독본』,『서간문강화』 등을 중심으로 상허 이태준 자신의 선비정신을 논하고자 한다.

> 고전은 아득해서 좋다.
> 시간으로 아득함은 공간으로 아득함보다 오히려 이국적이요 신비적이다. 고경조신의 그윽한 경지는 고탑의 창태와 같이, 연조라는 자연이 얹어주고 가는 가치이다. 창연함! 오래오래 울궈야 나오는 마른 버섯과 같은 향기! 이것은 아모리 명문이라도 일조일석에 수사할 수 없는, 고전만이 둘룰 수 있는 일종 배광인 것이다.[11]

위의 인용에서 보여 주는 바와 같이 이태준 사상의 근본은 동양 철학에 있다는 것을 알 수 있다. 그러므로 이태준을 30년대 모더니즘 계열의 작가[12]로 분류하는 것은 옳지 않으며, 그의 작품 세계나 실제 그의 의식 세계를 논의할 때의 기준으로 동양 의식의 잣대로 그의 작품을

---

11 이태준 (1940),『문장』, p.23.

12 이태준이 박태원 등과 함께 구인회의 한 일원이라는 사실과 이태준의 문장 기교로 인해 그를 모더니즘 계열의 작가로 분류하는 오류를 범하기도 했다.

보는 것이 그 작품이 가지고 있는 진정한 아름다움에 더욱 가깝게 접근할 수 있을 것이다.

> 가람께 양란법을 들으며 이 방에 눌러 일탁의 성찬을 받으니 술이면 난주요, 고기면 난육인듯 입마다 향기로웠다. 청향청담청소성 속에 진잡을 잊고 반야를 즐기었도다. 다만 한 됨은 옛 선비들을 따르지 못하여 여차량야(如此良夜)를 유감이무시(有感而無詩)로 돌아온 것이다.[13]

위에서와 같이 이태준은 스스로를 직접 선비라고 칭하는 경우가 많다. 그러나 이러한 경우에서는 선비의 어떤 의식을 가지고 있다기보다는 선비의 풍류를 즐기는 정도의 소박한 수준이다. 이때 이태준이 칭하고 있는 '선비'의 개념은 단지 선비들이 즐김직한 풍류만을 이야기하는 것이다. 이태준의 선비의식은 이러한 그의 풍류에서가 아니라 그가 자신의 문장에 대해 이야기하는 진지한 자세에서 강렬하게 나타난다.

> 자기를 한번 정확하게 진단한 이상은 자기의 것을 자기의 투로 써서 천하에 떳떳이 내어놓을 것이다. 목전에는 독자가 적어도 좋다. 아니 한 사람도 없어도 슬플 것이 없다. 그 고독은 그 작자의 운명이요 또 사명이다. 고독하되, 불리하되, 자연이 준 자기만을 완성해 나가는 것은 정치가나 실업가는 가져 보지 못하는 예술가의 영광인 것이다[14].

---

13 이태준, 「설중방란기」(『무서록』) p.13.

14 이태준, 「누구를 위해 쓸 것인가」(『상허문학독본』) p.26.

예술가의 문장은 생활하는 기구가 아니다. 창조하는 도구다. 언어가 미치지 못하는, 대상의 핵심을 집어내고야 말려는 항시 교교불군(矯矯不群)하는 야심자다. 어찌 언어의 부속물로, 생활의 기구만으로 자안할 것인가![15]

위의 보기 등을 통해 상허의 문장에 대한 태도가 얼마나 진지했는가를 알 수 있다. 이러한 끊임없는 문장에 대한 공부와 노력이 바로 그의 선비정신과 연관된 것이라 하겠다.

국화를 능상이라 하나 매화의 고절을 당치 못할 것이요 매화를 백천분 놓았더래도 난방이 완비되었으면 매화의 고절을 받아보기 어려우리라. 절개란 무릇 견디기 어려움에서 나고 차고 가난한 데가 그의 산지라 인정이니 생활이니 복이니 함도 진짜일진댄 또한 고절의 방역을 벗어나 찾기는 어려울 줄 알러라.[16]

위의 인용에서와 같이 이태준은 그 수필의 제제들을 우리가 흔히 선비의 지조를 이야기할 때 쓰는 매화, 난초 등과 수목, 고완, 고전 등을 제목으로 한 작품들이 많다. 위의 인용에서 보여주는 매화의 자질은 우리가 선비의 지조를 이야기할 때 자주 인용하는 『논어』의 "歲寒然後知松柏之後凋也"[17]의 구절과 바로 통하는 구절이라고 할 수 있다.

---

15 이태준, 「문장의 고전과 현대」(『문장강화』), p.45.

16 이태준, 「매화」(『무서록』) p.56.

> 책이 지리할 때, 붓이 막힐 때, 난초 잎을 닦어 주는 것이 제일이다. 중국에는 내외 싸흠을 하려거든 난초잎을 닦어 주란 말이 있다. 결국이 난곡군자를 대함으로써 청경화적을 얻으라는 말이다. 난초는 그만치 심경을 가라앉혀 준다. 그러므로 '양란이양신'이란 말도 있다.[18]

위의 인용에서와 같이 이태준의 생활 모습 자체가 바로 선비의식을 가지고 있었다고 할 수 있다. 이러한 그의 생활 태도는 그의 다른 수필들에서도 쉽게 찾아 볼 수 있는 것이다.

그리고 이태준은 자신이 발표한 소설들을 끊임없이 개작하여 신문의 연재분과 단행본들 사이에는 상당한 차이가 있다. 그의 문장을 갈고 닦는 태도뿐 아니라 이미 발표한 문장에 대해서도 끊임없이 더 나은 글로 고쳐나가려는 그의 노력도 바로 선비정신의 한 단면이라고 볼 수 있다.

이상에서 살펴본 그의 수필집, 문학 이론서, 비평문 등에 나타난 그의 선비의식은 주로 문장에 대한 끊임없는 노력의 부분에서 찾을 수 있는 것이었다.

이태준 소설에 나타나는 선비정신

이태준 소설에 대한 기존의 평가들은 대체로 그의 문학의 핵심은 단편

---

17 『논어』(「子罕」篇)

18 이태준, 「양난」(『무서록』) p.60.

에 있다는 것, 그리고 그 단편들의 미학적 특질을 파악 할 수 있는 가장 중요한 요소가 인물이라는 점에 집중되어 왔다.

이것은 이태준 소설의 인물의 중요성에 관한 최재서의 "이태준의 단편을 한번 읽은 사람이면 그 작품들의 인물들을 잊지 못한다. 인물 자체로 보면 하잘 것 없는 존재들이지만 읽고 난 뒤에 언제까지나 인상에서 사라지지 않는 야릇한 매력을 가진 것이 이씨의 작품 인물들이다. 낙백한 유자, 누항에 침면하는 퇴기, 불우한 소학교원이나 혹은 유랑하는 농민, 어리석은 신문 배달부, 생에 희망을 잃은 노인 등 말하자면 인생의 그늘 속에서 움직이는 희미한 존재들이 이태준의 예술세계 안에서 선명한 인간상으로 나타나 있다"(최재서 1938:123)라는 초기의 언급에서부터 최근의 논의에까지 이어지는 하나의 큰 맥락이라 할 수 있다. 이러한 이어짐은 그의 문학에서 인물이 얼마나 중요한가를 말해 주고 있는 것이다. 그러므로 본고도 이태준 문학의 핵심인 단편소설의 인물에 그 초점을 두어 살펴본다. 기존의 인물 유형화[19]와 부합될지도 모르나 본고에서 다루는 인물 유형화는 그 작품에서 선비의식이 드러나는 방법에 의한 것이다. 그러므로 서사론[20]에서 작중 인물과 엄격히 구분하는 서술자도 하나의 인물이라는 점에서 같은 유형으로 보고, 작품에서 '선비의식'이 어떻게 표출되는지에만 초점을 맞추어 분류하겠다.

먼저 60여 편의 이태준의 단편 소설들을 3가지 층위에서 유형화 할

---

19 서영채(1993), 이병렬(1993), 졸고(1991) 등에 이태준 단편소설의 인물 유형화가 제시되어 있다.

20 Booth(1987)에서는 서술자와 작중 인물을 시점과 거리 등을 통해 엄격히 구별한다.

수 있다. 그 첫 번째 층위가 바로 이태준 자신의 선비의식과 연관된 작품들이다. 이 첫 번째 층위는 다시 앞서 살펴 본 바와 같이 선비의 풍류만을 흉내낸 의고체적 문장을 그 특징으로 하고 있는 작품군(「석양」「무연」과 같이 유유자적한 모습의 인물들을 다룬 작품)과 잘못 흘러가고 있는 세상과는 타협하지 않겠다는 선비의 강한 지조가 내세운 작품군(「고향」「서글픈 이야기」「패강냉」 등)의 두 가지로 나눌 수 있다. 특히 이 두 유형이 상당한 거리가 있는 작품들이나 모두 그의 심경소설[21]에 해당한다는 점에서 이태준의 선비정신의 특이성[22]을 엿볼 수 있다.

두 번째 층위의 작품으로는 작품 속 인물들의 강인한 삶을 서술자가 동경하고 있는 내용의 작품들이다. 「불우선생」, 「영월영감」, 「돌다리」 등의 작품들이 여기에 속하는데, 특히 이 층위의 작품들에서 그 초점인물들이 노인이라는 공통점을 가진다.

세 번째 층위의 작품들은 서술자가 초점 인물에 대한 시선이 따뜻

---

21 서영채(1993)에서는 작가의 목소리가 초점 화자나 초점 인물의 목소리 속으로 서슴없이 개입하여 작가의 내면과 주관성을 진솔하게 서술하는 소설을 '심경 소설'이라 일컬으며, 「장마」, 「패강냉」, 「토끼 이야기」 등의 작품을 심경 소설로 유형화하고 있다.

22 유유자적하게 세상이 흘러가는 대로 살겠다는 의식과 세상이 잘못되어 가고 있기 때문에 그러한 세상에는 절대로 동조하지 않겠다는 의식이 한 작가의 의식 세계 속에서 공존한다는 것이 그의 의식 세계의 특이성이라 할 수 있다. 그의 이러한 속성은 해방 전의 순수 문학만을 지향해 오던 작품 세계와 해방 후에 쓰였던 사회성(경향성)이 강한 작품들이 한 작가의 세계 속에 공존한다는 사실과도 연관될 수 있는 자질이다.

한 시선이라는 점에서 특히 선비정신이 드러나는 작품군이다. 「달밤」, 「손거부」, 「색시」 등의 작품들이 이 유형에 속하는데, 이 유형의 작품들에 등장하는 주인공들은 대부분 모자라는 인물들이다. 이 인물들은 평범한 사람들이 생각하는 것보다 훨씬 소박한 소원들을 가지고 있는데, 이러한 소원들은 모두 이루어지지 않는다. 그리고 이러한 소박한 소망의 좌절로 인해 괴로워하는 인물들을 바라보는 서술자의 시선은 이들의 아픔을 공유하는 따뜻한 시선이다. 이러한 따뜻함에서 선비의 애민사상이 나타난다 하겠다.

그러면 그 구체적인 작품들의 분석을 통해 이태준 문학에서 나타나는 선비의식이 그 작품 자체의 아름다움에 접근하는 데 얼마나 유용한지를 보자. 먼저 첫 번째 층위의 작품들부터 살펴보자.

「무연」의 화자인 '나'는 서울 근교의 낚시터를 순례하던 중 어릴 적의 기억을 더듬어 외가댁이 있던 동네의 못으로 찾아간다. 특히 이 작품에서는 낚시질의 행위를 '청유'라고 표현하는데 이러한 표현에서부터 벌써 '선비'의 유유자적하는 모습이 나타난다. 외가댁이 있는 동네로 가면서 나는 외조부의 낚시질을 회상하는데, 외조부의 낚시는 그야말로 청유였다. 그러나 외가댁 동네에 도착했을 때 터져 나온 첫마디는 '아아! 십년이면 산천도 변한다는 십년이 두어 번 지났기로 과연 세월에는 산천도 못믿을 것이든가!'[23]라는 탄식이다. 이 작품에는 특히 '나'가 회상하는 낚시 장소인 '선비소'에 대한 묘사가 자세한데, '선비소'라는 명칭의 문제에 주목하여 그 묘사를 보자.

---

23 이태준, 「무연」(『이태준 문학 전집』 2권), p.200.

> 선비소는 물이 맑고 강변이 깨끗하여 철렵들을 많이 오는 덴데, 옛날, 어떤 선비가 여기 바위 우에 나와 글을 읽다가 책이 바람에 날려, 그것을 집으려다 빠져 죽어서 '선비소'란 이름인만치 독까비 많기로도 유명한 데였다. 낮에라도 아이들끼리만은 무서워 못오는 데다. 그러나 조금도 어두운 인상을 주는 데는 아니다. 등셍이가 잣나무 숲인 석벽이 좌청룡, 우백호로 들리어 남향 볕이 언제든지 뜨거웠고 속속드리 자갈이여서 아모리 헤엄을 쳐도 물이 흐르지 않는다. 탐스런 들백합이 석벽에 느러져 웃고 구름을 인 금학산은 늘 명상에 조으는 처사의 풍두였다. 나는 용못을 생각하면 먼저 '선비소'부터 그리워지곤 하였다.[24]

위의 '선비소'에 대한 묘사에서 이태준이 정말로 그리워하는 세계는 옛사람의 세계라는 것을 알 수 있다.[25] 그러나 이렇게 그리워하는 상고의 세계는 흔적도 없고 산을 깎아 길을 내고, 둑을 쌓아 수원지를 만든 탓에 개울도 못도 간신히 옛 자취만을 남기고 있을 뿐이다. 그리고 이러한 비감을 갖고 있는 '나'가 목격하게 되는 광경은 한 노파가 자갈을 날라 흔적만 남은 못을 메우고 있는 광경이다. 불구를 비관하여 못에 투신한 아들의 넋을 건지기 위함이라는 것이다.

이 작품에서 지배적으로 나타나는 선비의식은 옛것에 대한 그리움이다. 그리고 '선비소'의 명칭 자체도 이태준의 '선비'에 대한 동경을 잘

---

24 위의 책, p.199.

25 이것은 『예기』 유행편 제 8조와도 관련되는 것이다.

나타낸 명칭이라고 하겠다.

여기에서 보여주는 사라져 가는 옛 것에 대한 강한 그리움이 이태준에게 '고완'적 취미를 가지게 했다고 짐작할 수 있겠다.그러므로 이 '고완'적 취미 자체도 시대 인식과 무관한 것이 아니라는 것을 알 수 있다. 더 이상은 존재하지 않는 바람직한 세계에 대한 열망이 '고완'적 취미를 가지게 했다고 할 때, 이것은 또 바람직하지 못한 세계에 대한 반발을 다룬 작품군(첫 번째 층위의 두 번째 유형)과의 연계 고리로도 작용하는 것이다.

바람직하지 않은 세계에 대한 반발을 다룬 작품군들이 첫 번째 층위의 다른 한 가지 유형이다. 이 유형은 강인한 선비의 지조를 표현한 작품들로 「고향」, 「패강냉」, 「서글픈 이야기」, 「아무 일도 없소」 등이 있다. 이 유형의 작품들은 서술자인 '나'와 대립되는 속물의 세계가 뚜렷이 나타나는 것이 그 특징이다. 현실의 세계가 속화되고 있고 그러한 세계에 대한 울분, 그리고 함께 속화되지는 않겠다는 강한 지조가 나타나는 작품들이다. 그러므로 이 유형의 작품들의 선비의 지조를 드러내는 『논어』, 『예기』의 항목들과 깊은 연관을 가진다고 하겠다.

「패강냉」에는 세 명의 인물이 등장한다. 작중 화자인 현과 그의 친구들인 박, 김 등이다. 현은 소설가로 박의 편지를 받고 십여 년 만에 평양으로 간다. 박은 평양의 고등보통학교에서 조선어와 한문을 가르치고 있으며, 김은 실업가이자 평양 부회의원이다. 현은 평양의 옛 풍속들이 사라져 가는 것을 보고 평양 전체가 폐허와 같다고 생각한다.

> 정거장에 나온 박의 수염도 깎은 지 오래여 더부룩한데다 버릇처럼 자조 찡그러지는 비웃는 웃음은 전에 못 보던 표정이었다. 그 다니는 학교에서만 찌씻찌씻 붙어 있는 것이 아니라 이 시대 전체에서 긴치않게 여기는, 찌씻찌씻 붙어 있는 존재 같았다. 현은 박의 그런 찌씻찌씻함에서 선뜻 자기를 느끼고 또 자기의 작품들을 느끼고 그만 울고 싶게 괴로와졌다.[26]

위에서와 같이 현은 자신과 박의 위치를 현실과 화해롭지 못한 위치(졸고 1991:67)라고 여긴다. 특히 이러한 인식은 전형적인 출세한 속물인 김과의 대조를 통해 확연히 드러난다. 김과의 술좌석에서 벌어지는 언쟁에서 이 두 사람의 세계관이 얼마나 다른가가 잘 나타나는데, '팔릴 글을 쓰라는' 김의 충고에 현이 발끈하여 내지르는 이야기를 통하여 이태준은 독자에게 하고 싶은 말을 하고 있는 것이다[27].

> "이 자식? 되나 안 되나 우린 이래뵈도 예술가다! 예술가 이상이다. 이자식...."[28]

---

26 이태준, 「패강냉」(『이태준 문학 전집』 2권) p.105.

27 심경 소설의 부류에 들어가는 작품이라고 앞서 이야기했다. 그리고 이러한 심경 소설은 작가가 하고 싶은 이야기를 작중 화자를 통해 그대로 웅변하는 것을 한 특징으로 삼는다.

28 이태준, 「패강냉」, p.107.

위에서 현이 김에게 '우리는 예술가다'라고 외치는 것은 말 그대로 속물들의 세계에 맞서는 예술가로서의 자존심을 뜻하는 것이며, 이것이야말로 탁세에 같이 동조하지 않겠다는 선비의식의 표출이라고 하겠다. 그리고 이것은 이태준 자신의 문학관이기도 하다.[29]이러한 선비의식은 마지막 결론에서 주역의 문구를 인용함으로써 더욱 확고하게 드러난다.

> "이상견빙지(履霜堅氷至)" 주역에 있는 말이 생각난다. 서리를 밟거든 그 뒤에 어름이 올 것을 각오하란 말이다. 현은 술이 확 깨어진다. 저고리를 여미나 찬 기운은 품 속에 사모친다. 담배를 피려하나 성냥이 없다. "이상견빙지...이상견빙지..." 밤 강물은 시체와 같이 차고 고요하다.[30]

위에서 볼 수 있는 것은 현실의 속된 세계에 대한 동화가 아니다. 더 큰 어려움이 오더라도 참고 견뎌 나가리라는 각오이다. 이러한 풍모에서 이태준의 선비의식을 발견할 수 있는 것이다. 그리고 이것은 시대 인식과도 무관하지 않는 선비의 기질이라고 하겠다. 즉 현실의 속됨을 그대로 인식하고 그리고 그 속된 세계에 끝까지 맞서겠다는 의지야말로 가장 극명한 시대 인식의 본보기라고 할 수 있는 것이다. 이러한 풍모는 「고향」의 주인공 김윤건에서나 「아무일도 없소」의 잡지사 기자

---

29 이태준, 「누구를 위해 쓸 것인가」(『상허 문학독본』), p.67.

30 이태준, 「패강냉」, p.107.

인 K에서도 잘 나타난다.

두 번째 층위의 작품들에서 나타나는 선비의식은 작품 속 인물들의 강인한 삶을 서술자가 동경하고 있는 데서 나타나는 것이다. 「불우선생」, 「영월영감」, 「돌다리」 등의 작품들이 여기에 속하는데, 특히 이 층위의 작품들에서 그 초점인물들이 노인이라는 공통점을 가진다.

「불우선생」의 초점인물인 송선생(불우선생)은 남루한 행색으로 무전취식하는 주제이면서도 여관 문 앞에서 위풍스럽게 '이리 오너라'를 외치는 당당함의 소유자이다. 일 없는 여름밤 너절한 여관의 구석방에서도 굴원의 「어부사」를 소리 높게 읽으며, 삼청동 산골짝에서 스스럼없는 알몸으로 단벌옷을 빨아 입기도 하는 인물이다. 서술자인 '나'의 불우선생에 대한 시선은 동경의 시선이다. 이 동경은 다른 이야기로 표현하자면 바로 굴하지 않는 선비정신에 대한 동경인 것이다.

「영월영감」 박대하를 지켜보는 화자 성익의 시선에서도 바로 이러한 동경을 느낄 수 있는데, 박대하는 '푸른 안정이 쏟아져 나오는 형형한 눈빛과 당담함'의 소유자이다. 그는 지난 시절에 영월 고을을 수장노릇을 했었고, 몇년 간 근친과의 관계가 단절된 채 살아오다 금광꾼의 모습이 되어 나타난다. 이러한 그의 모습이 의외라 조카 성익은 '이제와 아저씨는 금력을 믿으십니까?'라고 질문한다. 성익의 질문에 다음과 같이 답하는 박대하의 대답을 통해 그가 생각하는 '금'의 가치는 물질로서의 금 자체에 있는 것이 아님을 알 수 있다.

> 조선 땅엔 금이 아직 무진장이다. 어느 시대구 어느 나라서구 불변 가치를 갖는 게 금밖에 또 있니? 금만 한 힘이 있니?...금을 금답데 쓰지 못하는 자들이 얼마나 많이들 금을 캐내니? 땅이 울게다! 땅이.[31]

영월영감의 이 같은 논리는 성익을 초라하게 만든다. 영월영감의 신념에 찬 논리에 비하면 자신의 모습이 무기력하고 초라하게 느껴지는 것이다.

이상에서 본 바와 같이 두 번째 층위의 작품들은 그 서술 화자 자체가 선비의식을 가지고 있는 것이 아니라, 선비의식을 가지고 있는 다른 주인물에 대한 동경을 강하게 드러내는 유형들이다. 서술자가 초점을 두고 있는 이러한 인물들의 신념과 태도에서 선비의식이 잘 나타나고 있는 것이다.

세 번째 층위의 작품들은 서술자의 동경의 시선이 아니라 따뜻한 연민의 시선에 의해 선비정신이 드러나는 작품군이다. 「달밤」, 「손거부」, 「색시」 등의 작품들이 이 유형에 속한다. 이 유형의 작품들에 등장하는 주인공들은 대부분 모자라는 인물들이다. 이 인물들을 바라보는 서술자의 태도에서 강한 연민과 따뜻함을 느낄 수 있다. 이러한 따뜻함에서 선비의 애민사상이 나타난다 하겠다.

「달밤」의 황수건은 '월급을 이십여 원 받고, 신문사 옷을 입고, 방울을 차고 다니는 원배달'이 되는 것이 평생소원인 좀 모자라는 인물이다. 이러한 황수건의 평생 소원은 이루어지지 않고 '나'가 도와준 참외장사도 망해 버린다. 그리고 그의 아내마저 도망가 버리는 극단적인 좌절을 겪게 된다. 이러한 황수건의 아픔에 대해 '나'는 아래와 같이 그와 아픔을 같이해 주는 따뜻함을 가지고 있다.

---

31 이태준, 「영월영감」, p.124.

> 나는 가까운 친구를 먼 곳에 보낸 것처럼, 아니 친구가 큰 사업에나 실패하는 것을 보는 것처럼, 못 만나는 섭섭함 뿐 아니라 마음이 아프기도 하였다. 그 당자와 함께 세상의 야박함이 원망스럽기도 하였다.[32]

이러한 따뜻함은 역시 모자라는 인물인 손거부(「손거부」)에 대한 서술자의 시선에서도 나타난다. '손거부'는 '일정한 직업도 없지만, 천성이 터벌터벌하여 남의 말참례하기를 좋아하고 아무한테나 허튼 소리를 잘 걸다가 때로는 당치 않은 구설도 듣는 수가 더러 있었지만, 아무튼지 떠들썩하는 자리에는 누구보다도 잘 어울리는'[33] 인물이다. 서술자인 '나'는 '그의 어리석음에 일종의 취미를 느끼며' 그를 관찰, 묘사한다. 그가 가장 추구하는 것은 그 큰 아들 대성이를 대학까지 공부시키는 것이다. 그러나 그의 이러한 욕망(졸고 1991:52)은 대성이가 저능아라 학교에서 오지 말라고 한 데서 좌절되고 만다. 그의 좌절하는 모습과 부성애를 관찰하는 '나'의 시선이 앞서의 그것처럼 따뜻한 시선이라는 점에서 선비의식이 드러난다. '나'는 손거부가 대성이를 학교에 보내지 않기로 했다는 거짓말을 들으면서 그의 아픔을 이해하는 데 이러한 이해가 바로 선비의 '애민' 정신인 것이다.

이러한 유형의 작품들에서는 특히 초점 인물 자체보다 서술자의 시선이 더 중요하게 다루어진다고 할 수 있다.

---

32 이태준, 「달밤」, p.237.

33 이태준, 「손거부」, p.132.

결론

이상에서 이태준 문학에 나타나는 선비의식을 그의 문학관과 단편 소설에서 찾아보았다. 그리하여 그의 문장에 대한 끊임없는 정진의 태도가 바로 선비의식을 역설에 주는 하나의 보기라고 할 수 있었다. 그리고 그의 문학 세계를 다루는데 있어 핵심적인 요소로 생각되어 왔던 인물에 대한 평가 역시 선비의식을 기준으로 재분류해 보았다. 그의 문학 세계의 핵심이 인물에 있다는 자체도 그가 얼마나 인간에 대한 깊은 애정을 가졌나 하는 것을 보여 준다는 점에서 역시 선비의식과 맥이 닿아 있는 것이다.

이상의 논의들로부터 기존의 이태준의 문학 세계를 다루는데 사용해 왔던 '선비 기질'이라는 개념은 재고되어야 할 것이라는 것이 충분히 밝혀졌으리라 생각한다. 그 외 『사상의 월야』와 같은 장편 소설을 다룰 때 역시 잘못 사용되고 있는 '선비의식'이라는 개념도 단편과 같은 선상에서 재고되어야 할 문제이다. 이태준이 발표했던 다양한 장르의 문학을 아울러 설명할 수 있고, 이태준 자신의 가장 근본적인 사상인 선비의식에 대한 논의는 그러므로 더욱 확대될 수 있을 것이다. 그리하여 포괄적 개념인 '선비의식'을 통해 이태준 문학을 새롭게 규명할 수 있을 것이다.

해방 후의 이태준의 행적과 선비의식과의 연관이나 장편, 희곡 등에 나타나는 선비의식에 대한 논의는 차후를 기약하도록 하겠다.

참고문헌

기본 자료

『논어집주』(1991), 성백효 역저, 전통문화 연구회.

『禮記』(1992), 이민수 역해, 혜원출판사.

『이태준 문학 전집』(1988), 서음 출판사.

국내

권영민(1989), 『월북문인연구』, 문학사상사.

김미순(1990), 「이태준 소설 연구」, 단국대 대학원 석사 학위 논문.

김상선(1994), 『상허 이태준 문학연구』, 한빛 미디어.

김우종(1974), 『한국 현대 소설사』, 선명문화사.

김은정(1990), 「이태준 단편 소설 연구」, 서강대 대학원 석사 학위 논문.

김현·김윤식(1973), 『한국문학사』, 민음사.

김현숙(1991), 「이태준 소설의 기호론적 연구」, 이화여대 대학원 박사 학위 논문.

민충환(1992), 『이태준 소설의 이해』, 백산출판사.

민충환(1988), 『이태준 연구』, 깊은샘.

백철(1969), 『신문학 사조사』, 신구 문화사.

상허 문학회(1993), 『이태준 문학 연구』, 깊은샘.

양진오(1992), 「이태준의 『사상의 월야』 연구」, 서강대 대학원 석사 학위 논문.

이병렬(1993), 「이태준소설의 창작기법 연구」, 숭실대 대학원 박사 학위 논문.

이선미(1990), 「이태준 소설 연구」, 연세대 대학원 석사 학위 논문.

이재선(1979), 『한국 현대 소설사』, 홍성사.

장영우(1992), 「이태준 소설 연구」, 동국대 대학원 박사 학위 논문.

조연현(1969), 『한국 현대 문학사』, 성문각.

최재서(1938), 『문학과 지성』, 인문사.

국외

Ian Reid(1980), 『단편소설』, 김동운 역, 서울대 출판부.

Prince Gerald(1988), 『서사론』, 최상규 역, 문학과 지성사.

Prince Gerald(1992), 『서사론사전』, 이기우·김용재 역, 민지사.

wayne. C. Booth(1987), 『소설의 수사학』, 이경우·최재석 역, 한신문화사.

결벽성의 시학
최명익의 「張三李四」 다시 읽기

들어가며

최명익은 1930년대 모더니즘 계열의 대표적인 작가이다. 그는 30년대 중반부터 본격적인 작품 활동을 시작하여 1941년 「張三李四」를 발표하기까지 5년 정도의 기간 동안 가장 활발하게 활동하였다.[1] 그가 활발한 활동을 했던 당시의 작품들로 「비 오는 길」(1936), 「무성격자」(1937), 「逆說」(1938), 「봄과 신작로」(1939), 「심문」(1939), 「張三李四」(1941) 등의 작품이 있다. 이들 작품은 모두 『張三李四』라는 단편집에 수록되어 있다. 그러므로 최명익의 대표작은 「페어인」(1939)을 제외히고는 모두 단편집 『張三李四』에 수록되어 있는 셈이다.

이들 작품은 모두 심리 소설로[2], 인물의 의식 표출에 작가의 많은 관심이 집중되어 있다. 그리하여 최명익에 대한 기존의 논의 역시 이러한 점에 초점을 맞춘 분석들이 많았다(이호 1994:8). 특히 이러한 논의들은 의식의 흐름, 서술자의 문제 등 서사 기법적인 문제에 치중하여

---

1 물론, 해방 후에도 「기계」(1948)나 「담배 한 대」(1948), 「서산대사」(1956) 등의 작품을 발표하기는 하였으나, 그의 해방 전 작품과는 다른 입장을 견지하고 있으며, 그 문학적 형상화나 기법상의 문제에 있어서 논의의 대상이 되기에는 다소 수준이 뒤처지는 작품들이라는 평가가 일반적이다.

2 심리 소설은 일반적으로 작중 인물을 묘사함에 있어 19세기 리얼리즘 소설에서 주로 다루어졌던 인간의 동기와 행동(외면적 인격)보다는 존재와 기능(내면적 인격)을 문제삼는 소설을 말한다. 이러한 태도는 20세기에 대두된 신철학이나 신심리학과 같은 인간의 내적인 의식 생활과 정서 생활을 강조하는 철학이나 심리학에 영향받은 것이다(Humphrey 1984).

작품의 주제적인 면을 부각시키는 논의들이었다. 이러한 논의의 결과로 최명익의 작품의 전반적인 주제를 '완강한 자의식 과잉'의 문학이라는 평가가 거의 일반적이다.[3] 물론 최명익의 작품집 『張三李四』에 실려 있는 대부분의 작품들은 '완강한 자의식 화자'의 의식 세계를 다른 작품들이다.[4] 그러나 『張三李四』의 표제가 되고 있는 작품인 「張三李四」나 「봄과 신작로」는 다소 차원을 달리한다고 할 수 있다. 그렇다면 이들 작품은 어떤 식으로 해석해야 할까? 최명익 작품의 예외적 부분으로 치부해 버릴 수 있을까? 아니면 혹 이들 작품의 분석을 통해 새로운 주제적 국면이 드러날 수 있는 것은 아닐까?

그래서 본고는 이 작품집 전체의 작품들을 다루고 있는 기존의 논의들이 놓친 부분, 즉 전체를 다루려는 큰 그물로는 잡지 못한 부분들을 찾기 위해 꼼꼼히 작품을 다시 읽어 보려고 한다. 그러므로 논의의 대상을 작품집 『張三李四』에 수록된 전체 작품보다 「張三李四」 한 작품만으로 한정하려고 한다. 그러나 「張三李四」의 분석을 통해 밝혀지는 작품의 내적 특징이나 작가의 세계관은 최명익의 전 작품을 포괄하게 될 것이라 기대한다. 그러므로 당연히 다른 작품과의 연관성도 필

---

3 이 평가는 최명익의 작품이 해금되기 전인 1979년 이재선 교수가 『한국 현대 소설사』에서 내린 평가로, 88년 해금 이후 쏟아져 나온 최명익 작품에 대한 많은 연구에도 불구하고 그 작품의 주제적인 면에 대하여는 반론이나 이의 없이 지속되어 왔다.

4 『張三李四』에 실린 「비오는 길」, 「무성격자」, 「심문」, 「역설」 등과 조선일보에 발표된 「폐어인」 등은 모두 자의식 과잉의 화자의 의식 상태에 초점을 맞춘 작품들이다.

요에 따라 고려하게 될 것이다.

먼저, 가장 소박하게 본고는 「張三李四」의 작품의 제목이 왜 「張三李四」인가 하는 문제에서 출발한다. 그리고 이 작품 제목 「張三李四」가 작품집 『張三李四』의 제목이 되어야 했는가의 문제도 함께 생각한다. 이러한 문제의 해답을 통해서 최명익의 세계관과 의식 세계를 엿볼 수 있을 것이라 여기기 때문이다.

먼저, 문제의 해결을 위해 작품에 대한 내재적 접근이 선행되어야 한다고 본다. 그래서 본고는 작품의 공간, 인물, 서술자의 거리 등을 총괄하여 살펴보겠다. 물론 본고의 방법론이 될 '다시 읽기(re-reading)'의 의미는 그야말로 작품을 다시 읽어 본다는 의미이다. 칼리네스쿠는 '읽기'와 상대적인 의미로 '다시 읽기'를 파악하면서, 다시 읽기는 순환적이고 수직적이며 반성적이자 해석적이며 텍스트 내적이며 상호텍스트적인 성격을 가진 독서라고 하였다(Calinescu 1993:59). 그리하여 문학작품의 초독은 불가피하게 직선적이고 시간적인 과정인데 반해, 재독은 시간 속에서 발생하기는 마찬가지지만 재독자로 하여금 총체에 대한 동시적인 '공간성' 인식 내에서 작품의 각 부분을 이해할 수 있게끔 한다고 지적하였다(Calinescu 1993:70). 그러므로 다시 읽기는 작품의 해석 행위만을 뜻하는 것이 아니라, 해석을 넘어선 재해석, 즉 재구조화를 의미하는 것이라고 볼 수 있다.

본고에서 집중적으로 다루고자 하는 것은 「張三李四」의 재해석이다. 이 재해석은 단지 이 작품을 다시 어떻게 이해할 것인가의 문제가 아니라, 최명익의 『張三李四』 작품집에 실린 여타의 작품들과 어떻게 보면 예외적 작품이라 할 수 있는 「張三李四」가 어떻게 관련되는가를 살피는 것이며, 이러한 연관을 통해 최명익의 작품 세계를 재구조화하는 것이다. 즉 「張三李四」를 중심으로 작품집 『張三李四』를 다시 읽는 것이다.

공간으로서의 '열차'

마이클 툴란은 현대 소설에서의 배경(시간, 공간의 분명한 공시적 지표)은 배경막 이상의 것이며, 그것은 어떤 작중 인물이 특정 방법으로 행동하도록 이끄는 수단이 될 수도 있다고 하며, 배경을 작중 인물들이 존재하고 행동하는 방식의 원인이거나 결과라고 이야기한다(Toolan 1993:5). 이러한 툴란의 언급이 아니더라도 현대 소설에 있어 시공성의 문제는 서사의 기본으로 인식되어 왔다. 특히 최명익 소설에서의 공간 문제는 '길'의 상징성에 초점을 맞추어 최명익 소설을 푸는 하나의 열쇠로 자리해 왔다(이재선 1986:487-490).

그러나 『張三李四』의 여타 작품에서의 '길'의 의미와 본고에서 다룰 「張三李四」의 '길'은 다소 그 의미가 다르다. 「역설」이나 「심문」, 「비 오는 길」, 「봄과 신작로」 등에 나타나는 '길'은 떠남과 돌아옴의 길이다.[5] 즉 일방 통행의 '길'이 아니라 표류했다가는 반드시 돌아오는, 즉 정착하는 '길'이다(김겸향 1990:24). 그러나 「張三李四」의 길은 일방 통행

---

5 「역설」에서 '상동병자'가 상징하는 바를 음미해 보면 쉽게 이해될 것이다. 목책 안을 도는 문일이 자신의 생활을 상동병자의 그것과 같은 의미인지도 모른다는 인식이 나타나고 있다.

으로의 '길'이다. 곧 떠남 자체만이 대상이 된다. 이 점은 또한 공간 자체의 의미뿐만 아니라 공간을 통해 해석될 수 있는 화자의 의식 세계까지도 보여 주는 부분이라고 할 수 있다. 즉 다른 작품들(「비오는 길」, 「무성격자」, 「역설」, 「심문」)은 자의식 과잉의 화자가 현실 세계로 의식의 표출을 시도하였다가 결국 자기 세계로 되돌아오는 구조라고 해석할 수 있고, 「張三李四」는 의식의 확대를 보여주는 것이라 할 수 있다.

또, 「張三李四」에서는 열차가 다니는 철로가 지니는 '길'의 문제뿐만 아니라 '열차'라는 공간 자체도 중요한 의미를 지니고 있다. '열차'라는 공간 자체가 상징하는 것은 먼저 시간과 공간이 엄격하게 제한된 장소로서의 의미이다. 서술된 시간이 열차의 운행 시간으로 제한되어 있고, 공간도 철로를 따라 움직이는 것으로 제한되는 것이다. 다음으로 '열차' 공간 자체가 축소화된 사회를 의미한다는 것이다(이동하 1989: 45). 여러 군상의 인간들이 등장하는 여객실(특히 3등실)은 그 시대의 가장 평범한 인간들의 모습을 그대로 드러내 주는 가장 적절한 공간으로 작용한다고 하겠다.

「張三李四」에서 '열차'의 의미는 축소화된 사회로서의 의미뿐 아니라, 인물이 행동하는 방식에 대한 원인이거나 결과로써 작용한다. 익명화된 사람들(이 점에 대해서는 뒤에 명명법(appellation)의 문제에서 자세히 다루기로 하겠다.)이 등장할 수 있는 장소로서의 의미와 그들을 관찰하는 자의식 화자의 존재가 두드러질 수 있는 공간으로서의 의미가 바로 '열차' 공간의 의미인 것이다.

최명익 소설에는 「張三李四」 외에 다른 작품들에서도 의식의 한 공간으로서 '열차'가 자주 등장하고 있다. 「심문」이나 「무성격자」가 바로 이러한 예라고 할 수 있는데, 이때의 열차와 「張三李四」의 열차의 의미는 다소 차이가 있다. 눈에 드러나는 차이로 「심문」과 「무성격자」의 주인공 정일이나, 명일이 타고 있던 열차 공간은 특급 열차의 1등석이나 2등석임에 반해 「張三李四」의 서술자 '나'가 타고 있는 열차는 사람들로 붐비는 3등 찻간이라는 것이다. 이러한 점에서 비롯되는 작품의 공간으로서의 차이는 먼저, 「심문」, 「무성격자」의 주인공들이 앉아서 편안하게 여행하는 장소로서의 열차 공간은 과거의 회상을 위한 공간이거나 '자의식'을 드러내기 위한 공간이다. 그러므로 이때의 '열차'는 시간과 공간의 제약을 넘어선 공간이며, 시대적 상황과는 아무런 연관성을 가지지 못하는 공간이다. 그리고 특히 최명익 소설의 특징인 '자의식 과잉'의 상태만을 드러내는 공간인 것이다. 즉 열차에 타고 있는 타인에게는 아무런 관심이 없고, 오직 자기 의 과거와 현재만을 보여주는 공간인 것이다. 그러나 이와는 달리 「張三李四」에서의 '열차'는 시대적 상황을 그대로 드러내 주는 공간으로서 작용하고 있으며, 서술자 '나'의 과거 회상이나 개인적인 고심(열차 공간 내부에서 성립된 것이 아닌나의 본래적인 고심)이 전혀 다루어지지 않는다. 즉 외부 세계의 리얼리티를 확보하기 위한 공간인 것이다.[6] 그러므로 「張三李四」에서 '열차' 공간은 그 초점이 서술자 '나'에게 있는 것이 아니라 '나'가 서술하고자 하는 외부 세계에 가 있다는 것을 알 수 있다. 이 점은 「심문」이나 「무성격자」의 초점이 주인공의 의식 세계 자체에 가 있는 것과 비교하면 더욱 쉽게 이해될 것이다.

---

6 이 점은 열차가 중요 배경이 되고 있는 현진건의 「고향」에서 보이는 '열차'의 의미와 어느 정도 연관된다.

이렇게 「張三李四」는 초점이 외부 세계에 있다는 것을 적절하게 표출시킬 수 있는 배경으로 '열차'의 3등 찻간을 공간화한 것이다. 그 제목을 「張三李四」로 설정한 것은 바로 이 점과 연관되는 것이다.

인물 유형과 '소외'의 층위

앞서 언급했듯이 「張三李四」는 평범한 사람들의 이야기라는 뜻으로 서술자 외부에 초점이 가 있는 작품이다. 이러한 작품이 어떻게 '자의식 과잉'의 세계를 다루고 있는 최명익의 『張三李四』의 다른 작품들과 연관될까 하는 점에 논의의 핵심이 놓여야 할 것이다.

이 점을 해명하기 위해서는 서술자 '나'의 초점이 가 있는 인물들의 유형과 서술자인 '나'가 어떤 유형인가에 대한 분류가 선행되어야 할 것이다. 초점 대상[7]인 인물들의 유형화와 인물 상호간의 차이 그리고 서술자인 '나'와 인물들과의 차별성을 먼저 고찰해 보자. 인물의 유형화를 위하여 「張三李四」을 사건과 인물을 중심으로 분절화하면 다음과 같다.

① 붐비는 찻간 출입구 안짝에 자리 잡은 '나'는 담배를 피워 물고 주위를 돌아볼 여유가 생김.

② 부대낌이 지난 후의 방심 상태에서 제 버릇을 회복한 한 젊은이가

7 쥬네트의 용어이며, 초점화의 문제에 대해서는 다음 절에서 다루겠다.

실수를 저지르게 됨.

③ 모자 대신 편물 목테를 머리에 감은 농촌 젊은이가 늘 하던 버릇대로 뱉은 가래침이 나와 마주앉은 중년 신사의 구두 콧등에 떨어지게 됨.

④ 코가 떨어진 구두는 발작적으로 통로 바닥이 빠져라 하고 쾅쾅 뛰놀아 모든 사람의 주목을 받게 됨.

⑤ 신문지로 코를 닦으려는 젊은이의 손을 피해 귀한 휴지로 구두를 닦고 또 닦고 하여 사람들의 눈살을 찌푸리게 함.

⑥ 그 행동을 일삼아 보고 있던 사람들은 모두 입을 비죽이고 외면을 하고 실수한 젊은이는 미안함 이상의 모욕감을 느낌.

⑦ 사람들은 다소 의분을 느끼기는 했지만 모두 그 신사와 눈이 마주치기를 꺼려함.

⑧ 나는 신사의 얼굴이 두꺼비 같다고 생각을 함.

⑨ 신사는 제 옆자리의 여인의 등 뒤로 손을 넣어 술과 안주를 꺼내 마시고 꺼뜩 졸기도 함.

⑩ 신사가 분주히 화장실로 간 사이 그 신사의 옆에 앉아 있던 여인에게로 시선이 옮겨지게 됨.

⑪ 궐녀의 외형과 담배를 피우는 모습을 자세히 관찰하게 됨.

⑫ 일본인 차장이 차표를 검사하러 왔으나, 차표를 신사가 가지고 있는 궐녀는 절박한 표정을 지음.

⑬ 신사가 색시 장사를 하는 인물이라고 사람들은 짐작하고, 그의 품위 없음에 대해 이야기를 나눔.(당꼬 바지, 가죽 짜켓, 곰방대 영감)

⑭ 신사가 돌아오고, 사람들은 웃음을 거두고 말을 끊음.

⑮ 일본인 차장이 신사에게 본인의 차표를 본인이 가지고 있지 않음에 대해 나무라자 신사는 비굴한 태도를 보임.

⑯ 신사가 자신의 후둥증에 대해 이야기함. ('작가가 결벽성을 포기하고 시작한 이 작품이지만...'이라는 작가의 주석이 사용됨.)

⑰ 신사의 사교적인 웃음은 효과가 있어 신사를 욕하던 사람들이 모두 그와 친교적 대화를 나눔.(당꼬 바지, 캡 쓴 젊은이, 곰방대 노인, 가죽 짜켓)

⑱ 곰방대 노인의 제안으로 뜻밖의 술판이 벌어지게 됨.

⑲ 그 중의 '나'만은 술을 통 먹지 못하므로 그들에게 끼지를 못하고, 그들은 다소 나를 경원시하는 것 같음. 자칫하면 좀 전의 신사와 같이 반감과 혐의의 대상이 될지도 모른다고 나는 생각함.

⑳ 술판에서 판을 치는 이야기는 신사의 내력담과 사업 이야기가 됨.

㉑ 사람들에게 옆에 있는 여인이 도망간 궐녀라는 사실과 그 여인을 찾느라고 애를 썼다는 이야기를 함.

㉒ 여인을 주먹으로 내려치려다 주먹을 슬며시 내려놓는 동작을 하자 사람들은 신사의 관용에 경탄하는 웃음을 보냄.

㉓ 나는 그 신사의 주먹보다 사람들의 웃음이 여인의 혼을 더욱 학대하는 듯이 느낌.

㉔ 어느 작은 역에서 아까 실수한 젊은이와 곰방대 노인이 내림.

㉕ 신사는 졸고, 남은 세 사람은 여인을 상대로 농담을 하면서 술을 마심.

㉖ 나는 여인에게 행하는 그들의 말이 보이지 않는 말의 채찍으로 여인을 후려치는 듯이 느낌.

㉗ 술판을 벌이던 사람들이 모두 내리고 새 사람들로 자리가 메워짐.

㉘ S역에서 신사가 누구를 찾아 두리번거리더니 달려온 차창 밖의 젊은이와 이야기를 나눔.

㉙ 신사가 젊은이에게서 옥주에 관한 이야기를 듣고 젊은이의 뺨을 후려갈김.

㉚ 신사는 젊은이에게 차표와 자리를 내주고 내림.
㉛ 앉으려던 젊은이는 아무런 말도 없이 여인의 뺨을 세 차례나 후려 갈김.
㉜ 북받치는 울음을 참는 모양이던 여인이 나의 눈과 마주쳤을 때 나는 여인의 눈이 웃고 있다고 느낌.
㉝ 여인은 눈물이 어린 눈으로 화장실에 감.
㉞ 나는 여인이 금방 변기 속에 머리를 처박고 입에서 선지피를 철철 흘리는 환상을 떠올림.
㉟ 환상이 계속되어 여인이 간 화장실로 뛰어가 문을 열어 보고, 안 열리면 깨뜨리고라도 보고 싶은 충동에 몸까지 들먹거림.
㊱ 여인을 왜 때렸느냐고 주위 사람이 물음.
㊲ 아버지에게 얻어맞은 화풀이를 한 것이라고 젊은이가 대꾸함.
㊳ 나의 환상은 점점 도를 넘어서 이미 여인이 죽었다고 생각함.
㊴ 여인이 나의 환상을 깨고 내 무릎을 스치며 제자리로 돌아옴.
㊵ 그 사이 손가락 자국도 눈물 흔적도 없이 부옇게 분이 발라진 얼굴이 되어 내게 당장이라도 직업적인 추파라도 던질 눈이 됨.
㊶ 잡혀온 옥주와 다시 만나면 더 반갑겠다는 여인의 말을 듣고, 나는 웬 까닭인지 껄껄 웃어 보고 싶은 충동을 겨우 억제함.

앞서 이야기했듯이 이야기의 무대가 되는 곳은 열차 안이다. 그리고 「張三李四」는 열차 속에서 벌어지는 하나의 에피소드를 이야기화한 것이다. 그러므로 인물의 특징 또한 '열차'라는 공간과 관련된 것이라 할 수 있다.

우선 「張三李四」의 인물들의 가장 큰 특징은 이름을 가지지 않은 익명화된 인물이라는 것이다. 이들은 그들의 외형적 특성에 의해 분류화되어 있을 뿐이다. 「張三李四」는 최명익의 작품들 중 이름이 등장하지 않는 유일한 작품이다. 이름이 없다는 점은 바로 작품의 제목과도 긴밀한 연관성을 가지는데, 이름이 없는 평범한 사람들이 살아가는 이야기를 옮겼다는 의미이다.

「張三李四」에 등장하는 인물의 유형은 3부류로 유형화 할 수 있다. 이 유형화는 스와즈(Schwarz)의 인물 유형화의 3가지 분류에 기댄 것이다(Schwarz 1990:256-273). 스와즈는 주제에 의해서만 그 기능을 갖는 인물군인 카툰(cartoon), 실제에 기반을 두고 행동적 패턴을 풍자적으로 다룬 인물군인 캐리커처(caricature), 그리고 세밀한 개별성을 기반으로 하여 인물의 사회적, 역사적, 심리적 차원까지를 다루고 있는 캐릭터(character)의 세 유형으로 인물을 유형화하고 있다. 이러한 인물의 유형화와 함께 각 유형의 인물들 간의 차별성과 그 차별성에서 발생하는 '소외'의 문제에 초점을 두고 살펴보자.

먼저 「張三李四」에 등장하는 인물들 중 카툰적 속성을 강하게 지니고 있는 인물들은 중년 신사와 대화를 나누고 술을 얻어먹는 주위 사람들이다. 그들은 '가죽 짜켓', '캡 쓴 젊은이', '당꼬 바지', '곰방대 영감' 등 익명화된 인물군인데, 이들은 그 나이나 성분이 모두 다름에도 불구하고 단일한 행동으로 통일되어 나타난다. 이 점이 바로 그들의 카툰적인 속성이라 할 수 있다. 그들은 먼저 중년의 신사에게 적대감을 보이다가 곧 그와 한편이 되어 맞장구를 치면서 여자를 모욕하는 말을 해 대는 행동을 한다. 이들의 이러한 동일한 성격으로 인해 화자인 '나'는 이들이 술로서 친화될 수 없는 '나'에게 공통의 적대감을 보이게 될까 염려하기도 한다. 이들이 주제에 의해 가지게 되는 기능은 평범한 사람들의 모습, 그야말로 장삼이사의 모습을 보여 준다는 것이다.

다음으로 캐리커처적 속성을 강하게 나타내는 인물이다. 스와즈는 캐리커처적 인물을 실제에 기반을 두고 인물의 행위를 풍자하는 특성으로 규정하고 있는데, 이러한 특성을 지니고 있는 인물로 중년 신사를 들 수 있다. 우선 그의 행위(자기 구두코에 가래침이 떨어진 것을 가지고 유난스레 야단을 떠는 행동, 차장에게 지나치게 비굴한 말과 표정)가 바로 캐리커처적 속성을 드러내는 것이라 하겠다. 그리고 그의 이러한 행위와 외형에 대한 관찰자 '나'의 풍자라 할 수 있는 두꺼비에 대한 비유가 또한 이 인물의 캐리커처적 속성을 더욱 확고하게 해 준다. 캐리커처의 인물을 통해 작가가 드러내려는 주제적 목적은 앞서의 카툰적 인물과 다소 유형을 달리하기는 하지만, 카툰적 인물과의 화해를 통해 중년의 신사 또한 평범한 장삼이사의 한 인물이라는 점을 나타내는 것이라 할 수 있다. 즉 카툰의 인물군에서 직접적으로 드러낸 주제적 목적을 캐리커처의 인물과 관련시킴으로써 작가의 의도를 은연중에 보여 주려는 것이다.

마지막 유형은 캐릭터적인 인물이다. 이 유형의 인물로는 서술자인 '나'와 나의 가장 중점적인 초점 대상이 되고 있는 여인(궐녀)이 해당한다. '나'와 '궐녀'의 성격은 심리적, 사회적, 역사적 차원의 개인으로 인식될 수 있으며, 앞서 두 부류의 인물군들과는 달리 작품 전개 과정에서 인물의 성격이 변화한다는 특징을 지니고 있다.

이 세 층위의 인물이 작품 내부에서 변별성을 찾아 가는 과정이 「張三李四」의 전개 과정이다. 이 인물들은 작품의 서두에서는 서로 뒤섞여 있다.

> 그렇게 붐비고 법석하는 정거장 홈의 혼잡을 옮겨 싣고 차는 떠났다. 그런 정거장의 거리와 기억이 멀어 감을 따라 이 삼등 찻간에 가득 실린 무질서와 흥분도 차차 가라앉기 시작하였다. (「張三李四」, p.364)

> 물론 그의 지나친 결벽성이 우리의 주위를 끌었을 뿐 아니라 반감을 샀던 것도 사실이지만, 그렇지 않더라도 본시가 그는 우리들 중에서는 가장 두드러진 존재였던 것이다. (「張三李四」, p.367)

처음에 뒤섞여 있던 이러한 인물들은 중년 신사(캐리커처적 인물)와 우리(서술자인 '나'와 카툰적 인물인 주위 사람들)로 분류된다. 이 때 '우리'는 중년 신사의 야단스러운 행동에 반감을 가지고 있다는 공통점으로 묶인 '우리'인 것이다.

> 그 중에 나만은 술을 통 먹지 못하므로 돌아오는 잔을 사양할 밖에 없었다. 그들이 굳이 권하려 들지 않는 것이 여간만 다행한 일이 아니었다. 그러나 그들이 술 못 먹는 나를 아껴서보다도, 아무리 사람 좋은 그들이지만 지금껏 말 한마디 참견할 기회가 없이 그저 침묵을 지킬 밖에 없는 나에게까지 그런 우정을 느낄 수는 없을 것이다.
>
> (「張三李四」, p.375)

위의 인용에서와 같이 '말/침묵'으로 또 '술(+)/술(-)'로 분화됨에 따라 같이 '우리'로 묶였던 '나'와 주위 사람들은 '나'와 '그들'로 나누어지는 것이다. 그들은 좀 전까지는 반감의 대상이었던 중년 신사와 '말'과 '술(+)'의 공통적 자질에 의해 역시 한 부류로 묶이게 된다. '그들'과 분리된 '나'는 첫 번째 '소외'[8]를 경험하게 된다. 그들과 분리되어 소외된 '나'는 역시 '침묵'과 '술(-)'의 자질을 공유하고 있는 여인(궐녀)와 동질감을 느끼게 된다.

> 그 주먹의 주인이 히히히 웃고 만 까닭이었다. 그동안 눈을 꽉 감을 밖에 없었던 나는 간신이 그 여인을 바라보았다. 그러나 그런 웃음이 주먹보다도 그 여인의 혼을 더욱 학대하는 것 같은 건 웬 까닭일까. (「張三李四」, p.376)

나는 다음과 같이 다른 사람들의 웃음에 동조하지 못함으로써 여인과의 동질감을 느낄 수 있다. 특히 나와 카툰적 인물의 변별점은 카툰적 유형의 인물은 별다른 악의는 없다 하더라도, 여인을 단지 '궐녀'로 생각하여 '말의 채찍'으로 여인을 희롱함에 별로 가책을 느끼지 못한다는 점과 캐릭터적 인물인 나는 여인을 '여인'으로 생각하여 그의 가엾은 혼까지 걱정한다는 점에서 차이를 나타낸다. 특히 이러한 차이점은 뺨을 맞고 화장실로 가는 여인을 두고 왜 때렸느냐고 묻는 단순한 궁금증과 여인의 자살을 혼자 생각하는 부분에서 극대화되어 나타난다. 이러한 차이의 극대화는 여인과 나의 동질화로 연결될 수도 있는 것이다. 그러나 '나'의 이러한 동질감도 '나'의 망상과는 완전히 다른 여인의 태도에서 분리되고 만다. 같은 캐릭터적 인물 유형들 간의 분리인 것이다.

---

8 이러한 소외는 모더니즘 소설의 한 특색으로 지적되기도 한다.

> 어느새 화장을 고쳤던지 그 뺨에는 손가락 자국도 눈물 흔적도 없이 부우옇게 분이 발려 있는 것이었다. 그리고 당장이라도 직업 의식적인 추파로 내게 호의를 고할 듯도 한 눈이었다.(「張三李四」, p.382)

이렇게 '나'와 여인과의 분리는 여인이 젊은이와 주고받는, 아무일도 없었던 듯한 대화에서 더욱 선명히 드러난다. '여인'과의 분리를 통해 '나'는 두번째 '소외'를 경험하게 되는데, 이때의 '소외'는 첫 번째 소외와는 달리 동질화할 대상이 더 이상 존재하지 않는 철저한 소외이다. 즉 소외의 극점(이동하 1989:52)인 것이다. 이러한 소외의 극점에서 서술자 '나'가 택할 수 있는 것은 무엇이었을까?

> 이런 여인의 말에 나는 웬 까닭인지 껄껄 웃어보고 싶은 충동을 겨우 억제하였다. (「張三李四」, p.382)

위의 글에서 보이는 '나'의 반응은 단순히 '나'의 망상에 대한 자조였을까? 아니면 소외의 극점인 상태로 그저 다른 인물들에 초점을 준 채 끝나는 것일까?

스와즈는 우리가 어떤 텍스트를 가지고 논의를 시작할 때, 그 텍스트의 마지막에서 우리는 항상 인간의 목소리에 도달한다고 하였다(Schwarz 1990:68). 즉 우리는 작품의 마지막에 인간 존재에 직면하게 된다고 이야기하는 것이다. 「張三李四」의 분석에서 우리는 마지막 이 구절에서 바로 가장 인간적인 목소리를 만나게 되는 것이다. 소외의 극점에서 서술자 '나'는 바로 '나' 자신까지도 장삼이사의 한 인간이라는 것을 고백하고 있는 것이다. 이것은 자기에 대한 자조의 목소리가 아니라 진정한 '자의식'을 가지고 있던 인물만이 낼 수 있는 목소리인 것이다. 그러므로 「張三李四」는 타인에게 초점을 둔 작품이 아니라 이미 장삼이사화된 '나'에게 초점이 주어진 작품인 것이다. 이러한 맥락에서 이해할 때 최명익의 작품집 제목이 『張三李四』가 된 까닭도 수긍이 갈 것이다.

이와 관련하여 최명익의 작품을 읽을 때 끊임없이 제기되는 의문의 하나인, 지식인 인물의 자의식 과잉의 세계를 다룬 일련의 작품들인 「역설」, 「무성격자」, 「비 오는 길」, 「심문」 등의 주인공의 이름이 모두 하나 같이 문일, 정일, 병일, 명일, 현일(「폐어인」)과 같이 '일'자로 끝나는 일련의 규칙성을 보이는 까닭은 무엇일까? 하는 의문도 해결될 수 있을 것이다. 다시 읽는다(re-reading)는 것은 한 작품과 다른 작품과의 상호텍스트성까지도 고려하여 읽는다는 의미이며, 한 작품의 다른 해석을 통해 여타의 작품들도 재구성화, 재공간화해 보는 작업이다(Calinescu 1993:12-17). 「張三李四」의 초점이 초점 대상인 張三李四의 평범한 인물에 가 있는 것이 아니라 그 인물을 관찰하는 장삼이사화된 서술자 '나'에 가 있다는 점에 주목해 보면, 「역설」, 「무성격자」, 「비오는 길」, 「심문」, 「폐어인」 등의 주인공의 이름이 '일(一)'로 끝나는 공통된 명명법(appellation)을 취하는 이유를 알 수 있을 것이다. 즉 모두 하나같이 평범한 인물이라는 암시이며, 강한 자의식을 가진 서술자라 하더라도, 사실은 그 이름이 무의미할 만큼 평범한 존재라는 것이다.

얼핏 보아(아니 꼼꼼히 분석해 보아도) 전혀 평범하지 않은 인물들을 이야기하면서 그 인물들이 장삼이사의 평범한 인물들이라고 이야기하는 작가 최명익의 자의식이야말로 이러한 의미에서 진정한 의식자 과잉의 세계라고 할 수 있을 것이다.

결벽성의 시학과 초점 화자의 거리 문제

「張三李四」는 『張三李四』의 작품들이 주로 삼인칭 시점을 사용하고 있는 것과 달리[9] 일인칭 관찰자 시점을 사용하고 있다. 「張三李四」 전체의 서술에서 시점은 상당히 혼용되어 나타나고 있는데, 이러한 혼용을 명확하게 구별하는 데는 쥬네트의 '초점화' 이론[10]이 유용하리라 본다.

이야기는 이중의 매개를 통하여 — 즉 말하는 목소리와 보는 '눈'을 통하여— 서사 텍스트로 제시되거나 혹은 변형된다. 전자는 서술자에 속하고 후자는 초점자, 즉 서술자와 동일시되거나 혹은 그렇지 않든 간에 지각하고 있는 의식의 중심에 속한다. 그러나 초점자는 서술자나 내포작가가 서사에서 담당하는 그런 방식으로서의 '한 매개자'가 아니라 오히려 선택적인 지점, 즉 어떤 특정 순간에 서사가 제시되는 것으로서의 지각되는 지점이다. 이런 기원점은 제시된 스토리에 내적인 혹은 외적인 것으로 지각될 수 있다. 외적 초점자는 물론 서술자-초점자(NF)이고 내적 초점자는 인물-초점자(CF)이다. 그러나 내적, 외적이라고 하는 것은 전적으로 상대적 용어이며 항구적인 것이 아니라 어느 정도 변화 가능한 것이다(O'nell :378). 이와 관련하여 리몬 캐넌은 초점

---

9 「심문」, 「張三李四」만이 일인칭 시점이다.

10 리몬 캐넌에 따르면, 초점화는 매개의 문제, 즉 텍스트에서 이야기는 반드시 그의 것이 아닐지라도 서술자에 의해 언표화된 어떤 '프리즘', '관점', '시각'이라는 매개를 통하여 제시되고, 이런 매개를 쥬네트와 그의 추종자들은 '초점화'라고 불렀다(O'nell 1994: 356-375).

화가 보는 문제라고 했을 때, 그 시각은 육체적 시각에 한정된 것이 아니라 오히려 '심리학적이고 혹은 이데올로기적 구성 요소를 포함할 수 있다'고 한다. 즉 '누가 보는가'의 문제는 '누가 지각하고, 인식하고, 이해하고, 욕망하고, 기억하고, 꿈꾸는가' 등의 문제로 이해될 수 있다는 것이다. 「張三李四」에서 초점화는 외부 초점화에서 내부 초점화로 즉 서술자-초점자에서 인물-초점자로 변이된다.

> "제길, 후드둥쯤이 나서 ××× ××××하기만 하디 원제 씨원히 날오야디요" 하고는 헤헤헤 웃는 것이었다 (作者 註. 아무리 作者가 결벽성을 포기하고 시작한 이 작품이지만 이 ××의 擬音만은 覆字하는 것이 작자인 나의 미덕일 것이다) (「張三李四」, p.373)

위에서 보여 주는 바와 같이 「張三李四」의 전반부는 공간적 측면에서도 조감적 관점이며[11] 서술하는 사건에 대해서는 전적으로 객관적인 설명을 제공하지만, 그 자신의 개인적인 정보를 제공하지 않기 때문에 초점자로서의 그를 지각할 수 없게 된다.[12] 또 아예 작가[13]의 개입이 이루어질 만큼 초점화는 외부 지향적이다. 이러한 외적 초점화가 서사

---

11 리몬 캐넌은 외적 초점화와 내적 초점화의 구분을 공간적 관점을 통해 제시하려고 하였다.

12 미크 발은 초점화와 초점 대상의 '지각성' 문제를 정보의 제공에 따라 구분하고 있다.(Bal 1985: 65-74).

13 이 경우, 내포 작가로 파악하는 편이 좋겠지만, 실제 작가의 주석이라 하더라도 큰 관계는 없을 듯하다.

의 진행 과정에서 (혹은 열차가 진행되어 가는 과정에서) 내적 초점화, 즉 인물-초점자로 바뀌어진다. 초점자에 대한 정보가 제공되고, 한 인물로서의 초점자를 이해하게 되는 것이다.

> 그 중에 나만은 술을 통 먹지 못하므로 돌아오는 잔을 사양할 밖에 없었다. 그들이 굳이 권하려 들지 않는 것이 여간만 다행한 일이 아니었다. 그러나 그들이 술 못 먹는 나를 아껴서보다도, 아무리 사람 좋은 그들이지만 지금껏 말 한마디 참견할 기회가 없이 그저 침묵을 지킬 밖에 없는 나에게까지 그런 우정을 느낄 수는 없을 것이다. 그래서 그들은 나를 경원케 되는 모양이었다. 또, 단순한 경원이라기보다는 자칫하면 좀 전의 이 신사와 같이 반감과 혐의의 대상일는지도 모를 것이었다. (「張三李四」, p.375)

위에서 보여 주는 바와 같이 초점자는 스토리 상의 한 인물로 존재하게 되고, 자신에 대한 정보도 제공하고 있다. 패트릭 오닐은 초점화의 층위를 단일 초점화, 혼합적 초점화, 복합적 초점화로 나누고, 혼합적 초점화를 설명하면서, 모든 인물-초점화는 엄밀히 말해서 늘 혼합적이며, 따라서 늘 인물이 초점화하기보다는 인물을 통해서 초점화된다고 말하는 것이 더 적절하다고 지적하였다(O'nell 1994:366). 위의 인용 역시 인물-초점자가 자신에 대한 정보를 제공하고 있는 부분이지만, 그 속에는 서술자의 초점화가 내재하고 있다. '아무리 사람 좋은 그들이지만'은 인물에 의해 관찰될 수 있는 층위의 언술이 아니다. 인물-초점자의 표현이라면, '사람 좋아 보이는 그들이지만' 정도이다. 그러므로 이 부분은 서술자-초점자의 언술과 인물-초점자의 언술이 섞여 있는 부분으로 파악할 수 있다. 이렇게 혼합되어 있던 초점화는 그 초점 대상이 여인으로 옮겨진 경우에 보다 명백한 인물-초점화의 모습을 띠고 있다.

> 하얗게 드러난 앞 이로 옥물은 입 가장자리가 떨리는 것은 북받히는 울음을 참는 모양이었다. 그러나 마주보는 내 눈과 마주친 그 눈은 분명히 웃고 있었다. 그리고 보면 경련하는 그 빰이나 옥물은 입술로 참을 수 없는 웃음을 억제하는 것 같이 보이기도 하였다. (「張三李四」, p.380)

위에서처럼 초점화는 철저하게 초점 대상에 대한 관찰로만 이루어진다. 이때 초점자인 '나'의 위치는 외적 초점화일 때의 위치에서나, 자신에 대한 정보를 제공하는 앞서의 장면에서보다 인물에 훨씬 가까이 가 있는 위치이다. 서술자-초점자의 아무런 개입 없이 단순한 관찰자로서 인물을 파악하는 인물-초점자의 부분이다. 미크 발은 이렇게 인물-초점자의 모습만을 나타냄으로써, 독자들은 초점자를 한 인물로서 더 쉽게 이해하게 되는데, 이러한 이해와 함께 또한 초점자의 시각에 대해 의심을 갖게 되기도 한다고 지적한다(Bal 1975:67). 여기에서도 인물- 초점자의 초점 대상에 대한 파악이 과연 신뢰할 수 있는 것인가의 의문이 제기될 수 있다. '분명히 웃고 있었다'나 '웃음을 억제하고 있는 것 같이 보이기도 하였다'와 같은 인물-초점자의 초점 대상에 대한 파악은 초점자가 초점 대상을 자기화하여 표출한 것으로, 이러한 파악은 이후 사건인 인물 초점자가 초점 대상인 여인을 두고 '나의 망상은 저대로 그냥 시간적으로 진행'하게 하는 계기가 되기도 한다. 또 서술자-

초점자에 의한 초점 대상인 여인을 서술하는 것이 아니라, 인물-초점자에 의해 여인을 서술함으로써, 후에 초점자와 초점 대상 간의 인식의 차이가 제시됨으로써 보여 주는 간극이 더욱 확연해진다. 이것은 앞서 살펴본 주제적 측면인 '소외'의 간극과도 연관되는 것이다. 즉 내적 초점화로 인해 서술자 '나'가 인물에 가까이 접근해 있었기 때문에 인물과의 분리에서 오는 소외감이 더욱 크게 느껴진 것이다. 그러나 앞에서도 이야기했듯이 「張三李四」는 소외에서 끝나는 작품이 아니라 소외의 극점에서 현실 인식으로 방향 전환이 시도된 작품이다. 그런 점에서 「張三李四」는 최명익의 해방 후의 작품과의 연결고리 역할을 하는 작품으로 파악할 수도 있는 것이다.

그렇다면 『張三李四』에 실린 다른 작품의 현실 인식 문제는 어떠한 형태를 띠고 있으며, 「張三李四」와는 어떤 차이점을 보일까? 기존의 논의는 최명익 작품은 인물의 자의식에만 초점이 맞추어진 작품이며, 자의식 과잉의 화자는 자신의 자존심과 결벽성이 결코 현실적이고 세속적인 가치와는 양립할 수 없다는 태도를 견지하는 것으로 파악된다. 『張三李四』에 수록된 작품들 중 자의식 화자의 의식 세계가 가장 두드러진 작품이라 할 수 있는 것은 「역설」, 「심문」, 「비오는 길」, 「무성격자」 등이다. 이들 작품에서는 공통적으로 자의식 화자가 자신의 의식 내부를 '결벽성'의 개념으로 규정하고 있다.

> 이렇게 생각하는 문일이는 비록 지금까지 자기 반생에, 받들고 천국으로 갈 자랑도 지옥으로 짊어지고 갈 죄라도 없이 그 날 그 날을 살아온 생활이었지만 이때에 나의 자존심과 결벽성만은 살려야겠다고 생각하였다.

소경 처녀같이 웃는 운명의 미소라고 할까? 우연한 행동을 기회라거나 당연한 일같이 받아들이기까지는 아직도 나의 자존심이나 결벽성은 그렇게 더럽혔거나 마비된 것은 아니라고 말하고 싶었다. (「역설」, p.233)

그러나 어머니가 된 누이가 처녀 때에는 그렇게도 부끄러워하던 얼굴을 어엿이 들고 사람을 대하여 웃고 말하는 것을 볼 때마다 자기의 신경질적 결벽성을 비웃는 마음속에 용팔에 대한 감사의 정을 느끼어온 것이다. (「무성격자」, p.248)

의분이랄 것도 없고 결벽성도 아니고 그런 것을 공연히 이같이 한 순간에 뒤집히는 자기 마음 한 모퉁이에 상식을 놓쳐 뿌린 결과가 어떤가? (「무성격자」, p.259)

지금도 장부를 다시 한 번 훑어보고 있는 주인의 커다란 손가락에서 금고의 잠을쇠 소리가 절거럭거리는 것을 생각할 때에는 시장하여 나른히 피곤하여진 병일이의 신경에 헛구역의 충동을 일으키는 것이었다. (「비오는 길」, p.291)

설사 김선생이 여옥이를 찾아 온 것이 아니요 단지 우리 앞에 우연히 나타난 것이라 하더래도, 우리 여옥이의 마음을 흔들어놓고, 내가 애써 잊어버리려던 내 자존심과 반성력을 일부러 일으켜 세워가지고 때리고 휘둘러서 비록 인간답지는 못하더라도 그런대로 평온하던 우리 두 사람의 생활을 김선생이 여지없이 흩으러놓고 만 것입니다. (「심문」, p.356)

이렇게 자의식의 세계를 규정짓는 용어로 사용되던 '결벽성'이 「張三李四」에서는 다른 의미로 쓰인다.

> 이같이 부질없는 용모파기를 해가면서까지 그를 흘금흘금 바라보게 되는 것은 아까의 그 실수 사건으로만 그런 것도 아니었다. 물론 그의 지나친 결벽성(?)이 우리의 주의를 끌었을 뿐 아니라 반감을 샀던 것도 사실이지만, 그렇지 않더라도 본시가 그는 우리들 중에서는 가장 두드러진 존재였던 것이다. (「張三李四」, p.367)

> "제길, 후드둥쯤이 나서 ××× ××××하기만 히디 윈제 씨원히 날오야디요"하고는 헤헤헤 웃는 것 이었다 (작자 주. 아무리 작자가 결벽성을 포기하고 시작한 이 작품이지만 이 ××의 의음만은 복서하는 것이 작자인 나의 미덕일 것이다) (「張三李四」, p.373)

이렇게 「張三李四」에서 '결벽성'은 이제 부정적인 대상의 성격을 규정하는 것으로, 혹은 결벽성을 포기한 작품이라는 설명 등으로 쓰인다. 그렇다면, 자의식의 세계를 '결벽성'으로 규정하던 여타의 작품들과 비교해서, 「張三李四」에는 자의식이 전혀 나타나지 않는 것일까? 그렇지는 않을 것이다. 그러나 '결벽성'의 의미가 변모하듯 자의식의 세계를 '결벽성'의 세계로 규정하고 있는 인물-초점자의 인식 또한 변모한 것이라는 사실은 인정해야 할 것이다. 그리고 이러한 변모의 양상은 바로 최명익의 세계관의 변화라고 해석할 수도 있을 것이다.

최명익의 작품에 등장하는 자의식은 전혀 현실과의 갈등 없이 등장하는 그런 것이 아니라, 언제나 가장 현실적인 인물과의 갈등을 통해 제시되고 있다. 그리고 또 하나의 특징으로 이러한 자의식의 화자는 자신뿐 아니라 자신의 의식을 공유하는 하나의 자기 분신적 대상과 함께 제시되고 있다. 그리하여 자신과 현실과의 직접적인 갈등 양상과 함께 현실과 자기 분신과의 갈등 양상을 제시하고, 그러한 갈등을 자의식을 통해 파악하는 서사 기법을 쓰고 있다. 또 자신의 분신으로 등장시키는 인물은 대부분 여성 인물이다. 구체적인 작품을 예를 들면 다음과 같다.

「비오는 길」에 등장하는 가장 현실적인 인물은 사진사 이칠성이며 그는 자의식 화자 병일에 의해 '청개구리 뱃가죽 같은 놈'으로 파악되고 있다. 이와 대조적으로 병일에 의해 어린 기생은 '의액이 풀잎같은 청기와 날카로움'으로 파악된다. 그리고 병일은 이러한 기생의 의액이 풀잎같은 청기를 동경한다. 결국 현실적인 인물이며 결벽성이 없는 인물인 이칠성과 '피부 면까지 신경이 노출된 듯한' 병일의 갈등에서, 현실적 인물인 이칠성이 가장 현실적인 이유인 '장질부사'로 죽어버림에 따라[14] 인물 초점자인 병일은 '노방의 타인은 언제까지나 노방의 타인이기를' 바라고, 자의식 세계의 현현이라 할 '독서에 강행군을 하리라는' 계획을 세우게 된다. 다시 말해, 자의식과 현실 의식의 갈등에서 자의식이 완전히 현실 의식을 압도하게 된다. 그러므로 이때의 자의식은 더욱 완고하게 폐쇄된 자의식이라고 할 수 있는 것이다.

「무성격자」 또한 그 양상은 비슷하다. 그러나 그 결말에서 다소의

---

14 이칠성의 죽음을 병일이 가장 현실적인 매개인 '신문'을 통해 확인하고 있는 사실도 이 작품의 특이한 상징화 전략이라 할 수 있다.

차이를 나타낸다. 「무성격자」의 가장 현실적인 인물은 정일의 아버지인 만수노인이며, 나의 분신으로 등장하는 여성 인물[15]은 '문주'이다(윤부희 1992:45). 인물-초점자인 정일은 이 두 사람의 죽음 사이에 존재하게 되는데, 결국 두 인물 모두가 죽음으로써, '생에 대한 무의지'가 가장 큰 갈등의 원인이었던 자의식 화자 정일은 '무의지의 생' 속에 혼자 고립되는 것이다. 그러나 정일은 '자기는 문주를 장사하러 가는 것이 당연하리라고 생각하면서도 아버지의 관을 맡는' 결론을 보여줌으로써 완강히 폐쇄된 자의식으로 결론 맺지 않고 있다. 즉 생에 대한 강한 애착을 보이던 아버지 쪽으로 한걸음 걸어 나온 자의식을 보여주는 것이다.

「역설」에서 가장 현실적인 인물은 '몇 해 동안 투기적 토지 경기와 일확천금의 자금을 위한 은행, 사채의 금융과 이율 등 시정의 현회한 풍경을 한때 이 교원실에 옮겨놓은' K씨이다. 그러나 「역설」에서는 이 적대적인 현실에 초점이 있는 것이 아니라 일상에 갇혀 지내는 자아에 초점이 가 있다. 그러므로 자아의 분신이라 할 수 있는 옴두꺼비의 비유[16]에서 완전히 폐쇄된 자의식에서 벗어나 새로운 세계에 적극적으로 귀속되고자 하는 꿈을 보여준다.

---

15 최명익의 소설에 등장하는 여성 이미지는 모두 여윈 몸매의 병들고, 신경질적인 면모를 가진 여성이다. 그리고 비상식적인 일면을 강조함으로써 이들이 현실 세계에 속한 인물은 아니라는 점을 보여준다. 최명익 소설의 여성 이미지에 대해서는 후고를 기약한다.

16 최명일 소설에는 동물 상징이 많이 등장한다. 이러한 동물 상징에 대한 현상학적 고찰로 임병권(1991) 등이 있다.

> 옴두꺼비는 지금 무덤 속에 들어간 채로 오랫 동안의 동면을 시작할 작정인지도 모를 것이다. 동면이란 꿈을 먹고 사는 것이 아닐까? 동면 기간의 양식이 되는 꿈은 그의 생활기인 봄 여름 가을 동안에 축적한 생활 경험의 재음미일 것이다. 그러한 재음미로서 낡은 껍질을 벗고 새로운 몸으로 새 봄을 맞으려는 꿈은 결코 악몽이 아닐 것이라고 문일은 생각했다. (「역설」, p.235)

이렇게 결벽성의 세계인 자아의 세계와 결벽성을 포기해야만 하는 세계인 현실 세계와의 갈등에서 초점자는 자의식의 세계를 견지하고 있기는 하나, 그것은 그 자의식의 세계에 침몰하려고 하는 폐쇄적 자의식이 아니라 현실로 나아가기 위한 준비를 하는 개방적 자아의 세계인 것이다.

「심문」은 초점자인 나의 자의식보다 결벽성을 포기한 현혁의 생활과 끝까지 결벽성을 지키고자 하는 여옥[17]의 태도에 초점이 가 있다. 즉 「심문」에는 부정적 현실의 인물이 등장하지 않는다. 대신 결벽성을 지키고자 했던 여옥의 죽음을 '여옥다운 운명'이라고 파악함으로써 초점자인 '나'의 의식은 한 걸음 더 결벽성을 유보하는 현실 쪽으로 나서고 있다는 것을 알 수 있다.

이상에서 살펴본 바와 같이 최명익의 작품 연보는 「비오는 길」(1936) → 「무성격자」(1937) → 「역설」(1938) → 「심문」(1939)으로 이어지는 의식의 궤적을 그리고 있다. 이 때 자의식 화자의 현실에 대한 태도는

17 이때의 여옥 역시 자의식 화자인 '나'의 분신에 해당하는 여성이다.

배제에서 화합으로 가는 것으로 파악할 수 있다. 즉 완고한 자의식 세계 속으로의 침잠에서 현실과 동화된 삶 속으로 나아가고자 하는 것이다. 이때의 의식의 변화에서 가장 중요한 것은 바로 '자의식'이 특별한 인물의 특별한 의식이 아니라 평범한 일반인의 자기에 대한 하나의 태도일 뿐이라는 생각이다. 즉 자신이 이미 장삼이사화된 인물이라는 태도에서 '결벽성'을 포기하게 되고, 장삼이사화된 초점자가 장삼이사의 초점 대상을 다룰 수 있는 것이다. 그리고 그것을 더 큰 의미의 자의식으로 통합한 것이다.

결론

이상에서 최명익의 「張三李四」를 인물의 유형과 소외의 층위, 그리고 초점 화자의 초점화 등을 통해 살펴보았다. 그리고 최명익 소설의 공통항으로 '결벽성'을 추출하고, 이 '결벽성'의 문제가 전체 작품에서 어떻게 변화되는가를 보았다. 즉 「張三李四」를 다시 읽고, 다시 읽은 작품의 의미를 통해 전체 작품을 재규명한 것이다.

「張三李四」는 최명익의 여타 작품들에 비해 초점자 내부의 의식 규명보다 초점화 대상들에 대한 객관적인 관찰이 주조가 되는 작품이다. 그리하여 제목 자체도 평범한 일상인들의 이야기라는 의미에서 「張三李四」가 된 것이다. 그런데 이 제목이 최명익의 유일한 작품집 제목이 되고 있는 이유는 무엇인가? 하는 부분이 본고가 규명하고자 하는 핵심적인 논제 중 하나였다.

본고가 제시하고자 한 것은 최명익의 작품 세계는 자의식 화자의

의식 과잉의 상태를 표출하고 있다는 기존의 논의가 잘못되었다는 것은 아니다. 다만 그 의식의 세계가 완강히 폐쇄적인 자의식이 아니라 현실의 삶 속으로 걸어 들어가고자 하는 자의식이라는 것이다. 그리고 그 자의식은 현실과 괴리될 수밖에 없는 특별한 존재라는 의식에서 자의식 화자의 의식 과잉의 상태 역시 평범한 일상인의 삶의 한 단면이라는 의식의 변화를 수반하고 있는 것이다. 장삼이사화된 화자의 일상적인 이야기가 전체 『張三李四』의 이야기라는 것이다. 그러므로 명일, 병일, 현일, 문일 등의 일관되는 명명법의 문제 역시 장삼이사화된 일반적인 명명법으로 해석할 수 있는 것이다.

본고는 소박하게 「張三李四」를 다시 읽어본 것이다. 기존의 논의들이 최명익의 작품을 하나의 통괄된 체계로 다루려는 것이었기 때문에, 「張三李四」는 최명익의 일반적인 작품들과는 다소의 거리가 있는 작품이라 상대적으로 비중을 덜 둔 채 최명익의 작품 세계를 논해 왔었다. 그러나 「張三李四」는 전체 작품집의 제목으로 제시될 만큼 최명익의 특별한 관심을 받았던 작품이고, 따라서 이 작품의 숨겨진 의미를 규명함으로써 전체 수록 작품에 대한 새로운 해석이 가능할 수 있는 것이다.

『張三李四』에서 이야기하고 있는 의식자 과잉의 세계는 특별한 자의식의 세계가 아니라 장삼이사의 평범한 세계이다. 이러한 의식 세계야말로 진정한 자의식 과잉의 세계이다. 그러나 이때의 자의식은 완강히 폐쇄된 자의식이 아니라 현실 수용적인, 즉 가장 인간적인 자의식인 것이다. 그러므로 우리는 최명익의 작품집 『張三李四』의 마지막에서 가장 인간적인 모습의 서술자 혹은 작가를 만나게 되는 것이다.

참고문헌

자료

『제3한국문학전집- 최명익』(1988), 수문서관.

참고문헌

강현구(1984), 「최명익 소설 연구」, 고려 석사 논문.

김겸향(1990), 「최명익 소설의 공간 연구」, 이화여대 석사 논문.

김윤식(1990), 「최명익론- 평양중심화 사상과 모더니즘」, 『작가세계』, 여름호.

김해연(1990), 「최명익 소설 연구」, 경남대 석사 논문.

박숙자(1995), 「1930년대 모더니즘 소설 연구」, 서강대 석사 논문.

윤부희(1992), 「최명익 소설 연구」, 이화여대 석사 논문.

이 호(1994),「1930년대 한국 심리소설 연구」, 서강대 석사 논문.

이강언(1987), 「1930년대 모더니즘소설연구」, 영남대 박사 논문.

이계열(1991), 「최명익 소설 연구」, 숙명여대 석사 논문.

이동하(1989), 「최명익론-세계의 폭력과 지식인의 소외」, 『월북문인연구』, 문학사상사.

이성은(1987), 「1930년대 모더니즘 소설 연구」, 이화여대 석사 논문.

이재선(1979), 『한국현대 소설사』, 홍성사.

임병권(1991), 「최명익의 작품 세계」, 서강대 석사 논문.

조연현(1949), 「자의식의 비극-최명익론」, 『백민』.

채호석(1989), 「리얼리즘에의 도정- 최명익론」, 『한국 문학의 리얼리즘과 모더니즘』, 민음사.

최재서(1938), 「단층파의 심리주의적 경향」, 『문학과 지성』, 인문사.

최혜실(1994), 『한국 현대 소설의 이론』, 국학자료원.

Daniel R. Schwarz(1990), *The Case for Humanistic Poetics*, Macmillan press.

Genette Gerard(1992), 『서사담론』, 권택영 역, 교보문고.

Humphrey. R(1984), 『현대소설과 의식의 흐름』, 이우건 유기룡 역, 형설출판사.

Matei Calinescu(1993), *Rereading*, Yale Universitt Press.

Michael J.Toolan(1993), *Narrative: A Critical Linguistic Introduction*, 『서사론』, 김병욱·오연희 공역, 형설출판사.

Micke Bal(1985), *Narratology*, University of Toronto press.

Patrick O'nell(1994), *Fictions of discourse: reading narrative theory*, University of Toronto press.

김승옥 단편소설 연구
일인칭 제한 시점의 의미를 중심으로

들어가며

1962년 한국일보 신춘 문예에 「생명연습」으로 등단한 김승옥은 60년대를 대표하는 작가이다(천이두 1995:147). 그 후 그는 「乾」, 「환상수첩」, 「누이를 이해하기 위하여」, 「力士」, 「무진기행」, 「차나 한잔」, 「싸게 사들이기」, 「서울, 1964년 겨울」, 「야행」 등의 작품을 발표하였다. 특히 1965년에 발표한 「서울, 1964년 겨울」로 그는 『사상계』사가 제정한 동인 문학상을 받아 일약 화제의 작가가 되었다. 그러나 70년대로 들어서면서 그의 작품 활동은 급격히 둔화되는데, 제1회 이상문학상을 수상한 「서울 달빛 0장」과 연재소설 「강변부인」이 그가 70년대에 발표한 작품의 전부이다(정현기 1980:78).

김승옥 문학에 대한 기존의 논의는 크게 두 가지로 나눌 수 있다. 먼저, 김승옥 소설의 주제와 관련된 것으로 전후 의식이라는 시대 상황 혹은 실존주의 철학의 문제와 어떻게 관련되어 있느냐의 문제이다. 이러한 논의는 주로 그의 문학이 50년대의 강력한 이슈에의 집착 내지 교훈주의의 집착에서 완전히 벗어났다는 논의(천이두 1995:152)나 김승옥이 개방 후 한국인의 상황과 그것에 대한 반응을 당대의 시각에서 구조적으로 탁월하게 보여준 작가라는 견해(정과리 1995:168) 혹은 김승옥의 소설 세계를 공동체 의식이 깨어진 세계, 고향을 잃은 세계, 정신적 지주도 지도적 역량도 잃은 세계로(정현기 1980:172) 규정하는 것 등이다. 다음으로 김승옥이 우리말을 본격적으로 교육받고 쓰기 시작한 세대라는 입장에서 행해진 그의 문체에 대한 연구가 그것이다. '감수성의 혁명'(유종호), '화사한 왕국'(정상호) 등의 수사는 주로 그의 문체의 화사함을 혁명적인 것으로 평가하여 동원되었던 수사들이다.

김승옥의 문체에서 가장 핵심적인 요소라 할 수 있는 고백적 문체, 사적 문체는 그의 '상실된 자아의 회복'이라는 문제에서 크게 벗어나지 않는 것이다. 즉, 지금까지 양분화된 주제와 문체에 대한 논의들을 하나로 묶어서 논의할 수 있는 것이다. 그렇게 함으로써 김승옥 작품 전체에 대한 본격적 논의가 가능해지리라 생각한다. '고백적 문체'와 '자아'의 문제를 같이 묶을 수 있는 공통항을 본고는 그가 거의 모든 작품[1]에 사용했던 1인칭 제한자 시점(Lubbock 1991:89)에서 찾고자 한다.

왜 김승옥은 1인칭 시점을 끊임없이 사용했을까? 그의 작품 속의 '나'(자아)가 이야기하고자 하는 것은 과연 무엇인가? 또, 그 때의 '나'가 제시하려는 것이 김승옥 자신이 이야기하고자 하는 것인가?[2] 등의 가장 소박한 물음으로 본고를 시작하고자 한다. 본고의 대상은 주로 60년대에 발표된 그의 단편들을 대상으로 한 것인데, 이것은 그가 작품 활동을 활발히 하던 시기가 60년대라는 점과 본격적인 자신의 문학 세계를 단편 소설에서 꾸며 놓고 있다는 점들을 근거로 한 것이다(정현기 1980:176).

본고의 논의는 작품 속의 초점자인 '나'가 유년기 소년인 경우와 성

---

1 김승옥의 대표작 중 「차나 한잔」, 「手術」,「夜行」을 제외한 전 작품 (「생명연습」, 「乾」, 「환상수첩」, 「누이를 이해하기 위하여」「염소는 힘이 세다」, 「力士」, 「서울 1964년 겨울」, 「무진기행」, 「그와 나」, 「서울의 달빛 0장」)이 1인칭 제한자 시점이다.

2 조남현은 작품(「생명연습」) 속의 '나'와 작가 자신을 별개의 존재로 보기 어렵다고 평하고, 그리하여 결국 작가는 반도덕적 행위에 대해 아직은 긍정적 인식만을 가진 것은 아니라고 추측했다(조남현 1982:92).

인인 경우로 대별하여 진행될 것이다. 그러므로 김승옥의 단편들 중 초점자와 서술자가 모두 유년이라고 전제하고 있는 「乾」과 「염소는 힘이 세다」, 그리고 서술자가 성년(대학생)이지만 유년기의 체험을 대상으로 하는 「생명연습」을 유년기 초점자의 부류로 놓았다. 이 부류의 작품들에서 유년의 체험을 제시하는 초점자의 눈을 통해 유년 시점의 의미와 이러한 시점을 통해 보여주고자 하는 세계가 어떠한 것인지를 공통적으로 파악할 수 있을 것이다. 다음으로 성인기 초점자의 부류로서, 그동안 '자아'의 문제에 초점이 맞추어져 분석되어 왔던 「환상수첩」, 「서울, 1964년 겨울」, 「누이를 이해하기 위하여」, 「그와 나」, 「力士」, 「무진기행」 등 이른바 그의 대표작들에서 1인칭 제한자 시점이 어떠한 의미를 가지고 있는가의 문제를 살펴보겠다. 즉 무엇보다도 본고에서 논의하고자 하는 것은 두 부류의 초점자 작품들에 나타나는 1인칭 제한자 시점의 의미 파악을 통해 김승옥의 작품 세계를 보다 철저히 규명하고자 하는 것이다.

유년 시절과 황폐화 된 세계
_「乾」, 「생명연습」, 「염소는 힘이 세다」

유년 시점에 대한 연구는 주로 유년 인물이 주 인물로 등장하는 소설에서 서술자와 유년의 인물이 어떠한 관계를 지니고 있는지, 혹은 유년 인물이 지니는 시점이 어떠한 서사 효과를 발생케 하는지를 살피는 것이다(정재석 1994:72-81). 특히 1인칭 소설이 유년 시점으로 쓰인 경우, 가장 흔한 것이 성년의 서술자가 과거의 자신의 모습을 회고하는 서술

형식이다. 이러한 경우에 가장 중점적인 문제가 되는 것이 바로 서술하는 '나'와 경험하는 '나' 사이의 거리의 문제이다. 회고의 시간이 먼 과거일수록 서술자와 경험자의 거리가 멀기에 설명하거나 평가를 내리는 투의 글이 되고, 가까이 올수록 행위를 직접 묘사하는 투가 된다(권택영 1991:81-87). 특히 서술자가 이미 성인이라는 것을 전제로 하고 제시되는 본격적인 회고 서술의 경우에는 경험 당시에는 몰랐던 내적 삶을 되돌아보고 인지한다는 것이 가장 중요한 서사 효과가 될 수 있다. 그러나 1인칭의 유년 시점이기는 하나 서술자가 성인이라는 것이 전제되지 않은 상태에서, 유년 인물이 초점자가 되어 경험의 세계를 서술할 때, 독자는 유년 초점자와 성인 서술자의 거리를 유추할 수도 있고, 또 유년 인물의 행동이나 사고방식을 재해석할 수도 있게 된다(정재석 1994:82). 특히 이러한 거리(간격)의 파악과 재해석을 통해 작품 전체에서 이야기하고자 하는 바가 어느 정도 밝혀질 수 있다.

「乾」은 유년 시절의 순결하고 아름다운 세계가 무자비한 폭력에 의해 무참히 파괴되는 과정을 소년의 눈을 통해 묘사하고 있는 작품이다. 작은 지방 도시에 살고 있는 주인공이자 초점자인 소년 '나'는 간밤에 빨치산의 습격으로 검은 연기 속에 불타는 폐허 속에서 죽음과 파괴라는 절망적인 현실에 눈을 뜬다. 이 작품의 서사 축은 6.25를 전후로 하여 '나'의 왕국인 방위대 본부가 '우리들의 놀이터'였던 때와 완전히 새까맣게 타 버린 때의 두 축으로 이루어져 있다.

> 1학년 때 어느 날이었던가, 이상스럽게도 둘만 그 지하실에 남게 되었을 때 나는 자신도 알지 못하는 사이에 불쑥 미영이를 꽉 껴안아 버렸었다. 그러자 미영이는 깜짝 놀라서 울음을 왁 터뜨리더니 그만

> 무안해진 내가 손을 풀자 느닷없이 자기가 쥐고 있던 하얀색 크레용을-분명히 하얀색이었다- 내게 내밀며, 이쁜 꽃을 그려 봐, 하는 것이어서, 하얀색의 벽에 하얀색의 크레용으로 무슨 그림을 그리라는 말인지, 이번에는 내가 어리둥절해 버린 적이 있었다. (p.37)

이 사건은 6.25 전의 사건으로 초점자의 회상 부분이다. 즉 나의 왕국인 방위대 본부가 '우리들의 놀이터'였던 때의 회상이다. 여기에서 초점자의 세계는 유아적인 세계이며, 분열이 없는 세계이다. 그리고 경험하는 '나'의 초점만으로 이루어진 세계이다. '자신도 알지 못하는 사이에 불쑥' 미영이를 껴안아 버린 행위는 경험하는 '나'가 알지 못하는 심리라는 것을 그대로 드러낼 뿐, 그러한 행위에 대해 서술하는 '나'의 논평이나 경험하는 '나'가 알지 못한 심리에 대해 더 알고 있다는 단서를 제공하지도 않는다. 이렇게 경험하는 '나'의 초점과 심리만으로 서술이 이루어짐으로써 분열되지 않는 유아기의 세계를 드러내 주는 것이다. 이러한 분열되지 않는 세계는 6.25 이후, 더 구체적으로 빨치산의 습격 이후에는 다른 모습, 즉 분열된 모습을 보인다. 또 이러한 분열을 통해 서술하는 '나'와 경험하는 '나' 사이의 간극이 발견되기도 한다. 특히 서술자가 인물에게 가장 큰 영향력을 물려준 부분이라고 할 수 있는 내적 독백의 부분에서 유년의 '나'의 독백이기는 하나 그 어조가 경험하는 '나'의 어조가 아니라 성년의 목소리로 이루어진 독백이라는 점, 즉 서술하는 '나'의 어조로 이루어졌다는 점에서 그 간극은 구체적으로 드러난다.

> 엎드려 죽어 있는 빨치산의 시체다. 나는 아직 보지 않았지만 내 눈앞에 그걸 또렷이 보는 듯 싶었다. 그러자 전날 밤 총격전의 그 모든 것이, 찢어지는 듯한 음향들과 오늘 아침 흥분을 뒤덮으면서 찾아온 이상하도록 조용함이 쉽게 넘겨 버려도 좋은 악몽 같은 것이 아니라, 내게 감히 생생하게 상상되는 빨치산의 시체를 남겨주기 위한 것이었다는 현실감이 꿈틀거렸다. (p.40)

위 서술은 시점이 유년의 소년이라고 할 수 없을 만큼 성인 서술자의 목소리가 강한 것이다. 서술하는 '나'와 경험하는 '나' 사이의 혼란이 야기된 것이다. 이 부분의 상황은 이렇다. '나'는 지금 학교에 가는 길이고, 도중에 '나'가 좋아하는 '윤희 누나'를 만난다. 그리고 '윤희 누나'에게서 빨치산 한 사람이 죽었다는 이야기를 듣고, 바로 이러한 환상을 만든다. 이것은 너무 개연성이 없다. 그리고 죽은 빨치산의 모습에 대한 묘사가 실제로 '나'가 빨치산의 죽은 시체를 보았을 때, 시체에 대한 묘사('한 사람이 땅바닥에 손발을 쭉 뻗고 엎드려 있었다. 얼굴은 이쪽으로 향하고 있고 땅바닥에 한쪽 볼이 처박혀 있는데 마치 정다운 사람과 얼굴을 비비는 형상이었다. 눈은 감겨져 있었다'(p.42))와 너무나 흡사하다. 쉽게 이야기해서, '나'는 윤희 누나에게 빨치산 한 사람이 죽었다는 정보만을 제공받았을 뿐이지, 그가 엎드려 죽어 있는지, 잠자듯이 누워 있는지에 대해서는 전혀 알지 못해야 한다. 그러나 경험하는 자아가 알지 못해야 하는 사실까지 서술하는 자아의 언술을 통해 두 '나'의 비개연적인 교섭이 은연중에 드러나 버린 것이다. 이러한 점에서 우리는 경험하는 '나'와 서술하는 '나'의 사이의 간극을 발견할 수 있다. 그리고 이러한 간극은 서사가 진행될수록 더욱 확연히 나타난다.

> 나는 고개를 얼른 돌려 버렸다. 다시 시체가 있었다. 그리고 그 시체가 누운 거기에서 풀밭이 시작되었고 풀밭이 끝나는 곳에는 벽돌 만드는 흙을 파내 오는 주황빛 언덕이 있었다. 그리고 그 언덕으로부터 까만색 레일이 잡초를 헤치고 뱀처럼 흐늘거리며 이쪽으로 뻗어오고 있었다. 아무래도 설명할 수 없는 감정을 던져 주는 구도였다. (p.44)

위 서술 역시 경험하는 '나'의 시점이 아니다. 내적 독백이고 서술하는 '나'와 경험하는 '나'의 거리가 없는 듯이 진행되기는 하지만 초점은 서술하는 '나'의 심리에 맞추어진 것이다. 즉 -언제인지는 모르지만- 이미 성인이 된 '나'의 어투인 것이다. '나'가 묘사한 '어설프고도 허망한 주황색의 구도'는 폐허에 대한 '나'의 최초의 현실 자각이다. 하지만 이 자각은 경험하는 '나'의 시점으로 이루어진 자각은 아니다. 그러므로 위의 '아무래도 설명할 수 없는 감정'은 경험하는 자아의 입장에서 이루어진 '설명할 수 없음'이 아니라 서술하는 자아의 자의식을 담고 있는 표현인 것이다. 그리하여 이 이후의 사건은 경험하는 자아의 경험이긴 하지만, '아무래도 설명할 수 없는 감정'을 통해 이루어지고 있다. 즉 이때부터 경험하는 '나'는 분열되지 않은 상태[3]라는 의미에서 더 이상 유년 시점으로 작용하지 못하고 있는 것이다.

---

3 이 점은 김남천이 그의 작품에서 특별히 유년 인물을 중점적으로 다룬 이유가 '분열을 경과치 않은 생기발랄한 타입'이라는 점이라고 설명에 기반한 것이다. 즉 김승옥의 유년 인물의 심리 상태를 김남천의 설명과 비교한 것이다.

'설명할 수 없는 감정'의 이후에 보여주는 초점자의 언술은 그러므로 더 이상 경험적 자아의 것이 아니다. 즉, 무지와 순수의 유년 언술이 아닌 것이다. 어느 사이 성장하여 유년의 한 순간을 서술하는 '서술하는 자아'의 언술인 것이다. 그리며 또한 '분열된 자아'의 모습을 보여주는 언술이다.

초점자인 '나'의 세계는 '미영과의 기억'과 '윤희 누나의 도화 연필'의 세계를 소중히 하는 것이다. 즉 그 세계는 '나'만의 세계인 것이다. 이런 '나'의 세계에 초점자는 빨치산의 시체까지를 끌어들이려 한다. 그리고 그것은 '관 속에 누운 사람이 내가 던진 돌을 맞고 드디어 내지르는 비명이라는 환각을 나는 무진 애를 쓰며 찾고 있었다.'(p.50)와 같이 시체를 파묻는 마지막 순간에까지 '나'만의 것을 찾으려는 노력으로 이어진다. 그러나 아버지의 저지로, 아니 더 이상은 '나'만의 것을 지킬 수 없다는 뼈아픈 자각을 통해 '나' 스스로 나만의 세계를 포기해 버린다.

> 나는 목구멍을 욱하고 치받고 올라오는 울음을 간신히 삼키고 있었다. 가을이었다. 내가 넘어지는 바람에 산갈대 몇 개가 부러져 있었다. 나는 부러진 갈대를 한 개 집어 들고 일어섰다. 나는 그것을 똑똑 부러뜨리며 이제는 삽으로 구덩이에 흙을 퍼 넣고 있는 사람들을 보고 있었다. 시체도 그리고 그것을 묻고 있는 사람들도 나는 밉기만 했다. 관은 이미 나의 시야에서 사라져 버리고 없었다. (p.50)

이 작품 「乾」이 유년 시점으로 쓰인 다른 작품들과 변별되는 특징은 초점자인 '나'가 외부 세계의 불합리함과 황폐성을 보여줄 뿐 아니라 그 세계에 적극적으로 가담한다는 사실이다. 이러한 가담은 바로 위에서 제시했던 '나'의 세계에 대한 포기에서부터 비롯되는 것이며, 이미 무너져 버린 '나'의 세계는 어떠한 노력으로도 복구가 불가능하며 무너져 버린 세계와 같이 나 자신도 분열되는 방법밖에는 이러한 황폐한 세계에 살아갈 방법이 없음을 보여주는 것이다.

'나'는 아버지와 형, 그리고 형의 친구들과 함께 죽은 빨치산의 시체를 묻고 오는 길에 윤희 누나를 만난다. '나'는 윤희 누나를 통해 어떤 구원을 얻을 수 있을까 하고 기대한다. 누나가 '나의 뜨거운 이마에 손을 얹어 주었으면' 나의 이러한 분열은 무화되고 나는 다시 나의 세계를 확립할 수 있을 거라고 기대한다. 그러나 누나는 '총총걸음으로 우리들의 훨씬 앞을 걸어가' 버렸다. 나는 나의 세계가 복구될 수 없음을 확인하게 되었고, 결국 '나는 나도 모르는 사이에 내 입술이 삐죽이 비틀어지며 그 사이로 낮은 웃음소리[4]가 나는 것'을 듣게 된다. '나'만의 세계를 더 이상 지켜 나갈 수 없을 때 '나'가 선택할 수 있는 것은 세계와 같이 나도 분열되고 황폐화되는 방법뿐이라는 것이다. 이것은 또한 후에 형과 형의 친구들이 행하는 치명적인 '위악의 세계'에 위악의 방법으로 뛰어드는 것과도 같은 맥락으로 해석할 수 있는 것이다.

윤희 누나를 '윤간' 하자는 형의 제안은 그 사건이 주는 치명적 무게에도 불구하고 너무나 가볍게 제시되어 있고, 그리고 그 치명성을 '불안'으로 감지하고 있던 초점자의 가담 역시 사건 자체의 무게에 비해

---

4 여기에서 '웃음소리'는 앞서의 치밀어 오르는 '울음'과 대비되는 것으로 나의 세계가 무너짐과 함께 위악의 세계로 끼어든다는 것을 암시하는 것이다.

너무나 가볍다. 이것은 형의 제안이 친구들과 같이 행하는 일종의 객기로 치부될 수 있을 만큼의 위악적인 요소가 강하고, 나의 반응 역시 위악의 세계에 위악의 논리로 대응한다는 점에서 그러한 가벼움이 형성되는 것이다.5

> 바야흐로 나는 무서운 음모에 가담하고 있었다. 간단한 말을 전해주는 그럼 책임이 희박한 행위로써 가담하는 것이 아니었다. 자, 미영아, 너의 집을 제공하라고 한다. ...(중략) .... 나는 온갖 화려한 공상을 그 곳에서 끄집어낼 수 있었다. 그런데, 자, 미영아, 나는 이제 몇 분 안으로 이러한 모든 것 위에 먹칠을 해 버리려고 하는 것이다. 아아, 모든 것이 항상 그렇지 않았더냐, 하나를 따르기 위해서 다른 여러 개 위에 먹칠을 해 버리려 할 때, 그것이 옳고 그르고를 따지기보다 훨씬 앞서 맛보는 섭섭함. 하기야 그것이 「자라난다」는 것인지도 모른다. 미영아, 내게 응원을 보내라. 형들의 음모에 가담한다는 건 아주 간단한 일이다. 미영아, 내게 응원을 보내라. 그건 뭐 간단한 일이다. 마치 시체를 파묻듯이 그건 아주 간단한 일이다. 뭐 난 잘 해낼 것이다. (p.54)

이와 같이 서술은 화자(서술자)가 거의 물러서고 인물이 자기 속을 드러내는 '내적 독백'으로 이어진다. 그러므로 경험하는 '나'와 서술하는'나'

---

5 이러한 위악적인 세계에 대한 부분은 김승옥의 이어지는 작품에서도 계속해서 등장하는 것으로 이 점을 그의 작품 세계의 핵심으로 파악할 수도 있다.

의 거리가 무화된 지점이라 할 수 있다. 그러나 이러한 무화는 서술된 자아의 우위에서 이루어진 무화인 것이다. 여기에서 '나'의 이러한 변모는 빨치산의 시체를 통해 느낀 '삶과 죽음'의 경계가 부질없음, 그리고 나만의 분열되지 않은 세계를 지켜 나간다는 것이 불가능하다는 자각을 통해서이다. 그러므로 초점자는 분열되지 않은 순수한 상태의 초점 대상이었던 윤희 누나와 미영의 세계를 스스로 훼손시키려는 것이다. 더 이상 순수한 것이란 존재하지 않는다는 분열된 자아의 논리를 초점 대상의 훼손을 통해 드러내고자 하는 것이다.

초점자의 초점 대상(인물)에 대한 파악에서 이미 존재하지 않는 미영과의 추억을 현실적으로 존재하는 윤희 누나의 순결보다 더 우위에 두는 것은 분열되지 않은 상태에 대한 초점자의 갈구가 더 강하다는 것을 보여주는 것이다.

그러므로 이 작품 「乾」의 1인칭 제한자 시점이 제시해 주는 주제적 의미는 시점이 자아의 분열을 표출해 낸다는 것이다. 이것은 또한 김승옥 이전의 다른 작가들의 작품에서 보여주는 것과는 변별되는 특징으로, 초점자가 유년 인물이라 하더라도 그 인물의 시점은 분열되지 않은 상태의 유년 시점이 아니라, 그가 초점화하는 초점 대상, 즉 훼손된 세계 이상으로 분열된 모습의 1인칭 '나'라는 것을 보여준다는 것이다. 그러므로 이 작품의 핵심은 전쟁이라는 상황에 가 있는 것이 아니라 훼손된 세계를 體化한 초점자 즉 1인칭 자아에 가 있는 것이다.

「乾」 외에 「생명연습」, 「염소는 힘이 세다」 등의 작품 또한 유년의 시점으로 제시된 작품이며, 이들 작품에 제시된 유년의 화자 역시 훼손된 세계에 분열된 자아의 모습을 보여주는 작품들이다. 그러므로 김승옥 작품의 유년 시점의 의미는 어떠한 대상도, 어떠한 순간도 훼손되지 않고, 분열되지 않은 모습을 그대로 간직한다는 것은 불가능하다는 것이다.

'진짜'를 찾아가는 도정 _「환상수첩」, 「1964년 겨울」, 「누이를 이해하기 위하여」, 「力士」, 「무진기행」

김승옥의 작품 중 가장 많은 수를 차지하는 작품들에서 유년을 지나 대학생(국립서울대)이 된 화자 '나'가 세상과 자아 자체의 부조리함을 느끼고 절망[6]한다는 서사의 패턴이 나타난다. 그리고 그 절망의 과정 속에 빠짐없이 등장하는 것이 선/악의 이분법에 대한 반기(조남현 1982:97)와 위선/위악의 세계에 대한 혐오감이다. 특히 '위선/위악'의 세계에 대한 초점자의 파악은 초점자가 초점 대상으로 하고 있는 인물을 통해서이다. 그러므로 다시 말해 초점 대상인 인물들은 초점자의 가치 기준에 의해 이분법적으로 나눠지기는 하나, 기존의 가치 기준에서처럼 선이 악의 우위에 있는 것은 아니라는 것이다. 선과 악의 대립에서 악이 승리할 수도 있고, 이때의 악 조차 절대적인 악이 아니라 위악의 형태를 띨 수도 있다는 것이다. 그러므로 선/악의 이분법적 구분 자체가 무의미해지는 것이다. 또, 초점자인 '나'의 초점 대상(인물)을 통한 위선/위악의 세계에 대한 파악에서, '나'의 가치 판단에 신빙성을 주기 위한 특별한 서술 전략이 사용되는데, 「누이를 이해하기 위하여」나 「무진

---

6 김승옥은 대부분의 작품에서 '절망'이라는 단어를 내적 독백의 마지막에 사용하고 있다.

기행」에 사용되고 있는 특별한 제사(motto)[7]나 「환상수첩」, 「力士」에 사용되고 있는 액자소설 형식(이재선 1975:98)이 바로 그것이다.

초점자인 '나'가 의미하는 바는 무엇이며, 초점자인 '나'와 초점 대상 인물들과는 어떠한 관련을 가지고 있는지에 초점을 맞추어 「환상수첩」과 「무진기행」을 구체적으로 살펴보도록 하자.

「환상수첩」은 액자소설[8]의 형식을 지닌 작품이다. 이 작품은 액자(액틀)에 해당하는 외부 서술의 화자(서술자)도 1인칭 제한자 시점이고, 내부 소설의 화자(서술자) 역시 1인칭 제한자 시점으로 이루어져 있으나, 액자의 '나'와 내부소설의 '나'는 다른 인물이다. 특히 이 작품은 액자의 화자(서술자)가 내부 소설의 초점 인물 중 한 사람으로 내려앉아 있다(Gerard 1992:83).

> 이것은 나와 퍽 가까이 지내던 한 친우의 소설 형식으로 된 수기다. 하지만 소설이라 하기에는 너무 엉성한 데가 있고 그저 수기라고 해 두자. 그는 문과대학생이었다. 아마 대단한 열등생이었던 모양이

7 카이저(『언어예술 작품론』)는 장 앞자리에 붙어 있는 제사는 그 장과 긴밀한 관련이 있으며, 소설의 사건과의 관계에서 통일된 단위로 파악되었다는 가능성 뿐 아니라 개개의 장 속에는 단순한 사건 이상의 것이 내포되어 있음을 암시한다고 하였다.

8 액자소설이란 단일소설과 함께 소설 구성의 두 주요 유형을 이루는 것으로, 이야기 속에 또 하나의 혹은 여러 개의 이야기가 포함되는 소설을 일컫는다. 이 경우 액틀에 해당되는 것이 바로 액자이며 그 속에 포함되는 핵심적인 이야기가 내부소설이다.

> 다. 우수한 대학생이라면 이처럼 비논리적인 수기는 부끄러워서도 차마 못 썼을 테니까. 이 수기 속에는 나에 대한 얘기도 잠깐 나오지만 그리고 나를 퍽 증오하는 태도로 쓰고 있지만 뭐 누가 옳았고 누가 글렀다고 얘기할 수는 없으리라. 그게 문제는 안 될 것이다. 중요한 것은 난 살아서 이 세상에 있고 그는 죽어서 이 세상에 없다는 게 아닐까? (p.57)

이렇게 액자(액틀)에서는 '나'의 입장에서 그의 죽음을 미리 제시하고 액자의 화자인 '나'의 초점은 삶과 죽음의 문제에 가 있음을 보여준다. 그리고 액자의 화자에 의해 소개되는 내부소설 역시 삶/죽음이 중요한 문제가 될 것이라는 점을 암시해 준다. 액자의 초점자 '나'는 내부소설의 초점 인물이 되고, 액자의 초점 인물인 '한 친우'는 내부소설의 초점자가 된다. 그리고 두 상이한 초점자의 가치관에는 상당한 차이가 있음을 또한 보여준다. 이러한 차이가 야기하는 서사 효과 또한 중요한 문제가 되고 있다. 그 문제는 작품의 전체 분석을 통해 드러나리라 본다.

「환상수첩」의 내부소설은 세 개의 서사 공간을 포괄하고 있다. 서울과 고향인 순천, 그리고 여행지인 거문도의 세 공간이 그것이다. 이 각각의 공간에 등장하는 초점 인물들은 그 공간 내부에서만 서로의 친밀, 갈등 관계를 가지고 있을 뿐 그 공간을 크게 초월하여 서로 관계하지는 않는다.[9] 서사축을 따라 서사 공간과 각 공간에 속하는 초점 인물을 도식화하면 다음과 같다.

---

9 서로에 대한 정보를 '나'를 통해 다소간 듣게 되는 정도는 나타난다.

「서울」 영빈, 선애

「고향」 윤수, 수영, 형기

「거문도」 이씨 아저씨, 미아

서울에서 대학교를 다니면서 계속되는 환멸[10]만을 느끼고 있는 '나'의 생활 속에는 영빈('우정. 그것도 문학하는 친구끼리 라는 미명 아래 서로를 이용하고 서로를 파멸시켜 가며 그러나 헤어지지도 않고 끈덕지게 붙어서 으르렁대던 친구 영빈이')과 선애('세상의 선행이나 미담을 민지 않는, 말하자면 진짜들')가 있다. '서울'이라는 서사 공간이 다른 서사 공간과 상이한 점은 '나'가 고향으로 가는 열차 속에서 서울에서의 모든 생활을 회상하는 형식으로 서술되어 있다는 점이다. 그러므로 선애와 영빈에 대해 이미 '선/악'의 가치 판단이 내려진 후, 그 가치 판단의 근거를 몇 개의 에피소드를 통해 제시하고 있는 것이다. 가장 중점적인 사건은 키니네 사건과 선애의 자살 사건이다. 선애가 임신했을지도 모른다고 불안해 하는 '나'에게 영빈은 '적당량 태아가 떨어질 정도로만 먹여 보라'고 키니네를 한 움큼 사준다. 결국 '나'는 약봉지를 꺼내지도 못하고 훌쩍거리다 임신이 아니라는 사실을 선애에게 듣게 된다. 이 사건에서 영빈은 적극적인 악인이며 '나'는 알면서도 그 악('키니네 용법이 얼마나 위험하다는 것을 뻔히 알면서도 한 움큼이나 되는

---

10 자기가 '진짜'이지 않다는 환멸과 '「예링」을 가르치는 구역질나는 강의, 「헤겔」과 「쇼펜하우어」가 동시에 위대한 것'인 대학에서의 실망과 환멸이 서울에서 '나'가 가지고 있던 감정의 기본 축이다.

키니네를 무모하게도 선애 앞까지 가지고 가는')에 가담하는,[11] 선과 악 사이에 끼어 있는 존재이다. 그리고 선애는 희생을 예고하는 인물이다. 두 번째 사건은 악의 역할도, 가담의 정도도, 그리고 희생의 정도도 더욱 큰 것이다.

> 선애를 자기에게 인계하라는 것이었다. 우선 소개만 시켜 주면 그 다음엔 넌 알 바가 아니라는 것이었다. 넌 선애에 대한 모든 것을 깨끗이 청산한 셈으로 하라. 그러면 넌 아무 부담도 느끼지 않을 게 아니냐. 아니 내가 그렇게 되도록 협력하는 거다. 그 대신 별 부담없이 데리고 놀 만한 계집애를 소개해 주마. 내가 여태껏 데리고 놀던 앤데, 이름은 향자, 종삼 창녀지만 그러니까 부담을 느끼지 않을 것이다. 영빈의 얘기는 대강 이런 것이었다. 말하자면 내 것과 네 것을 바꾸자는 얘기였다. (p.69)

위의 인용은 '나'가 서술하고 있기는 하나 영빈의 목소리가 주류를 이룬다. 영빈의 논리(전혀 가책 없는 악의 논리)가 지배적이라는 것을 보여주는 부분이다. 이처럼 영빈의 목소리가 지배적임으로 해서 '나'는 영빈의 제안에 가책을 느끼고 있기는 하나, '악'의 논리에 가담할 수 밖에 없다는 것을 암시적으로 보여준다. 결국 '나와 영빈' 사이의 이 무서운 음모로 인해 선애는 '자살'이라는 희생을 치를 수밖에 없다. 결국 '서울'이라는 서사 공간은 악(영빈)/끼어 있는 존재(나)/선(선애)의 관계에서 '진짜

---

11 이 부분에서 「환상수첩」의 '나'는 「乾」의 '나'와 비슷한 유형의 자아이다.

(선)'의 삶은 허용되지 않는 공간이라는 것을 알 수 있다.[12] 결국 '나'는 '진짜'인 선애의 죽음을 통해 '서울'이라는 공간에 대한 환멸이 극복할 수 없는 정도라는 것을 느끼고 고향으로 향하게 된다.

> 해내는 거다. 세상이 당연하다고 내미는 것을 나 역시 당연하다고 생각하며 받아들이도록. 평범한 것을 흡족하게 생각하며 받아들이도록.「여보게 딴생각 말고 착실히 공부해서 좋은데 취직하여 착한 여자 얻어서 아들 딸 낳고...」「네, 저도 그럴 작정입니다.」라고 대답하도록.「분수에 넘치도록 욕심이 많은 사람이 자살하는 법이야. 욕심을 줄이면 되지 않아?」,「선생님, 참 그렇군요」라고 생각하도록.「팔십이 다 되어 가는 내가 끄덕없이 사는데 귓바퀴에 피도 안 마른 놈이 괴롭네 어쩌네 앓는 소리를 하다니...」,「할아버지 존경하겠습니다」
>
> 어쩌면 내게는 그럴 가능성이 얼마든지 있을 듯했다. 우선 철저히 파멸되는 것이 무서워서 서울을 도망이라도 하는 기분으로 떠나고 있는 내 행위가 그걸 증명해 주고 있는 게 아닐까? 뻥 뚫린 구멍? 그러나 그것을 땜질할 만한 것이 존재하지 않는다고 아직은 단언할 수 없는 것이 아닌가? 나는 고향이 가까워 올수록 피어나는 희망을 보았다. (p.81)

---

12 '서울'이라는 도시에 대한 이러한 부정적 가치는 김승옥 소설에 일관되게 나타나는 하나의 모티프라고 할 수 있다.

「환상수첩」의 내부소설에서 초점자 '나'의 내적 독백이 가장 두드러진 곳은 이렇게 '서울'에서 '고향'으로 향하는 열차 속에서이다. 서울 생활의 회상과 고향 친구들에 대한 정보 전달이 끝난 마지막 부분에 나타나는 내적 독백은 경험적 자아와 서술하는 자아의 거리가 무화된 부분이다. 여기에서 특이한 점은 초점자인 '나'에 의해 가상의 초점 인물이 제시된다는 것이다. 이 초점 인물은 초점자인 '나'를 객관적으로 파악하고 있는 또 하나의 자아라고 할 수도 있다. 초점자인 '나'는 가상의 초점 인물인 또 하나의 '나'를 통해 최초의 희망을 가지게 되는 것이다. 이렇게 자아의 모습을 객관적으로 제시하기 위한 가상의 인물 설정(자신의 또 다른 모습)은 김승옥 소설의 하나의 특징으로 「누이를 이해하기 위하여」에서 특히 잘 나타나 있다. 그리고 이러한 자아의 분신 설정은 후에 「무진기행」에서 언급될 초점자 '나'의 분편화와도 관련된다고 하겠다.

'나'의 고향에 대한 느낌은 '규모가 작기는 하지만 고향 역시 도시였다. 도시이기 전에 저 사조라는 맘모스와 그리고 그것이 찍고 가는 발자국에 고이는 구정물의 시간'으로 인식된다. 그리고 이러한 인식의 선상에서 초점 인물 '윤수', '수영', '형기'가 파악되는데, '나'가 고향에 와서 느낀 혼란은 '진실된 고뇌'를 가졌다고 생각한 윤수의 '위악'에 대한 것이다. 즉 악(수영)/선(윤수, 형기)의 도식에서 윤수의 일탈은 '나'에게 진위에 대한 혼란을 가중시키는 것이다. 그러므로 '수영'에 대한 나의 반응이 '문득 수영에 대하여 증오의 감정이 생기는 것을 느꼈다. 죽어줬으면 좋겠다는 생각이 갑자기 찾아 왔다'와 같이 절대적인 악에 대한 진실된 혐오를 보여주는 데 반해, 윤수의 위악적 행위에 대해선 안타까움과 혼란만을 느낄 뿐이다. 결국 고향에서의 '나'의 생활도 '진과 위의 차이를 구별해 낼 수 없었던 서울에서의 나로 되돌아간' 생활이

된 것이다. 이러한 진과 위에 대한 혼란은 나의 방황의 가장 핵심적인 부분이다. 진정한 '진', 즉 선애로 표상되는 '진짜'의 세계를 회복하기 위한 몸부림이 다름아닌 「환상수첩」의 서술인 것이다.

진/위에 대한 혼란의 절정에서 초점자 '나'는 부모님이 어렵게 마련해 주신 돈으로 '새로운 출발'을 위해 윤수와 함께 거문도로 여행을 가게 된다. 여행지에서 초점 인물 윤수는 고향에서의 윤수와 다르게 변모한다. '직업난에 지극히 엄숙한 자체로 「시인」이라고 써 넣는' 것에서부터 '나'는 고향에서 느꼈던 윤수에 대한 혼란이 사라지게 된다. 그리고 여관에서 만난 시기스 하는 여자 '미이'와 결혼을 하겠다는 부분에서 '나'는 '그들의 결합이 세상에서 제일 착한 것인지도 알 수 없다'는 극한의 감정을 느끼게 된다. 거문도에서 '나'가 만난 초점 인물 이씨 아저씨와 미아, 그리고 변모된 윤수는 모두 '나'가 끊임없이 찾던 '진짜' 자기 세계를 가지고 있는 사람들이다. 이씨는 삼십년 동안 서커스만을 하다 서커스단이 해체되는 마지막 공연에서 공중 비행의 곡예 도중 추락하여 죽는다. '나'는 이러한 이씨를 '행복을 맛본 최후의 사람'으로 느낀다. 이씨의 죽음을 통해 '나'는 나의 일생과 목숨을 기다리는 일을 진지하게 생각해 본다.

> 문학? 그렇지만 술집에서 추방당한 문학은 상상하기에도 싫었다. 서기? 대의원? 교수? 비행사? 오늘에 와서 그것들은 하나의 얼굴로서 견디어 낼 수 있을는지? (p.124)

나의 이러한 진지함은 '서울'과 '고향'의 혼란 속에서는 상상조차 할 수 없는 것이었다. 그러므로 「환상수첩」의 핵심 공간은 바로 여행지인 거문도라고 할 수 있다. 그러나 거문도의 여행 후 다시 '고향'으로 돌아오면서 '나'는 내가 긍정하고자 했던 '새로운 시작이나 「사랑」이나 「운명」' 같은 것을 철저히 부정할 수 없는 사건에 휘말리게 된다. 수영이 집에 간 '나'와 윤수는 수영이의 동생 진영이가 수영이에게 춘화를 사 가지고 간 동네 깡패들에게 윤간을 당했다는 소식을 듣게 된다. 그리고 그런 동생에 대해 아무런 죄책감도 느끼지 않는 수영을 보게 된다. 결국 거문도에서 '진짜'를 회복하고 온 윤수는 수영의 동생 진영을 윤간한 깡패들을 찾아내 그들과 싸우다가 죽고 만다.

> 윤수의 죽음은 아무리 생각해도 어설픈 미덕이었다. 아무런 보상 없는 세상에서 윤수의 죽음은 아무리 생각해도 무의미한 것이었다. ...(중략)... 모든 것을 지배하는 것이 무엇인 줄 알아채고 요리조리 미끄러 빠지며 처신해 가는 수영에 대한 증오가 나의 혼미한 정신 속에서 부글부글 끓었다. 신이 있어 윤수를 죽인 자를 가리키라고 했다면 나는 수영이를 지적하고 싶을 정도였다. 울분의 시간과 울분의 공간. 깨끗이 속아 넘어간 윤수. 바보. (p.128)

결국 초점자 '나'가 감내해야 하는 세계는 절대적인 악은 존재하지만('수영'에 의해 표상되는), 절대 '선'이나 '미덕', '진짜'의 세계는 존재하지 못하는 세계라는 것이다. 그러므로 초점자 '나'는 '무구한 어린애'와 같은 눈 먼 형기를 데리고 형기가 계속하여 가자고 조르던 바다로 간다. '나'에 의해 '선'의 가치로 파악되던 형기라는 초점 인물이 이렇게 황폐화된 세계에서는 존재할 수 없다고 나는 생각하고, '나'의 '진짜'를 찾는 방황을 포기함과 동시에 남아 있는 선(善)의 영역까지를 스스로 파괴하고자 하는 것이다. 이것은 앞서 살펴본 「乾」에서 자신의 세계를 포기함과 동시에 스스로 파괴하려는 적극적인 악에의 가담과 같은 맥락이라고 할 수 있다.

그리하여 나는 '나의 뼈를 긁어내는 듯한 파도 소리에 섞여서 형기가 마침내 미쳐서 쉴 새 없이 무어라고 중얼대는 소리를 듣고 형기와 잡고 있던 손을 놓아' 버린다. 결국 선의 영역에 속하던 형기마저 사라져 버리는 것이다. 그리고 수기 즉 내부소설은 여기에서 끝이 나고, 다시 액자로 돌아간다. 그리하여 독자는 내부소설의 초점자 '나'가 '무슨 생각이 들었던지 며칠 후 자살해 버렸다'는 액자의 초점자의 이야기를 듣게 된다. 그리고 내부소설의 '나'라는 인물(액자에서의 초점 인물)에 대해 액자의 '나'(액자에서의 초점자)가 가하는 '환상적인 기준을 만들어 두고 거기에 자기를 맞추는 바보 같은 놈'이었다는 비난과 '산다는 것, 우선 살아 내야 한다는 것. 그것이 바로 출발'이라는 액자 초점자의 확신을 듣게 된다.

액자의 초점자는 '살아 있음'을 가장 중요한 가치로 여긴다. 어떠한 형태로든 살아남는 것 자체가 중요하다는 논리이다. 그리고 이러한 논리를 펴는 액자의 초점자가 내부소설의 초점 인물인 '임수영'이라는 사실[13]은 바로 이러한 논리에 타당성을 주기도 한다. 간략히 정리하면,

---

13 「환상수첩」이 개제된 여러 작품집 중에 마지막에 '임수영 씀'이라고 분명히 밝혀진 곳과 그렇지 않은 작품집이 있다. 본고가 텍스트로 삼고 있는 최근의 자선 대표 작품집인 『누이를 이해하기 위하여』(청아, 1991)는 마지막에 '임수영 씀'이라고 겉 구조의 화자가 밝혀져 있다. 그러나 겉 구조의 화자가 '임수영'이라고 밝혀지지 않은 텍스트라 하더라도

내부소설의 서사에서 초점 인물들 중 초점자 '나'에 의해 '진짜'의 영역 즉, 선의 영역에 속해 있는 인물들은 모두 죽음으로 생을 마감하게 된다. 초점자인 '나'마저도 '진짜'를 찾는 데 실패하고 생을 마친다. 살아남은 인물들은 오영빈과 임수영 즉 초점자인 '나'에 의해 '악'의 인물로 파악된 인물들뿐이다. 그러므로 이 작품 「환상수첩」은 액자의 서사와 내부소설의 서사가 대립하는 형태를 띠는 것이다. 액자의 서사에서 지배적인 논리는 삶과 죽음 중 언제나 삶이 우위의 가치를 점하고 있다는 것이다. 그러나 내부소설에서는 삶과 죽음의 대립보다 더 절실한 것은 '자기만의 세계' 즉 훼손되지 않은 진짜의 세계라는 것이다. 이것은 '가장 선한 것'의 형태로, 또는 '진짜들의 세계'로 표출되는 것으로, 삶의 어떠한 가치들보다 우위에 있어야 하는 가치, 아니 삶을 넘어서는 가치라는 것이다.

그러므로 「환상수첩」에서 보여주는 1인칭 제한자 시점은 액자의 초점자와 내부소설의 초점자의 대립을 통해 인생의 양가적 가치를 독자 스스로 판단하게 하는 의미를 지닌다. 물론 작가의 가중치가 내부소설의 초점자에 더 가 있다는 것은 주지의 사실이다. 그리고 내부소설의 인물들의 파탄 자체가 바로 황폐한 세계를 그대로 드러내 보여주는 것이라고 해석할 수도 있다.

김승옥의 대표작인 「무진기행」 역시 자아를 찾는 도정을 보여주는 소설이다. 이 작품에서 초점자에 의해 파악되는 초점 대상은 앞서의

독자는 '이 수기의 처음에 나오는 오영빈이라는 친구나 찾아보고 그가 아직 살아 있다면 태초의 인간임을 자부하면서 술이나 들고 싶다'는 언급을 통해 겉 구조의 초점 화자가 임수영임을 추측할 수 있다.

작품에서 중요하게 다루어졌던 선/악의 구분에 의해서가 아니라, 초점자 '나'의 또 다른 모습이라는 것이다. 즉 '자아'의 분열 상태를 초점 인물을 통해 제시하고 있는 것이다.

> ❶ 역 구내를 빠져 나올 때 내가 본 한 미친 여자가 그 어두운 기억들을 홱 잡아 끌어당겨서 내 앞에 던져 주었다. (p.229)
>
> ❷ 갑자기 나는 이 여자가 나의 일부처럼 느껴졌다. 아프긴 하지만 아끼지 않으면 안될 내 몸의 일부처럼 느껴졌다. (p.246)
>
> ❸ 사랑하고 있습니다. 왜냐하면 당신은 제 자신이기 때문에 적어도 제가 어렴풋이나마 사랑하고 있는 옛날의 저의 모습이기 때문입니다. (p.254)

❶은 초점자가 무진에 도착하자마자 역에서 본 미친 여자를 통해 자신의 과거를 회상하며, 그 여자와 자신을 동일시하는 부분이다. 즉 미치는 방법 외에는 아무런 길이 없었던 초점자 '나'와 이미 미쳐 있는 초점 대상인 여자는 동일한 모습이라는 것이다.

❷ 역시 자살한 창녀의 시체에 대해 초점자 '나'가 느끼는 감정이다. 초점자 '나'가 '나'를 전무로 만들기 위하여 전무 선출에 관계된 사람들을 찾아다니며 그 호걸웃음을 웃고 있을 장인 영감을 상상하며 묘 속으로 들어가고 싶은 감정으로 이미 자아를 상실한 세계에 맞서 있을 때, '나'가 택하고 싶은 방법 중의 하나인 자살을 선택한 창녀의 시체 앞에서 초점자인 '나'가 그 창녀의 시체(초점 대상)를 '나'의 일부로 느끼는 것이다. 그러므로 이것은 분편화된 자아의 모습을 표출한 것이라고

볼 수 있다.

❸은 이러한 초점자인 '나'의 입장이 더욱 선명하게 드러나는 부분이다. 가장 중요한 초점 인물인 하인숙에게서 초점자인 '나'가 느끼는 감정은 물론 '사랑'이라고 표현되어 있다. 그러나 이 사랑은 하인숙이라는 대상의 본질을 파악한 사랑이 아니라 그녀에게서 '나'의 모습을 발견하였기 때문에 이루어진 사랑이다. 즉 훼손되지 않은 과거의 '나'로 돌아가고 싶어 하는 욕구를 하인숙을 통해 표출하고 있는 것이다. 그러므로 이때의 하인숙 역시 초점자 '나'의 분편화된 모습이라고 할 수 있다.

그러나 초점자인 '나'는 아내의 전보를 받고 '어렴풋이나마 사랑하고 있는 옛날의 나'를 버리고 부끄러움의 세계인 서울로 가고 만다. 그러므로 초점자인 '나'와 초점 대상인 '나'의 분편들과의 합치는 이루어지지 않는 것이다. '진짜'인 '나'를 찾는 도정은 그러므로 '진짜'를 회복하지 못한 훼손된 세계를 더욱 강하게 제시해 주고 있는 것이다.

결론
_ 자아의 분편화와 시점의 의미

지금까지 김승옥의 60년대에 발표한 대표작을 중심으로 '자아 찾기'라는 주제와 시점의 관련성을 중심으로 논의를 전개하였다. 지금까지 김승옥의 작품에 대한 파악을 작품 외부의 시대 상황과의 결부를 통해 이루려고 했던 것과는 달리, 본고는 작품 자체에서 보여주는 훼손된 세계에 대해 훼손된 논리로 대처하는 김승옥의 서술 방식을 자아의 분열을 통해 살펴보았다.

유년의 경험을 서술하는 「乾」, 「염소는 힘이 세다」, 「생명연습」 등에서 보여주고자 하였던 1인칭 제한자 시점의 의미는 유년의 자아라 하더라도 이미 황폐한 세계에 의해 분열된 모습을 형성할 수밖에 없다는 것이다. 그러므로 1인칭 시점은 유년의 자아 분열상을 드러내는 데 가장 효과적인 시점이다. 이러한 측면에서 본다면, 황폐한 세계에 파편화된 자아에게 선과 악의 구분이나 도덕적 가치, 가족의 윤리 등은 이미 무의미한 것이 된다. 그리고 이 점을 염두에 둔다면 김승옥 소설의 파행적 요소들은 쉽게 이해가 될 것이다.

「환상수첩」, 「서울 1964년 겨울」, 「누이를 이해하는 위하여」, 「力士」, 「무진기행」 등과 같은 일련의 '자아 찾기' 작품들에서 초점자인 '나'에 의해 끊임없이 제시되는 것은 진짜의 세계, 위악의 요소가 없는 진정한 나의 세계이다. 그러나 나의 이러한 추구는 이러한 세계를 추구하는 1인칭 제한자인 '나' 자신이 이미 파편화된 인물이라는 점을 드러냄으로써 추구될 수 없는 훼손되지 않은 자아의 회복은 이룰 수 없는 이상이라는 점을 암시하고 있다. 표면적으로 이러한 추구가 무화되어버리는 것은 위악적 인물(초점 대상)을 통해서나(「환상수첩」) '진실'을 가리는 나의 세속적 욕망(「무진기행」)으로 인한 것이다. 하지만 그 이면에 '나'는 이미 파편화된 인물로서의 징후를 갖추고 있다는 점을 '나'가 '나'에 대한 제시에서 드러냄으로써 서사의 핵심이 '나'에 의해 초점화되는 초점 대상에 있는 것이 아니라 초점자인 '나'에 있다는 것을 보여준다.

결국 김승옥의 작품들은 초점 대상을 초점자의 분편으로 대상화한 「무진기행」으로 쉽게 설명할 수 있다. 즉 작품의 질서는 분열되지 않은 자아를 찾아가는 도정을 그리고 있지만 사실은 이미 파편화된 자아라는 것을 보여주는 것으로 파악된다. 이때 다양한 형태로 사용된 1인칭 제한자 시점의 의미는 '파편화된 자아'의 모습을 드러내주기 위한 것이다. 그리고 이것은 가장 효과적인 시점, 다시 말해 가장 훌륭한 서사 전략이 되는 것이다.

참고문헌

자료

김승옥(1991), 『누이를 이해하기 위하여』, 청아출판사.

참고문헌

권택영(1991), 『소설을 어떻게 볼 것이가』, 동서문화사.

김　현(1980), 「구원의 문학과 개인주의」, 『다산성』, 흔겨레.

김병익(1960), 「60년대식 풍속변화 -김승옥의 작품세계」, 『신한국 문제 작가 선집』, 어문각.

김치수(1980), 「김승옥의 소설」, 『다산성』, 흔겨레.

유종호(1980), 「감수성의 혁명」, 『다산성』, 흔겨레.

이수정(1992), 『일인칭 소설의 '신빙성 없는 화자'에 대한 연구』, 서강대 석사 논문.

이어령(1980), 「죽은 욕망 일으켜 세우는 반유토피아」, 『다산성』, 흔겨레,.

이태동(1995), 「자아의 시선과 미망의 여로」, 『김승옥 문학상 수상 작품집』, 훈민정음.

정과리(1980), 「비극의 탁월한 제시, 또한 극복의지의 불투명성-「환상수첩」을 중심으로」, 『환상수첩』, 고려원.

정과리(1995), 「유혹 그리고 공포」, 『김승옥 문학상 수상 작품집』, 훈민정음.

정재석(1994), 『한국 소설에서의 유년시점 연구』, 서강대 석사 논문.

정현기(1980), 「1960년대적 삶」, 『다산성』, 흔겨레.

조남현(1982), 「미적 세계관의 입사식」, 『서울 1964년 겨울』, 삼중당.

조연현(1984), 「개체화의 추구」, 『한국현대문학전집』24, 삼성출판사.

천이두(1995), 「존재로서의 고독」,『김승옥 문학상 수상 작품집』, 훈민정음.

최혜실(1994), 『한국 현대소설의 이론』, 국학자료원.

하일지(1991), 『소설의 거리에 관한 하나의 이론』, 민음사.

Booth. Wayne C(1985), 『소설의 수사학』, 최상규 역, 새문사.

Genette Gerard(1992), 『서사담론』, 권택영 역, 교보문고.

Humphrey. R(1984), 『현대소설과 의식의 흐름』, 이우건·유기룡 역, 형설출판사.

Jacques Leenhardt(1995), 『소설의 정치적 읽기』, 허경은 역, 한길사.

Michael J.Toolan(1993), *Narrative: A Critical Linguistic Introduction*, 김병욱·오연희 공역, 『서사론』, 형설출판사.

Micke Bal(1985), *Narratology*, University of Toronto press.

Patrick O'nell(1994), *Fictions of discourse:reading narrative theory*, University of Toronto press.

Rimmon Kenan. S(1985), 『소설의 시학』, 최상규 역, 문학과 지성사.

Uspensky. Boris(1992), 『소설구성의 시학』, 김경수 역, 현대소설사.

여성적 자아로의 길 찾기
오정희 담론의 한 연구

들어가며

1968년 「완구점 여인」으로 등단한 오정희는 30년 가량의 작품 활동을 하면서 40편 정도의 작품을 발표한 과작의 작가이다. 그러나 그녀에게 과작이 결코 큰 흠이 될 수 없다는 것은 작품 한편 한편이 보여주는 세밀하고 빈틈없는 언어의 구사력과 시적 문체 등 그녀의 작품이 지닌 완벽한 구조를 이해한다면 쉽게 수긍이 된다. 오정희의 초기 소설에서부터 줄곧 나타나는 삶의 불구성, 낙태, 가족 간의 왜곡된 관계, 비정상적인 성장, 중산층 중년 여성의 심리적 갈등 등은 여러 논자들에 의해 다양한 시각으로 정리된 바 있다. 이러한 다양한 해석에서 가장 근본적인 오정희 소설에 대한 일치된 해석은 「완구점 여인」에서 「옛우물」까지 그녀가 꾸준하게 천착해 온 문제가 여성성 탐구의 문제라는 점이다.

그러므로 오정희 소설의 독법에 있어 여성 비평의 방법론의 적용이 유용하다는 것은 말할 나위 없이 당연한 것이다. 그러나 기존의 논의들 중 오정희가 창조해 낸 여성 인물들의 문제성을 텍스트 내부이든 바깥쪽이든 어떤 비평론적 틀에 기대어 해석한 작업은 드물다. 그리고 여성 비평적 시각으로 오정희의 작품을 분석한 글의 경우에도 주로 분석한 것이 오정희가 창조해 낸 여성 인물의 여성성만이 문제가 되고 있을 뿐이다. 다시 말해 오정희 소설의 문체나 시점, 서술자의 태도 등에서 여성성의 문제가 어떻게 제기되고 있냐는 점에 대한 논의는 거의 없다는 것이다. 오정희 소설의 문체적 특징을 시적 문체로 규정하거나 서술자의 의식/무의식의 혼용이 서술의 시·공간을 지배하고 있다는 분석은 오정희 소설 연구에 거의 기초적 분석이라 할 만큼 반복적으로 언급된 부분이다. 이러한 논의에서 오정희 소설의 특징으로만 밝혀 놓았던 부분, 그래서 이러한 오정희 소설의 특징이 구체적으로 그녀가 그토록 규명하고자 하는 여성성과 어떻게 관련되는가에 대한 논의가 이루어지지 못했던 부분을 밝히는 것이 바로 본고의 목적이다.

본고에서 오정희 소설을 읽는 틀로 마련한 것은 여성 비평의 다양한 시각들 중 포스트모던 페미니즘의 방법론이다. 다양한 페미니즘 사상들을 항목화해 보면, 자유주의 페미니즘, 마르크스주의 페미니즘, 급진적 페미니즘, 정신분석학적 페미니즘, 사회주의 페미니즘, 실존주의 페미니즘, 포스트모던 페미니즘 등으로 나눌 수 있다. 이 중 포스트모던 페미니스트들과 그 외 다른 페미니스트들과의 신가한 차이점은 포스트모던 페미니스트들은 하나의 예술 형식을 전개하고자 글을 쓰고, 다른 페미니스트들은 주로 여성들이 실제 세계에서 그들의 존재방식과 행동방식을 변화하도록 유도하기 위해 글을 쓴다는 것이다. 이 점이 바로 포스트모던 페미니즘이 비판받는 부분이기도 하다. 본고에서 다룰 포스트모던 페미니스트의 대표적 이론가로 줄리아 크리스테바, 루스 이리가라이, 엘렌 씩수스 등이 있는데, 이들은 모두 프랑스 비평가들이기 때문에 포스트모던 페미니즘은 "불란스 페미니즘"으로 부르기도 한다.

특히 줄리아 크리스테바의 기호 분석론의 개념들은 오정희 소설의 문체적 특성이나 오정희가 규명하고자 하는 여성성을 잘 드러내 주리라 여긴다. 본고에서 중심으로 삼고 있는 줄리아 크리스테바의 개념은 '말하는 주체(Speaking subject)'와 '코라(Chora)'의 개념이다. 줄리아 크리스테바의 주체 개념에서 가장 중심적인 위치를 차지하는 '말하는 주체'는 항상 '분열된 주체'로서 무의식과 의식의 동기화로 나누어지고, 생리학상의 생성 과정과 사회적 억압으로 나누어진 주체이다. 말하는 주체의 행동과 수행은 변증법적인 생성 과정의 결과인데, 어느 한 쪽을 강조함으로써 다른 쪽을 희생하고 무시하려는 생성 과정 자체를 말한다. 또, 이러한 말하는 주체를 크리스테바의 기호 분석론의 개념대로 설명하자면 상징계이고 기호계적인, 의식이면서 무의식인 그런 이질혼성적 모순성의 지배를 받는 분열된 존재이다. 바로 오정희 소설의 여성화자(젠더로서의 여성)가 크리스테바의 '말하는 주체'라는 것을 입증하는 것이 본고의 한 목적이다. '말하는 주체'의 개념과 함께 줄리아 크리스테바의 코라 개념을 통해 오정희 소설의 의식/무의식의 혼용이 설명될 것이다.

본고에서 오정희 소설의 총체적 특징(텍스트 외적인 특징, 텍스트 내적인 작중 화자의 여성성 등을 포괄한)을 줄리아 크리스테바의 이론과 연관하여 탐구하는 데는 크게 세 가지 이유가 있다. 먼저, 오정희 소설의 문체적 특징이기도 하고 오정희 자신의 글쓰기 습관이기도 한 시적 언어의 사용이다. 이러한 시적 언어의 사용에 대한 평가는 특히 줄리아 크리스테바가 다른 포스트모던 페미니스트들과 변별되는 한 특징으로 지배 계층으로부터 배제된 다른 그룹들과의 동맹 선상에서 여성을 파악하고, 그 주변부들의 사회 혁명을 자주 시적 혁명과 연결시켰다는 점에서 찾을 수 있다. 특히 크리스테바는 "20세기의 역사적 정치적 경험들이 사회 혁명과 시적 혁명이 분리되어서는 이루어질 수 없다는 것을 증명해 주었다"고 하여 시적 언어와 사회 혁명과의 관련을 강조하였다. 즉 오정희 문체의 한 특징인 시적 문체 자체가 하나의 '거부'나 '혁명'의 작용을 한다는 것이다.

다음으로 오정희의 근본적 특징인 '대상에 이름을 붙이지 않음으로써 하나의 가능태로 남겨두기' 또는 '도식으로 설명될 수 있는 모든 것을 혐오한다'는 분석을 통해 오정희의 근본적 자질이 바로 크리스테바가 말하는 언어의 '생산성' 혹은 '의미적 실천 영역'과 통한다는 것이다.[14] '고정된 것에 대한 본능적인 혐오, 거부'가 바로 줄리아 크리스테바와 오정희를 묶어 주는 하나의 연결 고리로 파악될 수 있는 것이다.

마지막으로 오염된 육체에 대한 부분이다. 이 부분 또한 줄리아 크리스테바의 기본 이론이기도 하고, 오정희 소설의 특질적 부분으로 지적되기도 하는 부분이다. 줄리아 크리스테바를 비롯한 엘렌 씩수스, 루스 이리가라이 등 포스트모던 페미니스트의 공통된 관심이기도 한 '육체'의 부분은(특히 줄리아 크리스테바는 배설, 피, 점액 등이 '저급한' 또는 비합리적인 혐오감의 근거라는 데서 다른 페미니스트들과 다소의 변별점을 보인다.) 남성 작가와는 다른 여성의 글쓰기의 한 특질로 이론화된다. 오정희 소설의 초기작에서부터 일관되게 나타나는 피의 문제나 불구의 몸과 같은 부분도 이러한 맥락에서 설명이 가능할 것이다(황도경 1991:65). (오정희는 특히 신체어를 빈번히 사용함으로써 의식의 감각화를 시도한 것으로 평가된다.)

그 외 광기의 문제 등도 하나의 큰 연결고리라 할 수 있다. 이 점에

---

14 크리스테바의 기호학은 기호를 접근하는 일련의 새로운 이론의 대두와 연관되어 있다. 시니피에/시니피앙, 랑그/파롤 등 이분법에 입각한 기호학적 모형에 대한 비판에서 시작해 기호학의 원칙들을 재구성하고자 한 것이 크리스테바의 의도였다. 크리스테바의 근본적 성격은 바르트의 "줄리아 크리스테바는 사물의 위치를 전이시킨다. 그녀는 마지막 남은 편견, 즉 우리가 굳게 믿고 자연스럽게 여기는 그 편견을 파괴한다. 그녀는 강요된 의미, 즉 바보스럽게 이미 말해진 것들을 전복시킨다. 그녀는 또한 과학의 권위, 독백주의의 권위, 혈통의 권위를 전복시킨다"와 같은 언급에서 잘 알 수 있다(유지나 1991:87-95).

대해서는 특히 오정희 소설의 한 특징으로 광기의 언어를 짚어낸 김경수의 타당한 지적이 있었다(김경수 1995:54). 다만 그의 분석은 페미니즘적 시각을 그 이론의 틀로 한 비교적 정치한 분석이었지만 광기 자체를 하나의 '심리적 상처'로만 인식하고 그 상처를 통해 여성적 특징을 찾고자 하였지, 그 자체를 '거부'나 '혁명'으로 연관시키지 못한 점은 한계로 지적될 수 있다. 즉 유년기의 심리적 트라우마에 의해 성인이 된 여성 화자가 표출하게 되는 광기(언어와 행위를 포괄하는)는 바로 크리스테바가 지속적인 관심을 가지는 말하는 주체의 혁명으로 작용할 수 있는 것이다.

이러한 점들을 연계 고리로 하여 본고는 줄리아 크리스테바를 중심으로 한 포스터모던 페미니즘을 그 이론의 틀로 하여 오정희 소설을 그 초기작에서부터 최근작인 『옛우물』까지를 다시 읽고자 한다. 그리하여 그 지속적인 맥과 변이 양상을 여성주의 비평의 관점에서 찾고자 한다.

침묵, 발설, 뒤엉킨 이야기들
_ 오정희식 담론의 문체적 특징

"결국 십오 년 칠 개월을 산 셈이군요."

"내가 열다섯 살 때의 일이군요."

내가 열다섯 살 나던 해 어느 날 그는 살인을 했다. 십오 년 전, 노파는 사진틀 속의 어느 날일지도 모른다. 라디오에서는 뉴우스가 끝나고 내일의 날씨를 예고하고 있었다. 나는 십오 년 전의 동일한 어느 날 경험한 갖가지 다른 일들을 생각했다. 비가 오거나 눈이 오거나

> 아주 맑은 날이었거나 혹은 흐린 날이었을 것이다. 사내는 살인을 하고 노파는 들놀이를 나갔고 나는 해당화 꽃잎을 붙이고 해변의 솔밭에서 치마를 걷었다. 머리를 깎이겠느냐, 집에서 내쫓기겠느냐. 젖통도 덜 여문 것이 벌써부터 사내를 밝히다니. 머리를 깎이느니 집에서 내쫓기는 편이 백배나 나았다. (『미명』15, p.334)

위의 인용에서 보이는 것처럼 오정희 소설의 주인공들은 서로 대화하지 않는다. 누군가의 이야기를 통해 자신의 과거를 회상하거나, 소통되지 않는 언어들로 서로 자신의 이야기만을 할 뿐이다.

즉, 오정희 소설의 주인공들(대개 여성 주인공들이다)이 취하는 언술 형태는 두 가지 정도의 경향으로 나타난다. 하나는 다분히 수동적인 자세로 주변의 사람과 사물, 그리고 자신의 욕망까지도 가만히 응시하는 자세이며, 다른 하나는 「꿈꾸는 새」, 「어둠의 집」, 「야회」 등의 작품에서 두드러지는 특징으로 '발설'의 형태가 그 하나이다. 즉 '침묵'과 '발설'로 표출되는 인물의 언술이 바로 오정희 소설의 서사적 특징이다. 이 두 가지 형태는 그 표출 형태가 다름에도 불구하고 닫힌 세계의 폐쇄성이나 인물의 자폐 현상을 의미하고 있다.

흔히 여성 담론의 특징으로 규정되는 '침묵'은 신화적 상상력인 카산드라의 거세(Geyer-Ryan 1994:43)에서 보여주는 것처럼 지배적인 남근중심의 담론에 의한 '억압'을 상징하는 것이다. 여기에서 한 걸음 나아

---

15 제3세대 한국문학 13『오정희』, 삼성출판사, 1983. 이하의 작품 인용은 특별한 注가 없는 한 이 책으로 하고, 페이지 번호만 적는다.

가 여성의 담론에서 보여주는 이러한 '침묵'을 억압 이상의 것으로 파악하는 것이 포스트모던 페미니스트들의 입장이다. 이들에게 있어 '침묵'과 여성의 '변덕스러운 수다'(본고에서 언급하고 있는 '발설'과 같은 맥락이다)는 그 자체로 여성 담론의 특징일 뿐 아니라 지배적인 남근 중심의 담론에 대한 거부와 혁명의 형태라 할 수 있다.

> "그녀는" 그 자신 속에서 무한히 타자이다. 그렇기에 의심의 여지없이 그녀는 종잡을 수 없고, 이해하기 힘들고, 흥분 상태이고, 변덕스럽다는 말을 듣는다... "그가" 어떤 조리 있는 의미를 찾아낼 수 없도록 남겨 둔 채 "그녀"가 사방팔방으로 출발해 버리는 그녀의 언어는 물론 말할 것도 없다. 그녀의 말은 모순이 많고, 이성의 관점에서 보면 다소 광기가 있으며, 고도의 정교한 코드를 구비하고 이미 만들어진 틀을 지니고서 그녀의 말에 귀 기울이는 사람들에게는 들리지 않는다(Irigaray 1992:29).

오정희의 주인공들이 표출해 내는 광기의 언어에 대한 분석은 이미 있어 왔다. 오정희의 이러한 광기의 언어 자체가 여성적 담론의 한 특징일 뿐 아니라 이리가라이가 주장하는 남성 담론의 지배적이고 고정적인 틀을 가지고는 이해할 수 없는 보다 다층적이고 심층적인 언술이다. 오정희의 '침묵', '발설'의 언술은 그러므로 그 자체로 지배적인 질서에 대한 '거부'를 상징하는 기능 뿐 아니라 오정희의 작품이 얼마나 많은 다층성을 가지고 있나를 보여주는 것이다. '소통되지 않는 대화' 역시 지배적인 남성 담론의 체계 속에서 여성이 얼마나 부자유스러운가를 나타내 주는 한편, 여성의 다층적인 언술이 남근 중심의 대화 회로 속에서 이해되지 못함을 보여주고 있다.

오정희 소설의 독법을 어렵게 만드는 또 하나의 문체적 특징은 의식/무의식, 시간/공간, 현재/과거의 서사적 혼용이다.

> 그는 상영 도중 극장을 나왔다. 밖은 여전히 대낮이었다. 해를 따라 걸으며 그는 머릿속의 안개를, 그 비현실감을 걷어내려는 듯 자꾸 머리를 흔들었다. 고깔모자를 쓰고 미친 듯 춤을 추던 검고 흰 사람들, 초라하고 피로에 지친 만삭의 임부, 울고 있는 아이, 그것은 어제의 일이던가, 조금 전의 일이던가, 아니면 내일의 일인가. 어제와 그저께와 또 훨씬 이전, 자신의 몸을 빌려 지나갔을 어느 한 생(生)의 기억과 구별 할 수 없는 똑같은 길을 걸으며 그는 비로소 자신이 왜 울었던가 알 것 같았다. 아들 때문이었다. 그가 희구하는 평화로운 삶, 아들이 살기를 바라는, 그러나 아들 역시 실패하고야 말 삶, 그럼에도 사람들이 살아가는 모습의 어쩔 수 없는 아름다움 때문이었다. (「별사」, p.31)

위의 인용 작품 「별사」는 특히 이러한 시간의 혼용으로 인해 작가가 표출하고자 하는 '죽음'이 현실인지 비현실인지, 현재인지 과거의 사건인지를 모호하게 한다. 오정희 작품의 이러한 모호성은 어디에서 유래된 것일까? 그 가장 기본적인 핵심은 '의식의 흐름'을 통해 사건을 기술하지만 이러한 의식의 흐름을 방해하는 무의식의 작용으로 인한 것이다. 이런 무의식을 흔히 '유년기의 상처'로 해석하는 경우가 많은데, 오정희의 작품들 중 무의식의 장애에 대한 해답이 텍스트에 그대로 제시된 것은 「바람의 넋」 정도밖에 없다. 그러나 이 작품을 염두에 두고 오정희의 모든 작품을 '유년기의 상처', 그것도 전쟁으로 인한 상처로 해석하는 것은 상당히 위험한 것이다. '무의식'이 그렇게 단순히 풀어질 수 있는 것이 아니며, 오정희에게 있어 중요한 것은 이러한 무의식의 작용이 어떠한 의미를 가지고 있냐는 것이지, 도식으로 설명될 수 있는 유년기의 체험이 아니기 때문이다.

오정희 작품에 나타나는 의식/무의식, 시/공간의 혼재를 크리스테바의 용어로 설명하자면 기호계적 코라의 작용, 즉 코라의 영역에 속하는 것이다. 크리스테바는 라캉의 주체 형성 이론[16]과 텍스트 생산 이론을 함께 사용하여 무의식을 분석하고 있는데, 라캉의 상상계는 크리스테바에게서 기호계로 불린다. 그녀는 '말하는 주체'를 기호계와 상징계로 분열되어 있는 주체로 보면서 의식과 무의식, 비의식(지배적 이데올로기, 사회의 신화와 관련된 편견들의 체계)까지도 포함한 주체로 본다. 초월적 자아로서 통합된 주체가 대상들과 진리를 자각하는 매개물로서 통사론을 지적하면서, 그러나 합리적 이성만으로 모든 사물들을 전문적으로 다루기는 어렵고 이성은 그것을 전복시키려는 쾌락의 소음들이나 웃음, 그리고 시들의 소음에 의해서 위협을 받는데, 육체 안에 있는 본능적 충동들과 심리적 충동들이 흘러다니는 공간을 플라톤의 코라 개념과 연관시키고 그것을 기호계적 코라라고 부른다.[17]

---

16 라캉은 인간의 주체성이 형성되는 것이라는 것을 보이기 위해 '거울 단계'를 말한다. 인간은 실재계-상상계-상징계를 통해 주체가 형성되어 가는 존재이다(김승희 1991:54-62).

17 크리스테바는 코라의 특성을 기본적으로 운동적이고 운동과 그 정지에 의해 구성되는 잠정적인 분절로 본다. 크리스테바는 플라톤의 코라를 흄설의 '물질'이나 헤겔의 '힘'과 유추적인 것으로 보면

결국 기호계적 코라의 작용으로 인해 주체(여기서 주체 역시 크리스테바의 개념대로인 '말하는 주체'이다. 이 점에 대해서는 다음 장에서 더 자세히 다루기로 한다)는 의식의 흐름으로 일관된 현실계에 존재할 수 없게 되고, 과거와 기억할 수 없는 과거(오정희는 이런 식의 표현을 자주 쓴다)인 무의식 속으로 침잠과 떠오름을 반복할 수밖에 없는 것이다. 특히 오정희 소설에서 무의식으로의 '침잠'의 배경에는 언제나 '소리', '냄새', '빛깔' 등이 그 연결고리로 사용되고 있다는 점을 통해서도[18] 기호계적 코라의 역동성을 느낄 수 있다.

결국 오정희 소설의 의식/무의식의 혼재나 과거/현재의 시간 병치는 하나의 서사 전략일 뿐 아니라, 오정희 소설의 주체가 상징 언어의 주체인 단일성 주체가 아니라 끝없는 기호적 코라의 의미작용(무의식적 작용)에 의해 그 정체성이 교란받고 도전받는 주체, 즉 상징계와 기호계의 변증법적 과정 중에 있는 말하는 주체라는 것을 드러내 주는 것이다.

코라의 역동적 작용을 설명하기 위해 흔히 코라를 '물'의 형태로 설명하기도 하고, 어떤 물질이 담겨지기 이전의 '용기'로 설명하기도 한다. 이런 점에서 볼 때 오정희 소설에 끊임없이 나타나는 '물'의 이미지도 모성성의 모습뿐 아니라 코라의 모습이라는 유추도 가능한 것이다. 상징 질서에 속하기 이전의 '욕망'의 모습, 이것이 곧 '물'의 형태이며 크리스테바의 코라의 모습이다.

서 프로이트가 일차 과정이라 부른 생체 에네르기의 충동 그 자체인, 인간의 생물적 심적 실존과 동일시한다. 자아 분화, 대상화, 언어 습득 인정의 단계가 바로 기호계이며 이것이 기호적 코라와 동일시되어 사용된다(위의 논문, p.87.).

18 예를 들어 '호각소리', '불을 꺼요', '라디오 소리' (「어둠의 집」 등과 같이)

말하는 주체의 혁명

크리스테바의 '말하는 주체'의 개념에서 특히 중요한 것은 '혁명'이라는 개념이다. 크리스테바에게서 공식적인 언어의 코드에 이의를 제기하는 것은 공식적인 사회-정치-문화 코드의 부인과 상통한다. 바로 이런 의미에서 위반 그 자체로서 정의되는 시적 언어, 초월로서의 텍스트는 '혁명'이 될 수 있는 것이다.

오정희 소설의 '말하는 주체'의 혁명 역시 공식적인 질서에 대한 거부의 형태로 나타난다. 가장 크게 나타나는 것이 가부장적인 지배 질서에 대한 거부와 그러한 거부의 한 단면으로 오정희 소설의 부차적 모티프가 되고 있는 '동성애', '불구'의 모티프이다. 또 하나의 거부는 '모성성'에 대한 거부인데, 이러한 모성성 역시 강요된 '모성'에 대한 것이다. 이 역시 지배적 질서에 대한 거부라고 볼 수 있다.

아버지의 질서에 대한 거부

오정희 소설에서 나타나는 '아버지'의 모습은 부재중이거나 (「유년의 뜰」, 「바람의 넋」 등) 등장한다 하더라도 큰 역할을 하지 못하는 모습(「중국인 거리」 등)이다. '집'으로 상징되는 아버지의 질서에 대한 본능적 거부로 나타나는 것이 「유년의 뜰」에서 보여주는 노랑눈이의 거식증이다. 이야기 초반에 이발하는 장면에서 노랑눈이는 이발사의 머릿기름 냄새에서 기억을 더듬고, 끝내는 그것이 아버지의 기억이라는 것을 떠올리지만 구체적인 장면으로 기억하지는 못한다. 그러면서도 그녀는 작품의 중반부에서 오빠와 어머니의 갈등을 목격한 뒤에 아버지의 귀가 가능성을 떠올리고는 그 생각만으로도 불안해 한다. 끝내 작품 말미에서 아버지가 학교로 찾아왔다는 말을 듣고 난 다음에는 아버지에게 곧바로 가는 것을 거부하는 양태를 보인다. 텍스트 내에서 '먹을 생각밖에 없는' 아이로 치부되던 노랑눈이가 아버지에게 뛰어가는 언니의 모습을 보고, 교장실에서 몰래 훔쳐 먹은 케이크 때문에 욕지기를 느끼고 먹은 것을 토해 내는 장면은 바로 아버지에 대한 거부를 축약적으로 제시한 것으로 볼 수 있다.

성인 화자의 아버지에 대한 거부가 나타나는 작품으로 「저녁의 게임」이 있다. '다산'(아버지의 생각) 혹은 '아버지의 문란한 생활'(딸인 작중 화자의 생각)이 원인이 되어 돌아가신 어머니를 사이에 두고 아버지와 단둘이 사는 작중 화자는, 공사판을 떠도는 익명의 남자와의 성교(매춘을 흉내낸)를 통해 아버지에 대한 거부를 나타낸다. 그녀는 '반도덕적인 성윤리'를 통해 아버지의 질서에 대한 거부를 나타내고 있는 것이다.

본고에서 언급하고자 하는 것은 이상과 같이 구체적으로 아버지에 대한 '거부'의 모습이 나타나는 텍스트만이 아니라 오정희 소설의 커다란 모티프를 형성하고 있는 불구의 삶, 동성애, 성적 윤리의 파괴 등이 바로 '말하는 주체'가 행하는 상징적인 질서, 즉 아버지의 법에 대한 거부이자 혁명이라는 것이다.

「완구점 여인」에서 주인공은 그녀의 동생과 동일시되는 여인과 동성애를 즐기며[19], 「산조」에서 주인공인 장구잡이는 어린애와 남성끼

---

19 이점에 대해서는 "성인 여성이 잠재력-권력-의 굴레를 벗어날 수 있는 한가지 방법은 레즈비안

리의 동성애를 즐긴다. 또 「관계」에서는 시아버지와 며느리 사이의 성적 관계가 암시되며, 「봄날」에서는 남편의 친구와의 그것이 시도되다 좌절된다. 그러나 기이하게도 그러한 비윤리성에 대해 작중 인물 누구도 죄책감을 가지지 않는다. 그 이유가 무엇일까? 김현(1977:98)의 지적대로라면 "윤리의 파괴가 그 윤리를 지탱하고 있는 가족제도의 소멸을 의미하는 것이라면, 오정희 소설의 주인공들은 바로 그 가족제도의 소멸을 원하고 있다"고 할 수 있고, 바로 그러한 이유로 인해 가책을 느끼지 않는다고 할 수 있다. 김현이 지적한 '가족제도'라는 것이 바로 '가부장적 질서'에 의해 제도화된 가정의 질서인 것이다. 이런 질서에 대한 본능적 거부, 그리고 가부장적 질서의 불합리에 대한 뼛속 깊은 증오를 통한 '혁명'이 바로 크리스테바의 '말하는 주체의 혁명'이라 할 수 있다.

그러므로 오정희가 제시하는 모든 불구적 삶과 비윤리적 일상은 바로 '도식화된 것', '질서화 된 것'의 불합리성을 인정하고 그러한 불합리성을 전복하기 위한 말하는 주체의 '혁명'의 다른 이름인 것이다. 즉 진정한 자아를 찾기 위해 행하는 주인공의 의식/무의식의 표출 이면에는 '우리가 소비하고 있는 시간 안의 숨 막힐 듯한 범속함', '괴어 있는 물의 진부함'으로 표현되는 되는 고정되고 각질화된 가부장적 지배 이데올로기에 대한 거부가 숨겨져 있다고 할 수 있다.

적, 자기발정적 관행을 실천하는 것이다."(이리가라이)와 같이 포스트모던 페미니즘에서 이야기하는 나르시즘적 성교와 관련되는 것이기도 하다.

강요된 모성성에 대한 거부

오정희 소설의 중요한 모티프 중 하나가 낙태 모티프와 그와 유기적 관계에 있는 영아 상실의 모티프이다. 이러한 모티프를 김경수는 여성적 광기의 표상으로 지적하고 있고, 황도경은 부서진 육체(훼손된 몸)의 상징으로 보고 있다. 오정희 소설에 나타나는 낙태(태아 살해), 영아 상실의 구체적 모습은 작품집 『불의 강』에 주로 집중되어 나타난다. 「불의 강」의 여주인공은 이태 전에 돌 지난 지 얼마 안 된 아이를 탈수증으로 잃어버린 여성이며, 「미명」의 여주인공은 한 달 전 보호소에서 아이를 낳았으나 아이를 기를 여건이 못 되어 아이를 남에게 넘기고 현재에는 거동하지 못하고 누워 있는 노인을 간호하러 노인의 집에 와 있는 여성이다. 또 「봄날」의 여주인공은 자신을 버리고 떠나 버린 사내의 아이를 임신 6개월째에 지워 버린 여성이며, 「번제」의 여주인공은 임신의 징후를 깨닫고는 바로 아이를 낙태시켜 버린 여성이다. 이들 여성은 각각의 상황에서 다소에 차이는 있으나 공통적으로 태아 살해에 대해 심한 자책감을 느끼지 않고 있다고 볼 수 있다. '낙태' 장면을 묘사한 「번제」의 한 부분을 보자.

> 나는 결심했다. 아이를 죽여 버리기로 작정한 순간 나는 이미 두 손에 피를 잔뜩 묻힌 듯 섬뜩한 느낌이 들었고 피를 흘리며 죽어 가는 어린양의 모습을 본 듯하였다. 나는 이 일을 조용히 은밀하게 해치울 수 있었다. 그것은 너무도 쉽게 치러진 것이어서 오히려 어머니가 이러한 것을 제물로서 기뻐하고 있는 게 아닌가 의아할 정도였다.
>
> 에테르로 마취 당해 수술대로 옮겨지며 어머니, 내가 어떻게 자

> 식을 낳아요, 라고 떠들어대는 내 목소리를 뚜렷이 의식했다. 어린 양을 잡아 그 피를 문설주에 바르고... 나는 엄청난 작위에, 전혀 비극적일 수 없는 자신에 절망을 느꼈다. 우리는 이미 신의 자식이 아니다... 아이가 살해되고 있는 동안 나는 줄곧 그의 말을 되뇌이고 있었다. (「번제」)

김경수는 이 작품에서 보이는 여성의 낙태에 대한 의식을 '광기'의 모습으로 파악하고, 그녀가 어머니가 될 위치에 도달한 순간 아이를 지우기로 결심한 심리적 계기가 어머니와의 일체감이 깨지고 있다는 두려움 섞인 자각이었다는 것으로 파악하고 있다. 그리하여 아무런 죄책감 없이 아이를 지우기로 결심했다는 것이다. 그러나 오정희 소설의 다른 작품들에서 보이는 '어머니'의 모습 또한 그렇게 긍정적인 모습이 아니라는 점을 고려할 때(이 점에 있어서 '아버지'의 모습과 유사하며, 이러한 맥락에서 김현, 성민엽 등은 가족제도의 파괴로 지적했다) 여기에서 '어머니'는 작중 화자가 도달하고자 하는 원망 공간으로서의 모성 즉 어머니가 아니라 '진정한 자기의 모습'이라고 할 수 있다. 즉 무의식의 욕망('익사'의 공포에 대한 표출은 코라의 작용을 통한 기호계의 모습을 드러낸 것이다)으로 표출되는 '진정한 자아'인 것이다. 그러므로 「번제」에서 말하는 주체인 여주인공은 '진정한 자아'과 '태아' 사이에서 '자아'을 선택한 것이다. 준비되지도, 형성되지도 않은 상태에서의 '모성', 즉 자연적인 것이라고 강요하는 '모성' 대신에 '자아'를 선택한 것이다. 이러한 점은 '모성'은 타고나는 것이라는 기존의 질서에 대한 전복이라 할 수 있다. '죄책감' 없는 낙태 행위를 통해 우리는 오정희의 여성 화자들이 '단일성 주체'가 아니라 '말하는 주체'라는 사실을 다시 한 번 확인하게 되는 것이다.

「봄날」의 여주인공 역시 '낙태' 행위 뒤에 오는 심리적 동요를 무의식적으로 '바다'와 연관시킨다. 그녀는 현재 남편과 결혼하여 생활을 유지하고 있지만, 그 시점 전에 자신을 떠나 버린 사내의 흔적인 6개월 된 태아를 '흑판에 가득 쓰인 글씨를 지우개로 쓰윽 지우고 탁탁 털어 버리'듯이 지워버린다. 그러나 그녀는 그 사건이 있고도 여러 해가 지난, 현재 시간까지도 자신이 '여섯 달짜리 태아의 망령에서 놓여나지 못하고 있'다고 생각하고 그것을 '일종의 잠재성 간질'이라고 까지 생각한다. 그리고 이러한 원초적 위기감을 경험할 때마다 '구태어 여행이라고 제목을 달 것도 없이 잠깐 바다엘 가자꾸나'하고 자신을 달랜다. 여기에서 '바다'는 원초적인 자신의 모습이다. 즉 코라의 모습이다. 오정희의 말하는 주체가 거부하는 '강요된 모성'의 모습이 아니라 자신이 욕망하는 '모성'의 모습인 것이다. 이런 점에서 「봄날」의 '바다'는 다른 작품들의 '물'의 이미지와 다소의 차이가 있으며, 이러한 차이가 오정희의 후기 작품(「옛우물」)으로 이어지는 큰 맥락이 된다고 볼 수 있다.

앞서 언급했듯이 오정희의 말하는 주체가 '거부'하는 '모성'의 모습은 '강요된 모성'이다. 이러한 '강요된 모성'에 대한 거부의 형태로 태아 살해, 영아 살해를 들 수 있다. 물론 그러한 모티프는 그 자체로 의미가 있는 것이 아니라 무의식의 층위에 어떻게 작용하느냐 하는 것이 중요하다. 앞서 「봄날」이나 「번제」의 예에서 보았듯이 이러한 모티프는 원형적 무의식('바다'로 표상되는) 즉 기호적 코라로 작동할 수 있게 해 준다. 이러한 코라의 작용으로 인해 '말하는 주체'는 자신에게 강요되는 모성이 자연적인 것인지 지배적 이데올로기에 의해 강요된 것인지를 알고 '거부'하거나 받아들이는 태도를 취하는 것이다. '강요된 모성성'에 대한 말하는 주체의 거부는 '어머니'의 다산에 대한 거부의 형태로도 표출된다.

> 안방에서는 어머니가 산고의 비명을 지르고 있었으나 나는 이층으로 올라갔다. 그리고 숨바꼭질을 할 때처럼 몰래 벽장 속으로 숨어 들어갔다. 한낮이어도 벽장 속은 한 점의 빛도 들지 않아 어두웠다. 나는 차라리 죽여줘라고 부르짖는 어머니의 비명과 언제부터인가 울리기 시작한 종소리를 들으며 죽음과도 같은 낮잠에 빠져들어 갔다.
>
> 내가 낮잠에서 깨어났을 때 어머니는 지독한 난산이었지만 여덟 번째 아이를 밀어내었다. 어두운 벽장 속에서 나는 이해할 수 없는 절망감과 막막함으로 어머니를 불렀다. 그리고 옷 속에 손을 넣어 거미줄처럼 온몸을 끈끈하게 죄고 있는 후덥덥한 열기를, 그 열기의 정체를 찾아내었다.
>
> 초조(初潮)였다. (「중국인 거리」, p.242)

위의 인용에서 알 수 있듯이 이 작품의 여주인공 '나'의 '여성됨'의 각성은 그 어머니의 삶의 양태와 밀접하게 관련되어 있다. '나'는 여덟 번째로 아이를 낳는 어머니의 삶을 '동물적인 삶'으로 파악하고 어머니에 대한 '나'의 기본 입장은 강요된 다산(이러한 점에 있어 아버지에 대한 부정성은 더욱 증폭된다)에 대한 거부와 함께 '동정'의 감정이 지배적이다. 어머니의 현실적 다산(이 역시 강요된 모성으로 파악할 수 있다)과는 대립되는 위치에 할머니의 잠재적 다산이 자리 잡고 있다.[20] 기생 출신으로 한 번도 아

---

20 「유년의 뜰」에서 할머니와 개울에서 머리를 감던 노랑눈이는 자신의 눈에 띈 할머니의 몸에 대해 "할머니의 벗은 몸을 보는 것은 처음이었다. 시들고 메마른, 거뭇거뭇 꽃이 핀 팔다리와는 달리 속살은 눈부시게 희고 특히 어머니처럼 다산의 흉한 주름이 없는 배는 둥글고 풍요했다"로 묘사하고 있다.

이를 낳아 보지 못한 할머니의 '둥글고 풍요한' 배는 어머니와 대조되는 특징인 반면 '강요된 다산'이 아니라 자연스러운 '다산'을 잠재하고 있는 상징인 것이다. 이러한 '잠재성'에 더 가치를 두는 '나'의 언술이 바로 말하는 주체의 표출인 것이다. 즉 기호계와 상징계의 과도기적 존재로 모든 가능태를 표상하고 있는 주체의 '잠재성에 대한 동경'은 당연한 맥락인 것이다.

그러므로 오정희 소설에 나타나는 물의 이미지 중 훼손된 물은 훼손된 어머니 즉 다산으로 인한 '죽음'으로 연결되는[21] '강요된 모성'으로서의 어머니이다. 반면 '바다'의 형태로 표상되는 물의 이미지는 '다산'의 가능성을 간직하고 있는 '할머니'의 모습 혹은 서술자(말하는 주체)의 욕망의 영역이 된다. 즉 오정희의 말하는 주체가 '거부'하는 것은 모성성 자체가 아니라 지배적 이데올로기(가부장적 이데올로기)에 의해 강요된 '모성'인 것이다.

결론
_ 진정한 자아의 추구

크리스테바는 사회가 저급한 것(문화에 의해 변두리화되거나 억압당한 것)과 화해하기를 원했다. 광기, 비합리적인 것, 모성적인 것 그리고 성적인 것에서 발견되는 주변부화된 담론들을 그들의 혁명적인 힘을 언어로 발

21 「유년의 뜰」, 「중국인 거리」「저녁의 게임」 등에 나타나는 어머니는 죽음과도 같은 산고를 치르거나 실제로 다산으로 인해 죽음을 맞게 된다.

산해야 한다고 했다. 그러므로 여성의 담론이 중요한 것이 그 담론이 가진 '주변부'로서의 힘에 의한 것이라고 할 수 있다. '광기'의 언어 또한 이러한 맥락에서 해석이 가능하다. 그러므로 오정희 소설이 가지고 있는 '신비한 힘'은 바로 주변부로서의 힘인 것이다. 지금까지 본고에서 살펴본 것은 그러므로 이러한 주변부의 '힘'을 혁명으로 이끄는 말하는 주체의 영역에 다름 아니다.

오정희 소설의 말하는 주체는 그 담론의 형식에서부터 아버지의 질서, 강요된 모성성에 대해 다양한 변이 형태를 띠면서 '거부'의 모습을 보여주었다. 오정희 소설에 혼재한 의식/무의식의 층위와 과거/현재의 시간의 혼용은 바로 기호적 코라의 작용에 의한 것이며 이러한 코라의 작용을 통해 우리는 말하는 주체의 '거부'와 '혁명'을 파악할 수 있었다. 그리고 이러한 코라의 영역으로 인해 우리는 오정희의 진정한 자아 탐색으로 할 걸음 더 나아갈 수 있었다.

앞서도 언급했듯이 오정희의 말하는 주체가 거부하고자 하는 것은 모성성 자체가 아니라 강요된 모성성의 모습이다. 그러므로 '할머니의 배'를 통해 알 수 있듯이 긍정적 모성성의 모습 또한 후기로 갈수록 오정희의 작품들 속에 빈번히 등장한다. 「옛우물」에서 상징화된 우물이나 금빛 잉어의 상상력은 바로 건강한 모성의 표출인 것이다. 즉 오정희는 유년기로의 침잠(코라의 작용에 역동성을 부여하는)이라는 같은 서사 전략을 쓰면서 초기 작품들에서 다루었던 어두운 상처보다는 밝고 건강한 기억의 조각들을 끌어내고 있는 것이다. 이러한 기억의 편린들(혹은 코라의 작용으로 인한 기호계적 분편들)을 통해 건강한 모성성을 확립해 가는 것이다.

오정희는 실제 경험에서 자신과 세상을 연결시키는 통로로 '아이'

를 인식하는데,[22] 이러한 인식은 바로 건강한 모성성 확립의 기반이 된다고 할 수 있다. 또, 실제 생활에서의 이러한 건강한 모성성은 바로 오정희의 작품으로 이어지는데, 오정희의 또 다른 고백을 들으면 우리는 그 점을 확신하게 된다.

> 나는 어떤 종류일까, 문학이 구원이 되리라는 생각은 하지 않지만 달리 할 줄 아는 일도, 하고 싶은 일고 없기에 그것이 가치 없는 일이라 할지라도 단지 도락이라 할지라도 나는 글쓰기를 원할 것이다. 그것이 나로서는 가장 확실한 세상과의 통로, 타인과의 통로이고 화해라는 믿음이 있기 때문일 것이다.[23]

오정희의 이러한 고백을 통해 우리는 오정희에게 아이=글이라는 의미를 발견할 수 있을 것이다. 문학이라는 형태와 모성을 연계할 때의 건강한 모성, 그리고 건강한 글쓰기가 바로 오정희가 지금껏 찾아온 자아의 참모습이 아닐까? 그런 점에서 오정희의 「옛우물」은 오정희 문학 세계의 한 획이 될 것이다. 건강한 모성성을 가지고 진정한 자아를 찾는 오정희의 진정한 말하는 주체로서 '여성'의 모습을 기대한다.

---

22 오정희, "나의 소설, 나의 삶"에서 오정희는 "아이는 내게 세상과 나를 잇는 통로였고. 아이에 대한 사랑을 통해 새상의 아름다움과 사랑과 슬픔을 보게 되었다"고 고백한다.

23 오정희, "나의 소설, 나의 삶", 『작가세계』, 1995, 여름호, p.109.

참고문헌

자료

제3세대 한국문학 13『오정희』(1983), 삼성출판사.

『옛우물』(1994), 청아출판사.

참고문헌

권영민(1982), “동시대의 꿈 혹은 고통”, 『문학사상』.

______(1978), “현실적 상화아과 소설적 상상력”, 『문학과 지성』.

권오룡(1985), “원체험과 변형의식”, 『우리세대의 문학』.

김경수(1994), “여성성의 탐구와 그 소설화-오정희론”, 『문학의 편견』, 세계사.

______(1995), “여성적 광기와 그 심리적 원천-오정희 초기소설의 재해석”, 『작가세계』.

김병익(1982), “세계에의 비극적 비전-오정희의 소설들”, 『월간조선』.

김승환(1989), “오정희론-오정희적 자아의 존재양상에 관하여”, 『한국현대작가연구』.

김용구(1983), “일상의 갇힘과 밀침”, 『세계의 문학』.

김윤식(1985), “창조적 기억, 회상의 형식 -오정희에 관하여”, 『소설문학』.

김주연(1981), “말의 순결, 그 파탄과 회복”, 『세계의 문학』.

김치수(1981), “전율, 그리고 사랑”, 『유년의 뜰』 해설, 문학과 지성사.

김 현(1977), “살의의 섬뜩한 아름다움”, 『불의 강』 해설, 문학과 지성사.

______(1980), “새와 상처받은 유년”, 『뿌리깊은 나무』.

김혜순(1994), “여성적 정체성을 향하여”, 『옛우물』 해설, 청아출판사.

박혜경(1995), “불모의 삶을 감싸 안는 비의적 문체의 힘-『바람의 넋』 이후의 오정희의 소설들", 『작가세계』.
성민엽(1986), "존재의 심연의 응시", 『바람의 넋』 해설, 문학과 지성사.
성현자(1989), "오정희 소설의 공간성과 죽음", 충북대 『인문학지』 제4집.
송명희(1991), "한국소설의 페미니즘-오정희와 김향숙의 경우", 『동양문학』.
신경숙(1995), "사로잡혀서 생의 바닥가지 내려가기", 『작가세계』.
오생근(1990), "오정희 문학론-허구적 삶과 비관적 인식", 『야회』 해설, 나남 출판.
이남호(1990), "휴화산의 내부-오정희론", 『문학의 위족 2』, 민음사.
이상섭(1984), "「별사」의 수수께끼", 『문학사상』.
이상신(1990), "「바람의 넋」의 다기능 문체 분석", 『소설의 문체와 기호론』, 느티나무.
이혜원(1995), "도도새와 금빛 잉어의 전설을 찾아서", 『작가세계』.
최윤정(1995), "부재의 정치성-보이는 것과 보이지 않는 것의 변주", 『작가세계』.
하응백(1995), "자기 정체성의 확인과 모성적 지평", 『작가세계』.
황도경(1991), "빛과 어둠의 이중 문체", 『문학사상』.
______(1995), "뒤틀린 성, 부서진 육체-오정희 소설의 한 풍경", 『작가세계』.
______(1994), "여성 성장 소설의 제의적 국면", 『문학의 편견』, 세계사.
______(1992), "불을 안고 강 건너기 -「불의 강」의 문체론적 분석", 『문학과 사회』.

이론을 위한 참고 목록

Chris Weedon(1994), 『포스트구조주의와 페미니즘 비평』, 이화 영미문학회 역, 한신문화사.
Helga Geyer-ryan(1994), 『Fables of Desire』,Polity Press.

Josephine Donovan(1993), 『Feminist Theory』, 김익두·이월영 역, 문예출판사.

K.K.Ruthven(1989), 『페미니스트 문학비평』, 김경수 역, 문학과 비평사.

Rosemarie Tong(1995), 『Feminist thought』, 이소영 역, 한신문화사.

김승희(1991), 이상시 연구, 서강대 대학원 박사학위 논문.

김열규 외(1988), 『가와 가문』, 서강대학교 인문과학연구소.

________(1988), 『페미니즘과 문학』, 문예출판사.

데보라 카메론(1995), 『페미니즘과 언어이론』, 이기우 역, 한국문화사.

이소영·정정호 공편(1992), 『페미니즘과 포스트모더니즘』, 한신문화사.

한국여성연구회 문학분과 편역(1990), 『여성해방문학의 논리』, 창작과비평사.

현대소설의 병리적 상징성 연구

김훈의 「화장」을 중심으로

들어가며

최근 한국 현대소설에서 매우 뚜렷한 특성 중 하나는 질병이나 병리성에 대한 친근함이 증대된 현상이다. 이것은 소설의 공간에서 질병이 만연하고 심신이 아프거나 불건강한 상태의 인물들이 많이 출현할 뿐만 아니라 그들의 질병의 조건이나 상태, 그리고 병실 공간이 중요한 서사 내용이나 상징 공간으로써 제시되는 것에서도 알 수 있다(이재선 2007:13 참조). 물론 이것은 소설은 시대의 반영이라는 오래된 문학 이론을 언급하지 않더라도, 쉽게 이해될 수 있는 부분이기는 하지만, 최근 작품들에서 제시되는 '질병'의 의미는 시대의 반영이라는 의미 뿐 아니라 '질병' 자체가 또 다른 은유로 작동하고 있다는 점에 주목할 필요가 있다.

물론 기존의 논의에서 '질병' 자체는 삶과 인간적 조건의 손상이나 사회적 정치적 이상 현상의 비유나 상징으로써 원용하여 질병 현상을 주제화하거나(Meyers 1985:1 참조) 사회·도덕·정치 영역 등에서 질병의 사회를 타락한 정치 사회 또는 인간성과 단절된 문명을 비판하는 논의의 중심(이재선 2007:15)으로 작용하였다. 심지어 '질병'은 제국주의 식민지 침탈의 비판적 은유가 되기도 하였다.(수잔 손탁 2002)

이렇게 논의되어 왔던 '질병'은 그 통칭으로써의 의미뿐 아니라 '결핵', '암', '나병', '성병' 등 각각의 질병이 서사 공간에서 어떠한 의미를 형성하며 어떠한 은유로 작동하고 있는가에 대한 관심도 지속되어 왔다.[1]

---

1 질병의 의미에 관한 논의로는 김면수(2001), 임

그러나 이러한 질병에 관한 논의들은 그 대부분이 근대 공간의 작품 연구에 집중되어 있으며, 은유화된 질병 역시 '결핵'에 그 논의가 집중되어 왔다는 한계를 지닌다. 물론 근대 공간에서 실제 작가들이 가장 쉽게 혹은 가장 낭만적으로 대할 수 있었던 질병이 '결핵'이기도 했지만, '결핵' 자체를 육체적 질병으로만 바라보았다기보다 결핵을 일종의 근대적 기호로서 파악했다는 점에서 그 이유를 찾을 수 있다.[2]

이렇게 결핵이 19세기의 질병이라면, '암'은 20세기의 질병이라고 할 수 있다. 수잔 손탁(2002)는 결핵과 암의 인식에 대한 너무나 상반된 평가를 문학, 사회, 문화적인 측면을 통해 제시하고 있다. 결핵이 폐 즉 몸 위쪽에 있는 영적으로 정화된 기관과 관련된 특징을 가지고 있다면, 암은 받아들이기에 너무나 부끄러운 신체 부위(결장, 방광, 직장, 유방, 자궁, 전립선, 고환 등)에 침범하는 것으로 악명 높다는 점. 또 폐의 질병은 은유적으로 영혼의 질병이라면 어느 곳에라도 침범할 수 있는 질병인 암은 육체의 병이라는 점을 명확하게 제시하고 있다.[3]

병권(2002), 이재선(2007) 등이 있다.

2 이때의 결핵은 메타포로서의 결핵이라고 할 수 있는데, '결핵'은 심지어 '영혼의 질병'이라는 찬사로까지 이어지는 병리 애호적 성향까지도 띠게 되었다. 특히 결핵에 대한 관심과 비유, 심지어 미학화의 현상은 30년대 문학의 중요한 모티프로 자리잡게 되며, '결핵 문학'이라는 장르로 명명되기까지 하였다(임병권 2002:87).

3 또한 '암'은 20세기 경제적 인간의 부정적 행위를 요약적으로 보여주는 이미지로 비정상적인 성장 에너지의 억제, 즉 규제되지 않고 비정상적이며 균형이 흐트러진 성장을 연장시키는 근대자본주의의 속악성이나 이상 성장의 은유로서 평가된다는

이렇게 암에 대한 우리의 일반적 상징성은 '무자비함', '고통 그 자체'를 넘어서 결국은 '비참한 죽음'이라는 공식으로 우리 사회, 혹은 우리 문학 곳곳에 내재되어 있다. 그러므로 수잔 손탁이 제시하고자 했던 의미 그대로 '암'은 사회를 좀먹고, 병들게 하고, 결국은 도려내고자 하는 질병 이상의 질병으로 여긴다는 것이다. 특히 '암'은 그 어떤 방법으로도 결코 극복되지 않는 '대상'을 지칭하는 보통 명사로 사용된다는 점에서 우리가 가진 '암'에 대한 평가는 '낭만'이나 '희망'이라고는 전혀 찾아볼 수 없는 부정적 의미 자체라고 할 수 있다.

본고가 다루고자 하는 작품인 김훈의 소설 「화장」 역시 '암'의 이러한 부정적 속성에서 크게 벗어나지 않는 작품이다. 결국 죽음으로 끝날 수밖에 없었던 아내의 질병인 '뇌종양(암)'과 고통스럽긴 하지만 치료를 할 수 있는 '나'가 가진 질병인 '전립선염'에 대한 이야기가 「화장」을 이끄는 기본적인 구조라고 할 수 있다. 이러한 점에서 「화장」은 대표적인 질병의 서사라고 할 수 있는 작품이다.

「화장」에 대한 평가의 대부분은 촘촘하게 잘 짜인 작품이라는[4] 것이며, 이렇게 잘 짜여진 작품이라는 것은 작품에 대한 정치한 분석을 통해서만이 그 정교한 의미가 해석될 수 있다는 점을 드러내기도 한다. 「화장」에 대한 기존 논의들로는 신수정(2002), 심진경(2003), 이필규(2004), 송주현(2005), 김경수(2006), 김영찬(2007), 반영한(2007), 강혜숙(2008),

---

점 역시 수잔 손탁(2002:32-33)은 강조하고 있다.

4 이어령(2004)는 「화장」에 대하여 "죽어 가는 아내의 육체와 직장 신입 여사원의 육체 - 이 두 개의 몸을 축으로 전개되는 흡사 대위법으로 잘 구성된 음악을 듣고 있는 느낌"이라고 평가했다.

이미란(2009), 최영자(2009) 등이 있는데, 이들 논의의 대부분은 '몸'의 서사로서 「화장」의 의미를 정밀하게 분석하고 있으며, 작가 김훈의 문학적 태도와 「화장」의 관계에 천착한 분석을 하고 있다.

이러한 기존의 견해와 달리 본고는 김훈의 「화장」을 질병의 서사로 보고, 「화장」에서 중요하게 다루어지고 있는 '뇌종양'과 '전립선염'이 전체 작품에서 어떠한 방식으로 의미화되고 있는지 하는 부분과 그러한 의미화가 작가가 제시하고자 하는 주제를 어떠한 방식으로 은유화하고 있는지를 살펴보고자 한다.

몸의 서사
_ 생성의 몸 / 소멸의 몸

김훈의 「화장」은 크게 두 개의 축으로 이루어져 있다. 한자로 표기되지 않은 채 제시되어 있는 제목 '화장'이 내포하는 두 개의 의미가 서사 전반을 차지한다는 점에서 그러한 파악이 가능한데,[5] 죽음으로서의 '화장'(火葬)과 동시에 삶의 역동적 의미로서의 '화장'(化粧)의 중첩적인 의미가 서사 전반을 이루고 있다. 서사는 그 어떠한 '화장' 쪽으로도 기울지 않고 팽팽한 긴장을 유지해 나가고 있다. 그리고 그 각각의 '화장'

5 김성곤(2004)는 작품 「화장」은 죽음과 소멸을 상징하는 화장(火葬)과 아름다움과 소생을 의미하는 화장(化粧)은 서로 환치될 수 있는 이중적 의미를 갖는다고 평하고 있다. 본고에서 나누는 기준 역시 이러한 측면에 따라 그 의미를 제시하고 있다.

의 축에 죽은 아내와 신입사원 추은주가 있다.

「화장」의 전반부는 아내의 죽음에서 시작된다. 즉 죽음의 의미로서의 '화장'(火葬)의 축에서 먼저 서사가 출발한다.

> "죽은 아내의 몸은 뼈와 가죽뿐이었다. 엉덩잇살이 모두 말라버려서 골반 뼈 위로 헐렁한 피부가 늘어져 매트리스 위에서 접혔다. 간병인이 아내를 목욕시킬 때 보니까, 성기 주변에도 살이 빠져서 치골이 가파르게 드러났고 대음순은 까맣게 타들어 가듯 말라붙어 있었다. 나와 아내가 그 메마른 곳으로부터 딸을 낳았다는 사실은 믿을 수 없었다. 간병인이 사타구니의 물기를 수건으로 닦을 때마다 항암제 부작용으로 들뜬 음모가 부스러지듯이 빠져나왔다." (김훈 외 2004:12)[6]

이렇게 죽은 아내에 대한 묘사는 아내의 몸에 대한 것으로 시작된다. 이러한 서사 방식은 일반적으로 죽음을 '음란한 신비로움, 통제될 수 없는 그 무엇' 등으로 묘사하여 궁극적으로 죽음을 심리학적 현상으로 간주하고자 하는 태도(수잔 손탁 2002:85)와는 거리가 있는 것이다.[7] 특히 이렇게 묘사된 아내의 '몸'은 아내의 죽은 얼굴이나 멈춘 심장 등에 대한 것이 아니라 아내의 '성기'에 대한 묘사를 그 시작으로 하고 있다.

---

6 이하 인용은 같은 책이므로 페이지만 표시한다.

7 이러한 서사의 시작은 또한 '질병'을 '정신적인' 것으로 인식하지 않고 '물리적인' 것으로 인식하고자 하는 태도와도 맞닿아 있어 이 작품이 궁극적으로 다른 문제가 아닌 '질병'의 문제와 관련되어 있는 '질병의 서사'라는 분석을 가능하게 하는 부분이 되기도 한다.

아내의 성기는 딸을 낳은 '생명 탄생'의 공간이었으며, '나'와의 촉촉한 삶의 생기의 공간이었다. 이러한 아내의 '성기'는 질병으로 말미암아 '메마른' 공간이 되었으며, 더 이상의 삶의 생기가 없는 공간, 결국 '화장'(火葬)의 공간이 되고 있다.

이와는 대립적으로 제시되는 또 하나의 '화장(化粧)'인 추은주에 대한 묘사는 삶에 대한 생기와 촉촉함으로 가득 차 있다.[8] '나'는 아내의 죽음을 '정신적'으로 인식하지 않고 '물리적'인 것으로 인식하는 태도와 마찬가지로 추은주에 대한 묘사 역시 서사의 처음부터 끝까지 추은주의 '몸'에 대해 감정적이라기보다는 물리적인 태도로 묘사하고 있다.[9] 이것은 '나'가 절절하게 '추은주'에 대한 '사랑'을 이야기하지만, '나'가 사랑하는 것은 추은주의 건강한 '몸', 특히 신성화하기까지 하는 생명 탄생의 '몸'이라는 점이 부각되어 나타난다고 할 수 있다.[10]

---

8 물론 이 작품의 화자인 '나'와 추은주가 근무하는 직장이 화장품 회사라는 점이나, 서사에 끊임없이 등장하는 화장품의 종류, 판매 실적, 그리고 새로 출시될 화장광의 광고 문구 등이 이 작품의 제목을 또 하나의 '화장'인 화장(化粧)으로 파악하게 하는 근거가 될 수도 있지만, 화장(化粧)의 내포적 의미는 추은주에 대한 분석을 통해서만이 가능하다고 본다.

9 이러한 점은 화자인 '나'와 추은주의 관계를 상투적인 불륜 관계(박철화 2004: 364)의 고백으로 절대 파악할 수 없다는 점을 역설적으로 이야기하는 부분이기도 하다.

10 이러한 점은 김훈의 작품을 논하면서 심진경(2003)이 파악했던 아내와 추은주 두 여체에 관한 이야기가 여체 자체에 대한 것이 아니라 서술자 자신에 관한 이야기라는 점과도 관련이 있다. 즉 '나'

> "당신의 이름은 추은주. 5년 전 신입사원 공채 때 인사과장이 가져온 최종 합격자 이력서에서 당신의 이름을 읽었을 때, 이제는 지층 밑에 묻혀버린 먼 고대국가의 이름이 내 마음에 떠올랐습니다. 그리고 당신의 몸은, 구석자리에서 컴퓨터 자판을 두드리며 결재서류를 작성하고 있던 당신의 둥근 어깨와 어깨 위로 흘러내린 머리카락과 머리카락이 당신의 두 뺨에 드리운 그늘은 내 눈앞에서 의심할 수 없이 뚜렷했고 완연했습니다. 아, 살아 있는 것은 저렇게 확실하고 가득한 것이로구나 싶어서, 저의 마음속에 조바심이 일었습니다." (p.26)

이렇게 추은주에 대한 묘사는 '경어체'로 이루어져 있다. 이것은 추은주에 대한 사랑의 감정을 경건하게 표현한 것이 아니라, '살아 있는 것'에 대한 경외심의 표현이라고 할 수 있다. 그러므로 까마득히 나이 어린 신입 여직원에 대해 쓰고 있는 경어형의 표현은 '추은주'라는 대상 자체에 대한 것이 아니라 '건강한 몸'에 대한 경건함이라 할 수 있다. 그리고 이러한 몸에 대한 경건함은 이후에도 추은주에 몸에 대해 '당신의 빗장뼈 한 쌍', '빗장뼈 위로 드러난 당신의 푸른 정맥' 등에 대한 치밀한 묘사 등으로 이어진다.

여기에서 주목해야 또 하나의 사실은 앞서 제시했던 화장(火葬)으로 상징되는 아내의 몸에 대한 묘사가 '성기'에서 시작된 것과는 반대로 화장(化粧)으로 상징되는 추은주에 대한 묘사는 두 뺨, 어깨, 빗장뼈, 푸

가 추은주에게서 추구하는 것은 사랑의 감정이 아니라 추은주의 건강성에 대한 기갈이라고 할 수 있으며, 이것은 결국 나의 결핍에 관한 서사라고 할 수 있다.

른 정맥 등의 순서로 이어지고 있다는 점이다. 이 점은 후에 아내의 장례식에 문상 온 추은주의 '발'에 대한 묘사로 추은주의 몸에 대한 묘사가 끝난다는 점에서도 중요한 의미를 가진다.

즉 죽음의 의미로서의 아내의 '몸'은 순서가 뒤바뀌어 있거나 심지어 전도되어 나타나기도 하는 데 비해 추은주의 '몸'에 대한 부분은 일상적이며 일반적인 순서를 밟고 있다는 점 또한 추은주가 '건강함'을 상징하는 기표로 작용하고 있다는 점을 다시 한 번 보여주는 부분이다.

> "당신의 이름은 추은주(秋殷周). 제가 당신의 이름으로 당신을 부를 때, 당신은 당신이 이름으로 불린 그 사람인가요. 당신에게 들리지 않는 당신의 이름이, 추은주, 당신의 이름인지요.
>
> 제가 당신을 당신이라고 부를 때, 당신은 당신의 이름 속으로 사라지고 저의 부름이 당신의 이름에 닿지 못해서 당신은 마침내 3인칭이었고, 저는 부름과 이름 사이의 아득한 거리를 건너갈 수 없었는데, 저의 부름이 닿지 못하는 자리에서 당신의 몸은 햇빛으로 완연했습니다." (p.26)

추은주에 대한 서사가 이어질 때마다 반복해서 나타나는 추은주의 이름에 대한 언급은 '추은주'라는 이름 자체에도 '숨은 그림'이 있다는 단서가 된다. 특히 제목인 '화장'에조차 쓰지 않던 한자의 표기를 유일하게 쓰고 있는 단어가 바로 '추은주'의 이름이다. 추은주의 '은주'는 결코 닿을 수 없는 환상을 대변하는 이름이다. 즉 유토피아로 생각한 고대 국가 '은나라', '주나라'를 그대로 명기한 이름이라고 볼 수 있다. '은주'라는 이름이 '은나라, 주나라'를 나타낸다는 것은 화자인 '나'가 추은주를 보면서 생각한 '매몰된 고대국가의 지층 밑을 엿볼 수 없었'다는 표현 등을 통해서도 유추할 수 있는 것이다. 그리고 이러한 해석을 통해 '나'가 추은주에 대한 이야기를 진행할 때마다 사용하는 경어체 표현 또한 닿을 수 없는 성인의 시대인 '은나라, 주나라'에 대한 경예적 표현으로도 받아들일 수 있다.

물론, 추은주의 이름의 한자 자체를 자전적 의미 그대로 해석해서, '세상에 두루 많은 것', 혹은 성까지도 의미화해서 '세상에 두루 많은 결실' 등으로 해석할 수도 있다. 그리고 이러한 해석 역시 '나'가 닿을 수 없는 유토피아와 마찬가지로 '결핍'의 순간에 가장 강렬한 절실함을 느끼는 '건강함'에 대한 기표라고 할 수 있다. 그런 의미에서 「화장」은 단지 생성과 소멸을 대변하는 두 여체의 '몸' 자체에 대한 서사가 아니라 '건강함'과 '질병'의 심도 깊은 서사라는 것을 다시 한 번 보여준다.

추은주, 오미영, 김민수, 박진수, 정철수 등 「화장」에는 또한 건강한 육체에는 이름이 부과되어 있다. 심지어 개 '보리'까지 '다시 태어나면 사람으로 태어나라'는 의미까지 부과되어 이름이 있음을 강조하고 있다. 그러나 이와는 상반되게 '건강하지 못함'의 대상들은 오상무, 사장 등[11]으로 정확한 명명이 이루어지지 않고 있으며, 서사의 중심이라고 할 수 있는 아내는 '아내'라는 명명 외에 이름이 허락되지 않고 있다. 아내의 이름 없음 역시 아내가 '소멸의 몸'을 보여주는 상징이라는 점을 제시해 주고 있다. 이 부분은 또한 '질병'의 극한인 '죽음'이 이름조차 남기지 못하는 소멸로 끝난다는 것을 보여주는 부분이기도 하다.

---

11 화자인 오상무는 '전립선염'을 앓고 있고, 사장은 '만성 무릎관절염'을 앓고 있다.

질병의 서사

「화장」의 실제 시간은 아내의 죽음에서 시작해서 장례까지의 시간이다. 그리고 이 시간 속에 과거 회상으로써 아내의 발병과 추은주에 대한 나의 갈구, 그리고 현재 나의 상태가 제시되어 있다. 특히 아내의 발병과 투병 과정, 그리고 현재 나의 상태의 중심에는 '뇌종양', '전립선염'의 증세와 치료 방법 등이 의학 보고서를 연상시킬 만큼 자세하고 꼼꼼하게 기록되어 있다.

수잔 손탁은, 우리가 실제로 직면하고 있는 성장의 문제 속에 무모하거나 무능력하게 대처해 가는 사회적 폭력의 문제 등을 '암'의 은유로 대처하고 있다고 주장한다. 즉 억제되지 않는 세포인 암세포는 끊임없이 계속 자라나다가, 결국 신체의 정상적인 세포, 구조, 기능을 파괴하면서, '무질서한' 모습으로 불쑥 밀려 나오게 된다는 것이다(수잔 손탁 2002:95). 「화장」의 아내가 앓고 있는 '뇌종양' 역시 수잔 손탁의 '암'의 은유에서 크게 벗어나지는 않는다. 그러나 이 '암'의 위치가 '뇌'라는 점에서 이 작품은 또한 여러 가지 의미를 함축하고 있다.

앞서 언급한 대로 일반적으로 '암'은 받아들이기에 너무나 부끄러운 신체 부위(결장, 방광, 직장, 유방, 자궁, 정립선, 고환 등)에 침범하는 것으로 악명 높다는 수잔 손탁(2002:32)의 지적처럼 '결핵'과 '암'을 영혼의 질병과 육체의 질병으로 확연하게 구별하는 자질 중의 하나가 바로 발병하는 신체 부위의 문제라 할 수 있는데, 흔히 우리가 상상하는 '폐'라고 하는 신체 부위는 '가슴', '마음' 등의 상징으로 작동한다. 그러나 실제 의학에서 우리의 이성과 감성을 모두 관장하고 있는 기관은 '뇌'이다.

그런 점에서 '뇌'에 생긴 종양의 의미는 이미 정신과 육체의 질병 모두를 포괄하고 있다고 볼 수 있다.

> "뇌종양은 암의 계통이다. 인간의 두개골 안에서 발생할 수 있는 종양은 130여 종류다. 조직 내의 모든 신생물이 종양이다. 종양은 어떤 신체조직 안에서도 발생할 수 있다. 종양이 발생하게 되는 환경과 조건은 알 수 없다. 종양은 생명 속에서만 발생하는 또 다른 생명이다. 죽은 조직 안에서 종양은 발생하지 않는다. 종양의 발생과 팽창은 생명현상이다. 생명 안에서 생명을 부정하는 신생물이 발생하고 서식하면서 영역을 넓혀나간다. 이 현상은 생명현상의 일부인 것이다." (pp.14-15)

위의 인용은 아내의 주치의가 '뇌종양' 판정을 내리던 날 한 이야기이다. 여기에서 '종양(암)'의 의미는 일반적으로 생각하는 생명 현상을 '갉아 먹는' 이미지와는 다소 거리가 있다. 종양 자체도 하나의 생명 현상이며, 역설적으로 생물체가 살아 있음을 증명하는 것이 바로 '종양(암)'이라는 설명이다. 또 '종양(암)'의 이러한 이미지는 '갉아 먹음'의 이미지로 인한 소멸의 이미지, 가벼움의 이미지[12]와는 상반되는 이미지를 구축한다. 즉 새로운 생명 현상으로서의 생성, 그리고 그 생명 현상의 번식과 비정상적인 성장의 의미는 그것이 어떠한 형태이거나 새로운

---

12 '가벼움'과 '무거움'의 부분은 이 작품의 가장 중요한 특징 중에 하나이기 때문에 다음 장에 장을 달리하여 분석하고자 한다.

생성의 의미이며, 이것은 소멸 후의 '가벼움'의 의미가 아니라 '무거움'의 의미와 통하는 것이라 할 수 있다.

> "여자인 당신의 모든 생물학적 조건들 속에 깃드는 잠과 당신이 잠드는 동안 당신의 몸속에서 작동하고 있을 허파와 심장과 장기들을 생각했습니다. 그리고 당신의 몸속 실핏줄 속을 흐르는 피의 온도와 당신의 체액에 젖는 살들의 질감을 생각했습니다." (p.29)

위의 인용은 '추은주'가 출산 후에 회사에 오고 '추은주'에게서 풍기는 '젊은 어머니의 젖 냄새'를 통해 화자인 '나'가 추은주의 '몸'에 대해 생각하는 부분이다. 여기에서 가장 중심이 되고 있는 부분은 '성적 대상'으로서의 추은주의 '몸'이 아니라 생명 현상으로서의 추은주의 몸이다. 그러므로 여기에서 추은주의 몸은 '임신과 출산'을 치른, 그야말로 건강함의 기표로서의 '생성'의 의미를 대변하는 것이라고 할 수 있다.

이렇게 「화장」에서는 두 '화장'의 두 인물인 아내(火葬)와 추은주(化粧) 모두 '생성'의 의미를 가지고 있다는 공통점은 가지고 있다. 그러나 아내는 질병(암)의 생성으로 인해 소멸의 길을 걷게 되고, 추은주는 출산이라는 생성을 통해 더욱 번성의 길을 걷게 되는 과정을 보여 준다는 점에서 두 화장에서 보여주는 '생성'은 정반대의 의미를 나타내고 있다고 하겠다.

앞서 언급한 바와 같이 아내의 '뇌종양'은 종양의 발생 장소가 '뇌'라는 점에서 독특한 증상들을 보여준다. 첫 수술 후 아내의 '두통'은 거의 발작과도 같은 정도여서 머리카락을 쥐어뜯고 시퍼런 위액까지 토해내는 정도로 묘사된다. 그리고 발작 후에 실신하면 아내의 '열려진 항문 괄약근 사이로 바로 똥이 비실비실 흘러나오는' 정도가 된다.

이러한 증상은 이후 아내의 두 번째 종양제거 수술 후, 그 형태를 달리하여 나타나는데, 후각중추가 교란되어 아무것도 먹을 수 없었던 아내의 똥은 '바짝 졸인 환약처럼 물기 없고 찌를 듯한 악취'를 풍기는 것으로 묘사된다. 간병인이 아내의 기저귀를 갈아 채울 때, 향을 피우고 마스크를 쓸 정도로 말이다. 그리고 그때 아내의 반응은 '수치심으로 두 다리를 바둥거리며 간병인을 밀쳐내려 하는 것'으로 나타난다. 이렇게 '뇌종양'과 관련된 징후들을 파악하는 부분들 중 하나가, 바로 '배변'을 통해서라는 점은 참으로 아이러니하다.[13] 질환이 장소가 '뇌' 인데도 불구하고, 뇌와 가장 거리가 먼 '배변'의 형태를 통해 소멸의 과정을 확인한다는 점에서 그러하다. 또, 첫 번째 수술 후의 아내의 배변이 '비실비실 나오는 액체'의 형태였던 것이, 두 번째 수술 이후 '새까맣고 까맣게 굳은 환약' 형태라는 점에서 또한 아내는 '증발', '소멸', '화장(火葬)'을 의미하는 기표라는 점을 다시 한 번 이야기 해준다. 즉, 아내의 살아 있는 시간은 바로 삶의 물기가 증발해 가는 시간이며, 증발한 물기에 의해 바스라져 가는 시간이라는 것을 보여주는 것이다.

아내의 '뇌종양'과 관련된 증상 중 특이한 증후 중 하나는 바로 '후

---

13 물론 이때의 배변의 원리를 바흐친의 그로테스크 리얼리즘의 세계와 연관하여, '뇌'에 의한 상부의 지배에서 벗어나 하부 구조의 긍정이나 육체적 언어의 긍정 등의 측면으로 파악할 수도 있으나, 이때의 「화장」에서의 배변은 '생식과 풍요'와는 정반대의 이미지이기 때문에 '몸'에 대한 탐구의 부분보다는 '질병'에 대한 탐구로 접근하는 것이 더 타당하다고 하겠다.

각중추의 교란'이다. 종양이 뇌 속의 후각중추를 잠식하여 냄새를 맡는 신경이 교란되는 증세 때문에 아내는 아이스크림의 달콤한 냄새나 더운밥의 구수한 냄새 속에서 역겨운 '구린내'를 맡고, 정작 코를 찌르는 듯한 자신의 배변에는 아무런 반응도 보이지 않는다. '완전히 뒤바뀐 냄새의 세계'에서 아내는 마지막 날들을 숨 쉬고 보내게 된다. 이 점이 바로 아내의 질병인 '뇌종양'의 가장 특이한 자질 중 하나라고 할 수 있다. '뇌'에 이상이 생김으로써 지금까지의 모든 질서에 전복이 일어나게 되고, 이러한 '전복'은 아이러닉함을 넘어서서, '나'에게 이러한 '전복의 세계'가 원래의 세계이며, 지금까지 우리의 질서들이 전복된 것이었나 하는 의문을 가지게까지 한다.

> "알 수는 없지만, 후각중추가 교란되었기 때문에 음식 자체의 냄새가 바뀌지는 않을 것이다. 알 수는 없지만, 아내의 후각중추가 온전했을 때, 아내가 맡던 냄새가 음식의 본래 냄새였다고 말할 수도 없을 것이었다. 알 수는 없지만, 아내가 치를 떨던 그 구린내는 본래 음식 깊은 곳에 종양처럼 숨어 있던 냄새가 아니었을까. 그래서 뇌가 온전할 때 맡을 수 없었던 그 냄새가 종양이 번지자 비로소 아내에게 감지되는 것은 아닌지." (p.40)

이렇게 화자인 '나'는 아내의 후각 중추의 교란이라는 질병의 증세를 통해 본래 생의 본질에 의문을 가지게 되는데, 이런 점에서 본다면, 「화장」은 '질병이 수수께끼의 기능을 떠맡으며 미래의 해결에 있어 예리함과 긴장을 높인다'[14]는 질병의 기능과 밀접한 관련을 가진다고 할 수 있다. 이것은 또한 계속하여 반복되는 '알 수는 없지만'이라는 문구와 함께 질병의 수수께끼적인 기능을 대변해 주고 있는 것이며, 흔히 우리가 질병을 통해 갖게 되는 의문인 '왜? 하필이면 나에게?'의 물음과 함께 생의 본래적 질서에 대한 수수께끼를 동반하고 있다고 하겠다.

이와는 상대적으로, 추은주의 세계에서의 모든 냄새는 '확실성'을 동반하고 있다.

"아기의 입속은 분홍색이었고 젖어 있었습니다. 아기의 입속은 피부로 둘러싸이지 않은 맨살처럼 부드럽고 연약해 보였습니다. 코를 들이대면 거기서 당신의 몸 냄새가 날 것 같았습니다. (중략) 당

14 Horst S. and Ingrid Daemmrich(1987:90-91) 참조. 저자들은 '질병의 비유 기능'을 11개의 항목으로 분화하여 설명하고 있다.
❶재앙은 신성력이나 섭리의 징표이다. ❷질병은 괴로움을 받는 개인과 사회의 도덕적 성격의 시금석이며 그 숨은 본성을 드러내는 촉매와 도전이다. ❸질병은 도덕적 또는 사회적 부패의 순환적인 은유이다. ❹집단적 사회적 재난의 비전이다. ❺미리 정해진 운명으로부터 도피할 수 없는 개인적 무력의 징표이다. ❻복합적인 모티프 및 다차원적인 상징, 즉 질명은 인간의 죽음과의 관련성을 표상하며 죽음에의 여러 행동 방식을 의미한다. ❼질병은 예술적 영감의 원천 또는 지적 천재성에의 촉매이며 정서적·지적·도덕적 호기심이나 초월성의 징표이다. ❽질병은 전락이나 추방의 구제 수단이다. ❾질병은 죽음에의 인지를 고양하는 수단이다. 그로 인해서 생의 의미와 복합성과 에너지를 인지한다. 즉 질병은 현 존재 긍정에의 의지를 인간에게 불러일으킨다. ❿인간의 삶에 침투하여 생을 파괴하는 이질적이고 불가능한 힘이다. ⓫질병은 수수께끼의 기능을 떠맡으며 미래의 해결에 있어 예리함과 긴장을 높인다.

> 신의 산도는 아기의 입속 같은 것인지요. 그 젖은 분홍빛 어둠 속에서 넘겨지는 밥알과 고등어 토막과 무김치 쪽의 여정을 떠올리면서, 저의 마음은 캄캄히 어두워졌습니다. 어째서, 닿을 수 없는 것들이 그토록 확실히 존재하는 것인지요." (p.43)

위의 인용은 추은주와 함께 특근을 하는 '나'가 추은주가 아기에게 밥을 먹이는 장면을 보며, 추은주의 '몸'과 '냄새'를 생각하는 장면이다. 여기에서 아기의 입 속에서 추은주의 냄새가 날 것 같다고 한 묘사는 냄새의 정확한 이동을 보여준다. 추은주라는 '확실함'의 냄새가 확실함의 경로를 따라 아기라는 확실한 존재로 이동하고 있으며, 이러한 이동의 확실함은 먼 '여정'을 통해서라도 확실하게 전달되는 것을 보여준다. 그리고 이러한 확실한 냄새의 여정 앞에서 '나'는 '때때로 당신 가까이서 당신의 생명을 바라보는 일이 무참'하다고 고백하게 한다. 이렇게 '생명을 바라보는 무참함'을 죽어가는 아내의 편에서가 아니라, 살아 움직이는 추은주의 편에서 느끼게 된다는 점에서 현재 '나'의 상태가 '건강함'의 상태가 아니라 아내의 편인 '소멸'의 상태에 더 가까이와 있다는 것을 또한 보여준다고 할 수 있다.

그리고 이 점에서 '추은주'는 앞서 언급했듯이 갈망의 대상으로서 '건강함'의 기표이며, 내가 결코 닿을 수 없는 이상향의 모습이라고 할 수 있다. 이에 반해, 늙음의 징표인 '전립선염'의 생생한 고통을 죽어가는 아내 곁에서 느끼고 있는 '나'는 바로 우리의 일반적인 삶의 모습을 대변해 준다고 할 수 있다.

> "시신경이 교란된 아내는 옆을 볼 수가 없었습니다. 아내의 시각은 앞쪽으로만 고정되어 있었습니다. 울면서, 아내는 자꾸만 고개를 돌리면서 두리번거렸습니다. 아마도 수치심 때문이었을 것입니다." (p.44)

아내는 두 번째 수술 후 시신경의 교란이라는 또 다른 증세를 겪게 된다. 이 증상으로 인해 아내는 옆을 볼 수 없게 되는데, 이렇게 '옆을 볼 수 없음'은 또한 '암'을 '흉포한 에너지를 지닌 그 무엇으로 지칭하는 은유'(수잔 손타 2002:102)와도 관련이 깊다. 즉, '암'이 폭압성, 앞을 향해 돌진하는 이미지를 떠올리게 하는 대목이다.

위의 인용은 시신경이 교란된 아내를 목욕시키는 부분이다. '나'는 아내의 '습기가 빠져 바스락거리는 피부'를 손빨래하듯 씻어내고, 죽음에 가까운 아내의 '허벅지와 성기 안쪽과 항문'까지 비누칠한 수건으로 닦아낸다. '나'가 아내를 목욕시켜 줄 때, 그리고 목욕 후 힘없는 괄약근으로 인해 아내가 똥물을 흘렸을 때, 아내에게 남아있는 마지막 의식은 '수치심'이다. 아내는 끊임없이 '나'에게 "여보. 미안해요"를 반복하며 운다.

그리고 죽음이라는 마지막 순간까지 아내를 괴롭히는 것은 바로 두통 발작이다. 진통제와 수면제를 맞고 잠들 때까지 아내의 의식에서 작동하는 마지막 감정은 바로 '수치심'과 '고통'이라고 할 수 있는데, 이것이 바로 '암'이 존재하는 '뇌'에서 작동하는 감정이라고 할 수 있다. 즉 두통이라는 극한의 고통이 뇌라는 발병 장소 자체에 의한 것이라면, '수치심'은 발병 장소와 가장 먼, 성기, 항문 등의 이상 작용을 통해서라고 할 수 있다.

이렇게 이상 징후를 일으키는 아내의 신체 장소는 '나'가 아내의 몸을 묘사하는 순서인 실제 '몸'의 역순이다. 즉 성기나 항문에 대한 묘사에서 시작하여 코, 눈의 순서를 지나, 고통의 극한인 '뇌'에 이르게 된다. 그리고 나는 아내의 고통의 중추인 뇌의 엠알아이 사진을 보며, '인간의 지각과 기능을 통제하는 사령부가 아니라, 멀어서 아물거리는 기억이나 풍문처럼 정처 없어 보인다'고 생각한다. 이렇게 뚜렷하게 아내의 두통 발작의 중추를 확인하는 순간에도, '나'는 그것을 '저녁 무렵인 종양의 불빛' 정도로 모호하게 파악한다. 그리고 아내의 극한의 고통을 보면서도, 그 고통의 실체를 느끼지 못하고, '나'의 터질듯한 방광의 무게와 그 무게로 인한 '나'의 고통만을 확실하게 느낄 뿐이다. 즉 아내를 바라보는 '나'의 감정은 '모호함'과 '확실함' 사이에 있음을 알 수 있다.

> "그 고대국가의 지층 밑을 저는 엿볼 수 없었습니다. 내 두 눈을 찌를 듯이, 그렇게 확실하게 살아서 머리타래를 흔들며 밥을 먹고 있는 당신의 모습은 매몰된 지층 밑의 유적이나 풍문처럼 아득하고 모호했습니다. 그 확실함과 모호함 사이에서 저는 아둔하게도 저 자신의 빗장뼈와 목 밑살을 더듬고 있었지요. ...(중략)... 어쩌다가 회사 복도나 엘리베이터에서 당신과 마주칠 때, 당신의 몸에서는 젊은 어머니의 젖 냄새가 풍겼습니다. 옅고도 비린 냄새였습니다. 가까운 냄새인지 먼 냄새인지 분간이 되지 않는 냄새였지요. 확실하고도 모호한 냄새였습니다." (p.28)

이렇게 또 다른 화장의 한 축인 추은주에게서도 '나'는 '확실함'과 '모호함'을 느낀다. 그리고 나의 아내가 나에게 가진 가장 마지막 감정이 '수치심'이듯, 나는 추은주의 몸을 '당신의 살들은 손으로 만질 수 없는 풍문과도 같은' 것으로 묘사하며, 추은주의 결혼 청첩장을 받던 날을 회상한다. 즉 '오줌이 빠지지 않아 무거운' 자신의 몸을 '설명되지 않는 결핍'으로 단정지음으로써, 아내가 '나'에게 느꼈던 '수치심'과 내가 추은주에게 느꼈던 '결핍'은 유사한 의미를 지닌 것으로 파악할 수 있다.

그러므로 「화장」의 두 축인 화장(火葬)과 화장(化粧)은 결국 '결핍'된 건강성을 갈망하며, 그러한 건강성이 없는 자신에 대한 결핍을 수치스러워하는 반복의 여정이라고 할 수 있다. '나'가 화장의 두 축의 중심을 지키고 있는 것은 바로, 두 '화장'의 모습이 화자인 '나'에게도 그대로 투과되어 있기 때문이다. 그러므로 작품 「화장」은 건강한 몸의 서사가 중심이 아니라, 질병의 몸을 서사의 중심으로 하여, 건강함에 대한 갈망이 어떠한 형태를 보여주고 있는가를 보여준다고 할 수 있다.

가벼움과 무거움의 아이러니

「화장」에서 '가벼움'과 '무거움'은 부단히 자리바꿈을 반복한다(김성곤 2004:334). 그리고 이 자리바꿈 역시 화장(火葬)과 화장(化粧)의 두 축과 밀접한 관계를 가지고 있다. 먼저 서사의 시작인 아내의 죽음에서 아내는 '뇌종양'으로 인해, 30킬로그램도 되지 못하는 몸을 가진 그야말로 한없이 '가벼운' 존재이다. 이런 아내는 몸의 모든 수분이 증발하고 급

기야 뼈만 남은 상태로 죽음을 맞이한다. 이렇게 죽은 아내의 몸은 화장(火葬)을 통해 또 다시 가벼워진다.

하지만, 아내의 뇌 속에 있는 종양은 점점 무거워진다. 이 작품 「화장」에서 종양에 대한 묘사는 종양 세포가 아내의 건강한 세포를 갉아먹고 파괴하는, '좀 먹는 형태'로의 종양에 대한 묘사가 아니라, 종양의 생성을 통해 아내의 뇌종양이 점점 확대되는 형태로 설명하고 있다. 두 번에 걸친 종양 제거 수술을 통해서, 이미 제거된 종양이 재발한 것이 아니라 새로운 종양이 다시 자라남으로써 결국 아내는 죽음에 이르게 될 정도로 아내의 종양은 '무거운' 것이다.

> "배설되지 않는 마려움으로 내 몸은 무겁고 다급했다. 다급했으나 내보낼 수 없었다. 밤새 다섯 차례나 화장실을 들락거렸지만, 오줌은 성기 끝에서 이슬처럼 맺혔다가 떨어졌다. 죽은 아내의 시신이 침대에서 실려 나갈 때도 나는 방광의 무게에 짓눌려 침대 뒤를 따라가지 못했다." (p.13)

아내를 간병하는 내가 앓고 있는 질병인 '전립선염'은 대표적인 무거움의 질병이다. 이렇게 나의 전립선염은 아내의 죽음이라는 극한의 순간에도 나를 '방광의 무게' 외에는 그 어떤 것도 생각하지 못하게 할 정도로 '무거운' 질병이다. 그러나 나의 이러한 무거움은 지속적으로 찾는 비뇨기과에서 배뇨를 함으로써 일시적으로 가벼워진다.

「화장」에서 '무거움'과 '가벼움'의 의미는 비단 질병을 통해서만 제시되는 것은 아니다. 아내의 죽음이라는 '무거움' 속의 일상은 나를 제외하고는 '가벼움'이 된다. 아내의 시체는 장례를 치르기 전까지는 병원에서 준비한 냉동실에 보관되고,[15] 복잡한 장례 절차 역시 병원 영안실 직원이 전화 몇 통화로 간단히 해결해 주어, 정작 가장 무거운 죽음의 절차에서 나는 '가벼움'을 느낀다.

> "항공모함은 10초에 한번 꼴로 미사일을 쏟아냈다. 이라크 피난민들이 노새에 짐을 싣고 국경 밖으로 빠져 나갔다. 유족들은 왼쪽의 안내판과 오른쪽의 TV 화면을 번갈아 들여다보면서 차례를 기다렸다. ...(중략)... TV화면에서 전쟁특보가 계속되었다. 바그다드 진공작전이 지연되자 뉴욕 증시에서 주가가 폭락했고, 코스닥 지수도 바닥으로 내려앉았다. 바퀴벌레들이 대기실 바닥을 기어다녔다. 바퀴벌레는 TV 화면에까지 기어 올라갔다. 파리채를 든 화장장 직원이 바퀴벌레를 때려서 잡았다. 바퀴벌레가 터지면서 생긴 얼룩을 직원은 대걸레로 밀었다. 오후 두 시에 아내의 소각은 완료되었다. 염을 한 직후에 아내의 시신은 다시 병원 냉동실로 들어갔었다. 아침에 다시 시신을 꺼내 화장장으로 싣고 왔으니까, 아내의 몸은 아마, 언 상태에서 탔을 것이다. 얼음과 불 사이는 가깝게 느껴졌다. ...(중략)... 뼛조각들은 신체의 어느 부위인지를 알아볼 수 없이 흩어져 있

---

15 아내의 시체가 냉동실과 화장장의 소각로로 이어진다는 점에 착안하여, 아내가 평생 겪어낸 증오와 분노의 표상이 바로 얼음과 불이라고 분석하는 견해도 있으나(김인환 2004:357) 이러한 분석은 단어의 피상적인 의미에만 집착한 분석이다. 아내의 죽음에서 냉동실은 병원에서 제공하는 장례 절차의 의미 외에는 별로 큰 의미가 없으며 이 작품의 제목의 표상인 소각장만이 '소멸'이라는 의미를 가진다고 볼 수 있다.

> 었다. 대퇴부인지 두개골인지 알 수 없이 흩뿌려진 조각들이었다. 희고, 가벼워 보였다. 아내의 뇌수 속에서 반짝이던 종양의 불빛은 보이지 않았다." (pp.46-47)

아내의 화장 절차를 치루는 화장장에서, 아내의 죽은 몸이 소각되는 두 시간동안 내가 머물러 있는 대기실의 삽화와 아내의 소각이 완료되었을 때의 나의 심정은 그야말로 '무거움'과 '가벼움'의 전도를 극명하게 보여준다. TV 화면에 등장하는 바그다드의 공습 상황이나 죽은 가족의 마지막 소각을 기다리는 상황 모두 그야말로 더 할 수 없이 '무거운' 상황이다. 그러나 그러한 무거운 상황 앞에 바퀴벌레가 기어다니고, 그 바퀴벌레를 파리채로 잡고 대걸레로 미는 동작은 우리의 일상을 보여주는 것이며, 그래서 '가벼움'의 형태를 보여주는 것이다. 그리고 소각이 끝난 아내의 뼛조각들을 보는 나의 상황은 극도의 '무거움'의 상황인데도, 나는 그곳에서 '가벼움'을 본다.

무거움과 가벼움의 대립은 화장의 또 다른 축인 추은주와 나의 관계에서도 끊임없이 반복된다. 청첩장을 가지고 상무인 '나'를 찾아온 추은주를 맞으면서, 추은주의 결혼 즉 '날아감'의 가벼움을 생각하면서, '나'는 나의 몸을 느낀다. '방광의 무게가 힘들어서 자리에서 일어나지 못하는' 나의 몸을 나는 무거움과 함께 '결핍의 덩어리'로 인지한다.[16]

---

16 「화장」에서는 지속적으로 이런 식의 대립적 표현이 반복되고 있다. '무거움과 결핍', '확실함과 모호함', '멀고도 선명함', '종양이 삶의 증거'와 같은 표현 등이 바로 그러한 것이데, 이러한 표현은 바로

> "바다는 개펄 밖으로 밀려 나가 보이지 않았고, 거기에는 아무것도 없었습니다. 저승에 뜬 달처럼 창백한 달빛이 가득한 그 공간 속으로 새 한 마리가 높은 소리로 울면서 저문 바다로 나아갔습니다. 저는 제가 어디에 와 있는지 알 수가 없었습니다. 그 여관방에서 당신의 몸을 생각하는 일은 불우했습니다. 당신의 몸속에서, 강이 흐르고 노을이 지고 바람이 불어서 안개가 걷히고 새벽이 밝아오고 새떼들이 내려와 앉는 환영이 밤새 내 마음 속에 어른거렸습니다." (p.31)

추은주의 결혼식이라는 '무거움' 앞에 나는 '일상성'이라는 가벼움 속으로 스며든다. 그리고 아내도, 추은주도 없는 혼자의 공간 속에서, 나는 내가 어디에 있는지도 잊고, 삶의 의미에 대해 생각한다. 앞서 지적했듯이, '추은주'는 실제의 인물이 아니라, '나'가 환상적으로 갈망하고 있는 '건강'의 표상이라고 할 수 있다. 그러므로 내가 불우하게 떠올린 추은주의 몸은 바로 내가 닿을 수 없는 건강과 젊음의 표상이라고 해석할 수 있다. 그리고 그 젊음과 건강이 쇠퇴해 가는 과정을 '강이 흐르고 노을이 지고 바람이 부는' 과정으로 묘사함으로써, 나는 다시 밤새 건강의 부재라는 무거움에 시달리게 된다.

「화장」에서 '무거움'과 '가벼움'은 또한 화자인 나 오상무가 처리해야 할 화장품의 광고 컨셉에서도 끊임없이 반복되며 선택을 요구하게 한다. 여름 화장품의 출시를 앞두고 '내면여행'과 '가벼워진다'의 두 컨

「화장」에서 이야기하고자 하는 바가 바로 '무거움'과 '가벼움'의 대립과 같이 생의 어쩔 수 없는 대립적 의미에 관한 것이라는 점을 나타내 준다.

셉을 두고 오상무의 부하 직원인 박진수와 정철수의 오랜 토론은 단지 화장품에서 이야기하고자 하는 이미지만을 위한 것이 아니라, 「화장」 전체에서 작가가 제시하고자 하는 바와도 맥이 닿아 있다.

> "한국 여자들의 심성에는 물기가 너무 많지요. 물주머니들이 돌아다니는 거예요. 여자들은 자신들의 이 대책 없는 물기를 증오하는 겁니다. 그러니, 이걸 거꾸로 타 넘어가려면 역시 '가벼움'의 이미지를 밀고 나가는 게 좋을 겁니다"
>
> "여름엔, 여성 존재의 전환감을 강조해야 합니다. 존재의 전환, 낯섦과 설렘. 이런 쪽으로 가야지요. 그러니 '내면여행'을 영상으로 잘 다듬어내는 것도 좋을 겁니다"
>
> ...(중략)...
>
> "'가벼워진다'에는 이탈적 정서가 확실히 들어 있기는 하지만, 이 가벼움이 그야말로 너무 가벼워서 중량감이 전혀 없는 게 문제지요. 거기에 비하면 '내면여행'의 중량감은 안정돼 있다고 봐야지요" (p.34)

여기에서 '가벼워진다'는 컨셉이 강조하는 것은 질퍽이는 물기가 없는 상태를 의미한다. 물론 여기에서는 여름철의 끈적거림을 의미하고 있지만, 이 '가벼워진다'는 의미는 이 작품에서의 '화장(火葬)'과도 맥이 닿아 있다. 그에 비해 '내면여행'은 '무거움'과 의미가 닿아 있다. 여성 자체의 존재감을 향한 여행은 그야말로 중량감을 강조한 것이기 때문이다. 그런 점에서 본다면 이 '내면여행'은 화장의 반대 축인 화장(化粧)과 그 맥이 닿아 있는 것으로 파악할 수 있다.

이렇게 「화장」은 지엽적인 '무거움'과 '가벼움'의 반복을 계속하면서, 전체적인 '무거움'과 '가벼움'의 의미를 형성하고 있는데, 화자인 '나'를 둘러싼 두 화장의 의미가 곧 그 '무거움'과 '가벼움'의 의미라고 할 수 있다. 즉 나를 둘러싼 상황인 뇌종양으로 인한 아내의 죽음, 전립선염을 앓고 있는 나의 노쇠한 육체, 아내의 죽음 뒤에 치러야 할 장례 절차 등은 바로 실제의 '무거움'이다. 즉 나의 현실은 화장(火葬)이며, 이것은 실제로는 무거움의 의미이다. 그러나 그 화장을 통해 형성된 결과는 바로 소멸이며, 가벼움이다.

이에 반해, 나를 둘러싼 상황을 제외한 다른 일상들은 바로 '가벼움'이다. 아내의 죽음 뒤에 일상적으로 처리되는 장례 절차, 화장을 기다리는 동안의 대기실 상황, 장례식에 와서 처리되는 회사 일들, 그리고 닿을 수 없는 위치에 있는 건강의 상징인 추은주 — 이렇게 나를 제외한 모든 것이 바로 '가벼움'이며, 이들은 바로 화장(化粧)의 축을 형성하고 있다고 할 수 있다. '건더기는 없고 껍데기뿐이지만, 이 업계에서 건더기와 껍데기가 구별되는 것도 아니었고 껍데기 속에 외려 실익이 있는 경우는 흔히 있는' 화장(化粧)은 바로 나를 제외한 일상의 가벼움을 보여주지만, 화장은 또 그 자체는 실체에 한겹을 씌운 것이라는 의미에서는 또 다른 '무거움'이 되는 아이러니를 형성하고 있다.

「화장」은 결국 '무거움'과 '가벼움'의 대립에서 '가벼움'의 축으로 서사가 기울어지면서 끝을 맺게 된다. 왜냐하면 '가벼움'의 축이 일상의 축이기 때문이다. 이 속에는 물론 화자인 '나'가 원하는 건강의 축이라는 의미나, 껍데기의 축이며 공허함의 축이라는 의미도 포함된다고 할 수 있다. 또 이 '가벼움'의 축은 화자인 나를 두고 떠나는 축이라고 할 수 있다. 아내는 화장(火葬)을 통해 가볍고도 가볍게 나를 떠났고, 건강함의 표상인 추은주는 아내의 장례 절차가 끝나기도 전에 사직서를 내고 남편의 발령을 따라 회사를 떠났다. 나 역시 이 가벼움의 축에 닿기 위해 '퇴근길에 비뇨기과에 들러서 방광 속의 오줌을 빼는' 일을 한다. 그리고 '오줌이 빠져 나간 방광은 들판처럼 허허로운' 감정을 느낀다. 또 나는 내 손으로 아내가 아끼던 개 '보리'를 안락사시키게 되는데, 이 역시 화자인 '나'가 추구하는 '가벼움'의 의미, 그리고 떠남의 의미와 맞닿아 있다고 할 수 있다.

> "이봐, 지금 지지고 볶을 시간이 없잖아. '가벼워진다'로 갑시다. '내면여행'은 아무래도 너무 관념적이야. 그렇게 정하고, 내일부터 예산 풀어서 집행합시다"
>
> 그날 밤, 나는 모처럼 깊이 잠들었다. 내 모든 의식이 허물어져 내리고 증발해 버리는, 깊고 깊은 잠이었다. (pp.49-50)

이렇게 팽팽하게 대립하던 '여름 화장품'의 컨셉을 '내면여행' 대신 '가벼워진다'로 잡았다는 것에서, 바로 '나'가 결국 나에게 남은 것은 '가벼움'이며, 이 가벼움은 바로 일상에로의 복귀를 의미한다고 할 수 있다. 그러나 이 '가벼움'은 내가 끊임없이 추구하던 건강함을 통한 가벼움이 아니라 '껍데기'만 남은 가벼움이며, '허허로운 벌판' 같은 가벼움인 것이다. 그래서 이 '가벼움'을 택한 나의 잠은 '모든 의식이 허물어져 내리고 증발해 버린' 상태의 가벼움, 즉 소멸의 가벼움이라 할 수 있다. 그러므로 나의 이 가벼움은 추은주 쪽에 속하는 가벼움이 아니라 화장(火葬)하여 소멸된 아내 쪽에 더 가까운 가벼움이라 할 수 있다. 그리고 이것은 바로 아내의 축이 바로 우리의 현실의 축이며, 우리의 인생을 설명하는 '생로병사'17의 축이기 때문이다.

일상성과 개별성의 문제 _ 결론을 대신하여

> "뇌종양이라 해도 병은 환자마다 제가끔입니다. 병은 개인에게 개별적이고도 고유한 징후이지요. 의사가 종양을 들어낼 수는 있어도, 종양을 빚어내고 키우는 환자의 생명에 개입할 수는 없습니다." (p.37)

질병에 대한 우리의 의식은 발병에서부터 질병의 전이, 악화, 결국 죽음에 이르기까지 일종의 공통된 질서가 있다고 생각한다. 그래서 질병의 징후에 따라 병이 어디까지 진행되었는지, 그래서 죽음에 이르기까지 얼마의 시간이 남았는지를 공통적인 통계에 의해 제시하기도 한다. 그리고 질병에 걸린 당사자의 의식이나 그 병자를 바라보는 가족이나 지인의 시선 역시 공통적인 의식이 있다고 생각한다. 그러나 우리가 질병을 하나의 '은유'로 여긴다면, 여기에서 '은유'라는 의미 자체는 질병은 그 자체가 그 '개별성'을 가진다는 것을 의미한다.[18]

---

17 이 점은 김훈이 「화장」으로 수상한 이상문학상 수상 소감에서 밝힌 "중생으로 살기 위하여, 생로병사에 밟히기 위하여, 시간이 몰고 오는 온갖 수모를 견디기 위하여, 목마름을 목말라하기 위하여, 그리고 인간에게 허용된 말의 범위 안에 머무르기 위하여 저는 기어이 한 글 한 글의 글을 쓰겠습니다"라는 말과도 맥이 닿아 있다.

18 수잔 손탁(2002)는 「마의 산」을 분석하면서, 질병을 '변형된 사랑'이라는 측면을 등장인물의 설명에 의해 추출해낸다. 이 점은 질병의 형태 각각이 병자에 의해 각각의 다른 의미로 해석됨을 보여 준다.

아내의 '뇌종양'이라는 질병과 그 질병에 의한 죽음을 서사의 중심으로 하는 [화장]은 '질병'이 결코 일상적이지 않다는 점을 보여준다. 그리고 그렇게 일상적이지 않는 질병을 일상화하는 우리의 모습을 보여줌으로써 우리의 삶, 즉 생로병사의 아이러니를 제시해 주고 있는 것이다.

즉 아내의 뇌종양의 증후들에 대한 치밀한 묘사와 나의 전립선염에 대한 묘사 등은 바로 '질병'의 개별성의 모습을 보여주고 있다고 한다면, 그 개별성을 일상화하는 것이 바로 나의 '배뇨 시술'이나 아내의 장례식 모습 등이라 할 수 있다. 이 점은 「화장」의 작은 에피소드로 등장하고 있는 '질 세정제'의 시장 조사를 평가하는 사장의 언급에서도 잘 드러난다.

> "그때 사장은 질 내부의 여러 부위들을 보여주는 환등 화면을 볼펜으로 가리키며 "저게 다 제가끔이란 말이지. 제가끔이라 하더라도 따로따로 맞게 만들어줄 수는 없지 않은가. 시장은 무진장인데, 들어서기가 어렵구만"이라고 중얼거렸다." (p.24)

이렇게 우리의 일상은 가장 은밀하고 비밀스러워야 할 신체 부분까지 공통화하고 일상화하려고 한다. 「화장」에서 보여주는 아내의 병의 증후가 주로 '배변'과 '성기'에 집중되어 있다는 점이나, '나'의 노쇠를 상징하는 질병 역시 '전립선염'이라는 사실 또한 이 점과 관련이 있다. '노쇠'와 '질병'이라는 '고장난 신체'에서는 더 이상 은밀함과 비밀스러움이 존재할 수 없는 것일까? 경외의 대상이며, 경어체까지 동원한 서사는 오직 '건강하고 젊은 육체'에만 가능한 것인가?

「화장」이 '몸'의 서사로 넘어서서, 질병의 서사로 파악될 수 있는 점은 바로 화자인 '나'가 추은주에 대한 끊임없는 경외를 표출하고 있지만, 결국 추은주를 보내고, 노쇠한 '나'의 육체를 '개별화'하여 그 자체로 받아들인다는 점에 있다. 아내의 화장과 추은주의 떠남 후에 내가 가지는 '모처럼의 깊은 잠, 내 모든 의식이 허물어져 내리고 증발해 버리는, 깊고 깊은 잠'은 바로 두 여자(아내, 추은주)의 떠남 후의 상실감이 아니라, 생에 대한 개별성의 인식이라고 파악할 수 있는 것이다. 그러므로 「화장」이 질병을 통해 드러내고자 한 은유는 바로 그 어떠한 이유로도 일상화될 수 없는 개별성을 가진 생로병사의 모습이라고 할 수 있겠다.

참고문헌

기본 자료

김훈 외(2004), 『2004 제28회 이상문학상 작품집』, 문학사상사.

참고 논저 및 문헌

강혜숙(2008), 「세 가지 어법과 감각의 서사」, 돈암어문학, pp.249-288.

권영민(2004), 「육체의 담론과 소멸의 미학 그린 획기적 작품」, 『2004 제28회 이상문학상 작품집』(문학사상사) 수록 심사평.

권택영(2004), 「문순태의 특별상 수상에 보내는 찬사」, 『2004 제28회 이상문학상 작품집』(문학사상사) 수록 심사평.

김경수(2006), 「중년 탐색의 허와 실」, 『황해문학』 가을호. pp.346-352.

김면수(2001), 「결핵의 수사와 임상적 상상력」, 『민족문학사 연구』 제19호, pp.371-400.

김성곤(2004), 「인간 존재에 대한 성찰의 심오함과 묘사의 탁월성」, 『2004 제28회 이상문학상 작품집』(문학사상사) 수록 심사평.

김영찬(2007), 「김훈 소설이 묻는 것과 묻지 않는 것」, 『창작과 비평』 통권 137호, pp.389-399.

김인환(2004), 「신들의 황혼」, 『2004 제28회 이상문학상 작품집』(문학사상사) 수록 심사평.

김택호(2006), 「서사와 묘사; 인간의 삶을 재현하는 두 가지 방법과 작가의 태도 -김훈의 「칼의 노래」와 윤성희의 소설을 중심으로-」, 『한중인문학연구』 제17집, pp.117-137.

박철화(2004), 「여성 작가들의 꽃밭에 뛰어든 맹수의 포효」, 『2004 제28회 이상문학상 작품집』(문학사상사) 수록 심사평.

반영한(2007), 「김훈소설연구」, 고려대학교 교육대학원 석사학위논문.

송주현(2005), 「아수라의 시대, '작은' 영웅의 감각적 서사 - 김훈의 소설을 중심으로」, 『이화어문논집』 제23집, pp.94-101.

신수정(2002), 「헛것을 넘어서는 헛것을 위하여」, 『현대문학』 통권 584권, pp.286-289.

심진경(2003), 「경계에 선 남성성」, 『문학과 사회』, pp.1257-1276.

이미란(2009), 「창작소설의 평가 기준 연구」, 『한국문학이론과 비평』 제42집, pp.355-379.

이어령(2004), 「두 여체의 대위법과 생명의 심연 넘기」, 『2004 제28회 이상문학상 작품집』(문학사상사) 수록 심사평.

이재선(2007), 『현대소설의 서사주제론』, 문학과 지성사, pp.13-57.

이필규(2004), 「서술화하는 육체와 서술화되는 육체의 비극 - 김훈 「화장」」, 『제3의문학』 통권 제16호, pp.78-92.

임병권(2002), 「1930년대 모더니즘 소설에 나타난 은유로서의 질병의 근대적 의미」, 『한국문학이론과 비평』 제17집, pp.82-103.

최영자(2009), 「이데올로기적 환상으로서의 김훈 소설」, 『우리 문학연구』 26집, pp.371-400.

홍웅기(2008), 「김훈 소설의 존재의 재현방식 연구 - 「현의 노래」를 중심으로」, 『비평문학』 30집, pp.445-458.

Daemmrich, Horst S. and Ingrid Daemmrich(1987), *Themes and Motifs in Western Literature*, Francke Verlag, pp.90-95.

Meyers, Jeffrey(1985), *Disease and Novel 1880-1960*, st. Martin's Press, New York, pp.3-15.

Sontag, Susan(1978), *Illness as Metaphor*(『은유로서의 질병』, 이재원 역, 이후, 2002.)

회화를 통한 문학적 서사성의 구현 양상 연구

벨라스케스의 「시녀들」과 유홍종의 「죽은 황녀를 위한 파반느」, 박민규의 「죽은 왕녀를 위한 파반느」의 비교를 중심으로

들어가며

예술 장르 간의 상호 관계는 오랫동안 긴밀한 입장을 유지해 왔었다. 특히 문학과 미술의 만남은 '미적 탐구'라는 공통된 목적을 가지고 상호 교차하며 끊임없이 서로에게 영향을 주고받고 있다(유남희 2010:1). 이 두 장르는 상보적 혹은 경쟁적 관계를 통해 기존의 상투화된 표현과 기법을 탈피한 새로운 형식과 창조적인 이야기 양식을 생산해 왔던 것이다. 이것은 예술 작품 창조의 원류인 인간의 상상력이 얼마든지 인접 예술의 작품에서 창작의 영감을 얻을 수 있다는 점에서 충분히 이해 가능한 부분이라 할 수 있다.

이러한 장르의 상호 교섭에서 각각의 개별 텍스트들은 뚜렷한 원칙에 의해 결합되어 더 높은 층위의 텍스트를 형성하기도 하고, 수평적 관계를 형성하여 보다 큰 체계로 확대되기도 한다(조용훈 2005:102). 여기에서 주목하여 살펴보아야 할 점은 이러한 텍스트 간의 관계라고 할 수 있는데, 이것을 '상호텍스트성'이라고 한다.

상호텍스트성(intertextuality)이란 원래 미하일 바흐친의 대화주의 이론에 뿌리를 두고 있는 개념으로 어느 한 텍스트가 다른 텍스트들과 맺고 있는 상호 관련성을 가리키는 개념이다. 이 상호 관련성은 좁은 의미에서는 작품 간의 인용이나 영향 관계를 설명하기 위한 것이지만 넓은 의미에서는 텍스트와 텍스트, 주체와 주체 사이, 텍스트와 사회 문화적인 영향 관계에서 발생하는 현상까지를 설명하는 개념이라고 할 수 있다. 그런데 여기에서 주의할 것은 이러한 텍스트의 상관 관계에서 상호텍스트성은 후행 텍스트가 선행 텍스트를 어떻게 해석하고 새로운 의미와 형식을 창출하는가에 비중이 맞춰져야 한다는 사실이다.

이런 점에서 상호텍스트의 개념은 문학이론에서 출발하여 일상 생활의 의사소통이나 문화이론에까지 확장되어 사용되고 있다. 이런 추세를 반영하듯 국문학 분야에서 '문학과 회화'는 그 친연성만큼 주목할 연구 성과를 보이고 있다.[1] 이 연구들은 회화와 시의 관련성에 관한 연구가 압도적으로 많은데, 이것은 시와 회화는 '이미지'의 교류라는 커다란 본질을 공유하고 있다는 점에서 그 기인하는 바가 크다. 연구 대상 작품들은 주로 시와 회화의 제목이 일치하거나, 한 화가의 화풍 자체가 시의 연작이 되는 경우 등이 많다. 이에 비해 소설과 회화와의 관련성은 그 연구의 활발함은 덜하다고 할 수 있다. 주로 김영하, 성석제 등의 작품을 중심으로 연구가 진행되어 왔는데, 이 연구들은 이들 작가의 작품 자체가 명화의 주제를 그대로 드러내고 있다는 점이나 소설을 읽는 중에 회화를 떠올리는 구조로 되어 있다는 점 등이 논의의 주를 이룬다.

물론 지금까지의 선행 연구들은 하루가 다르게 변해가는 현대 문화

---

1 조용훈의 『시와 그림의 황홀경』, 『그림의 숲에서 동·서양을 읽다』, 『문화기호학으로 읽는 문학과 그림』, 윤호병의 「한국 현대시에 수용된 반 고흐 그림」, 김효중의 「한국현대시에 수용된 샤갈 그림」 등 시와 회화와의 관련성을 다룬 논저들이 있다. 회화와 소설의 관련성을 다룬 논의로는 성현자의 「성석제 소설 「욕탕의 여인들」에 수용된 회화적 이미지」, 『빛의 걸음걸이』에 나타난 회화적 은유」, 「『나는 나를 파괴할 권리가 있다』의 회화의 수용」, 유남희의 「회화의 타 당르간 교섭 양상 연구 -김영하의 『나는 나를 파괴할 권리가 있다』를 중심으로」, 한순미의 「매체적 상상력과 욕망하는 주체-김영하의 단편을 중심으로」 등이 있다.

에서 문학의 형태도 유동적이 될 수 있다는 가능성을 보여준 점이나 새로운 기법을 통해 기존의 문학 작품을 재해석할 수 있는 가능성을 보여준 점 등은 긍정적으로 평가할 수 있다. 하지만 한 작품과 한 작품의 일대일 연관 관계만을 파악하다보니 각 문화 장르의 고유 연구가 배재된 채 연구가 진행되거나 문학의 유동성에 지나치게 치우쳐 문학 고유의 본질을 등한시했다는 점은 보완되어야 할 부분이라고 하겠다.

본고에서 다루고자 하는 작품인 유홍종의 「죽은 황녀를 위한 파반느」와 박민규의 「죽은 왕녀를 위한 파반느」는 두 작품 모두 벨라스케스의 「시녀들」에서 모티프를 얻어 창작한 작품들이다. 이 두 작품은 단편과 장편이라는 형식의 차이뿐 아니라 같은 작품에서 모티프를 얻었지만, 「시녀들」이라는 작품 전체에서 등장하는 인물 중 주목하는 인물이 상이하게 다르며, 「시녀들」을 통해 읽어낸 각각의 요소들 또한 상이하다.

이 두 소설 작품의 분석을 통해 회화 작품인 「시녀들」을 어떻게 읽어내고 있는가를 찾아내는 작업은 그러므로 후행 텍스트가 선행 텍스트를 어떻게 해석하고 있는가를 밝혀내는 것이며, 이러한 분석을 통해 '회화'를 통한 문학의 상상력이 얼마나 확대되고 있는지도 알 수 있을 것이다.

벨라스케스의 「시녀들」의 특징

벨라스케스의 「시녀들」만큼 서양미술사에서 걸작 중의 걸작으로 인정받아온 작품도 흔치 않다. 특히 이 작품은 1970년 미셸 푸코가 『말과 사물』에서 이 작품을 분석하면서 고전시대의 '재현의 재현'으로 해석한 것을 비롯하여, 수많은 이론가 및 비평가들이 「시녀들」을 해독하려 했다. 뿐만 아니라 피카소를 비롯하여 고야, 마네, 달리 등의 화가들도 이 그림을 각자의 방식으로 해석하며 여러 차례 다시 그리기도 했다. 그 만큼 이 작품은 이론가이든 작가이든, 심지어 일반인들에게조차 그 작품의 의미를 캐고 싶다는 욕망을 불러일으킨다. 그래서 설은 "왜 「시녀들」은 300년 넘도록 우리를 괴롭히는가?"라고 괴로움을 토로하며 논문을 시작하기도 했다(정은경 2010:12).

벨라스케스의 「시녀들」이 이러한 논란의 중심에 서 있게 된 이유는 이 작품이 엄밀한 계획 속에 그려진 것처럼 보이는 것에도 불구하고 애매성, 혹은 불확실성으로 가득차 있기 때문이다. 그래서 그림에 대한 다양한 질문과 다양한 해석을 불러 왔고, 표면적인 현상 이면에 뭔가 다른 이야기가 숨어 있을 것이라는 상상을 불러일으켜 왔기 때문이다.

「시녀들」에 대한 논란은 크게 두 가지 입장으로 대변된다. 먼저 이 그림은 단순한 17세기 스페인 궁정의 일상적인 풍속화일 뿐 부가된 형이상학이나 사변이 없다는 주장이다. 그러므로 이 그림은 국왕 필리페 4세의 딸 마르가리타 공주의 초상화이거나, 자신을 평생 신뢰하고 후원해 준 왕에 대한 무한한 충성심을 표시하는 벨라스케스 자신의 자화상으로 볼 수 있다는 것이다.

또 다른 입장은 「시녀들」을 그리는 데는 화가의 눈과 손만 아니라 지성과 예리한 통찰력 또한 활용되었다는 입장이다. 벨라스케스는 일반적인 그림들에서는 당연히 확정적일 수밖에 없는 요소들을 이 작품에는 애매한 상태로 남겨두었는데, 예를 들어 우리는 이 그림의 주인공이 누구인지, 즉 벨라스케스 자신의 자화상인지, 마르가리타 공주의 초상인지 확정할 수 없다는 것이다. 뿐만 아니라 화면 속 화가가 그림을 그리고 있는 캔버스에 무엇이 그려져 있는지, 그려진 방의 뒤쪽 벽에 흐릿하게 반영을 가진 사각형(우리가 거울이라고 상정하는)은 무엇을 의미하는지, 그리고 그 옆 밝은 출입문에 서 있는 인물은 어떤 역할을 하는지, 화면 속 인물들의 시선을 사로잡은 대상은 누구인지도 불명확하다. 이러한 애매한 요소들은 관람자들로 하여금 이 그림이 눈에 보이는 것 이상의 다른 무언가를 숨기고 있는 것처럼 느끼게 한다. 그래서 후대인들은 캔버스의 표면 너머에서 벨라스케스가 숨겨둔 형이상학적이거나 철학적 면모들을 읽어 내고자 고심해 왔던 것이다(김소라 2011: 52-53).

「시녀들」의 이러한 특징은 앞서 제시한 피카소를 비롯한 많은 화가들의 흥미를 자극했을 뿐 아니라, 비평2, 음악, 문학에도 심오한 영향

---

2 「시녀들」에 대한 대표적인 비평가로 푸코, 라캉, 스나이더, 코헨, 썰 등이 있다. 이들 비평 중 특히 대표적인 푸코와 라캉의 비평을 살펴보면, 푸코는 「시녀들」을 '재현의 재현' 이라는 용어로 파악하고 있다. 그에 따르면 이 그림은 주체는 보이지 않고 오직 재현만이 보인다고 주장한다. 특히 푸코는 그림 속의 '거울'에 주목하여, 거울은 실제의 모델로도 작용하고, 그림 속에서 벨라스케스가 그리고 있는 그림 속에 그려진 모습으로도 이중으로도 보이지 않는 왕과 왕비를 보여주는 치환의 기능을 수행한다고 파악하고 있다.

푸코의 분석과 달리 라캉은 푸코가 「시녀들」을 순수한 형태의 재현으로만 파악한 것에 대해 비판하면서, 이 그림은 주체를 제거한 것이 아니라 오히려 새겨 넣고 있으며, 의식적 주체가 아니라 분열된 주체를 이중적으로 새겨 넣고 있다고 주장하고 있다(양석원 2007:146-151).

을 끼쳤다. 「시녀들」이 음악적 상상력을 자극한 경우로 프랑스 작곡가 모리스 라벨의 경우를 들 수 있다. 모리스 라벨은 1899년 루브르 미술관에서 「시녀들」을 보고 깊은 영감을 받아 「죽은 왕녀를 위한 파반느」라는 피아노 연주곡을 만들었다. 또 「시녀들」이 문학적 상상력에 영향을 미친 작품으로는 본고에서 다룰 우리 문학 작품인 유홍종의 「죽은 황녀를 위한 파반느」와 박민규의 「죽은 왕녀를 위한 파반느」 외에 「시녀들」에 등장하는 각 인물을 소설의 형식을 빌어 소상하게 설명하는 페드로 J. 페르난데스의 「벨라스케스의 거울」,[3] 그리고 그림 속의 개에 주목한 작품인 라헐 판 코에이의 「바르톨로메는 개가 아니다」와 같은 작품이 있다.

이렇게 하나의 회화 작품이 걸작으로 추앙받고 그 회화에 대한 끊임없는 해석이 이루어지는 것은 그 작품이 제공해 주는 새로운 '이야기'의 힘이라고 할 수 있다. 회화에서의 이야기는 회화가 제작될 당시의 그대로의 이야기가 아니라 무엇인가가 상징화되어 있고, 새로운 암시로 가득차 있을 때 그 이야기는 더욱 큰 힘을 발휘한다고 할 수 있다.

이런 의미에서 본고에서 다룰 회화 작품인 벨라스케스의 「시녀들」은 기존의 회화와 소설의 연관 텍스트들이 소설의 '주제'를 하나의 이미지로 상징하는 도구로 '회화'를 이용했던 것과는 달리 회화 작품 자체가 가진 상징성에 주목하여 우리 문학의 두 작품과의 관련성을 파악

---

3 페르난데스는 마드리드 콤플루텐세 대학교의 교수를 역임하고 안달루시아 미술관 관장과 프라도 미술관 부관장을 역임했다. 그러므로 그의 경력으로 보았을 때 『벨라스케스의 거울』은 소설이지만 등장인물에 관한 기록은 사실에 근거했을 가능성이 높다고 할 수 있다.

하고자 한다. 회화의 어떤 부분이 이야기를 이끌어가는 핵심이 되는가를 살펴보는 것은 문학과 회화의 상호 관련성 뿐 아니라 문학 자체의 숨은 의미도 도출될 수 있다고 본다.

극미의 상상과 욕망의 은폐
_ 유홍종의 「죽은 황녀를 위한 파반느」

유홍종의 「죽은 황녀를 위한 파반느」는 벨라스케스의 「시녀들」의 중심인물인 마르가리타 공주를 주인공으로 삼고 진행되는 이야기이다. 물론 제목이나 작품 중에 등장하는 '음악적인 부분'은 라벨의 음악적 영감이 관련되어 있다고 판단할 수도 있다.

이 작품은 27살의 희곡작가인 '나'와 짧은 기간 동거하며 '사랑'을 키워온 12살 '여란'과의 다소 환상적인 이야기이다. 낡은 아파트에서 희곡 창작에 몰두하고 있던 나는 우연히 들은 플룻 소리와 화장실 방수 공사를 계기로 12살 어린 소녀 오여란이 혼자 살고 있다는 사실을 알게 된다. 이후 여란의 발병으로 인해 나와 여란은 우연한 동거를 시작하게 된다.

> 그렇게 나는 여란의 이 세상의 하나밖에 없는 군주였고, 여란은 스스로 왕비가 되기 위해서 내 궁성에 들어온 다른 나라의 황녀라고 했다. 이 어린 황녀는 나중에 크면 왕비가 되어야 하기 때문에 서민학교에 다닐 수 없으니 왕이 직접 모든 교육을 시켜야 한다고 우겼다. ...(중략)... 크리스티나비는 아직 어려서 왕비가 될 수 없지만 몇

년 후에는 왕이 가장 사랑하고 총애하는 배필자가 되겠노라고 했다.[4]

이렇게 시작한 '황제'와 '황녀' 놀이에서 '나'는 점점 여란을 통해 '감정적으로 연인으로서의 상상적 갈망을 가졌고', '여란'은 '내게서 실질적인 남자의 체취를 강렬하게 맡게'된다. 여란은 끊임없이 '나'에게 자신이 어린 아이가 아니라 '여자'임을 드러내고자 하지만, '나'는 여란이 미성년이라는 이유로, 여란과 기묘한 동거 생활을 하는 동안 아무런 육체적 관계도 가지지 않았다는 것을 고백한다.

> 그래서 나는 블라디미르 나보고프의 소설 「로리타」는 작가의 도색적 미학과 상상력을 실험해 본 소설일 뿐 실제로는 그렇게 폭발적인 집념을 모이는 에로스가 존재한다고는 상상하지도 못했다. ...(중략)... 그때 나의 왕비가 꼭 그렇게 맘을 먹었다면, 그리고 만일 내 이성이 마비되어 버렸거나 내 관능이 좀 더 거칠었다면 그녀의 팥빛 자궁 속에 내 핏줄을 얽어매었으리라는 것은 쉽게 상상하고도 남는 일이었다. (pp.203-204)

점점 노골적이 되어가는 여란의 유혹 앞에 '나'는 여란의 순결을 어렵게 지켜냈다는 사실을 강조하며, '여란'에 대한 나의 감정이 도색적인 취향의 로리타 콤플렉스는 아니라는 점, 그리고 여란이 그렇게 간절히 원했지만 결국 나는 '어린 악마'의 유혹에 넘어가지 않고 12살 여란과 성관계를 가지지 않았다는 것을 거듭 강조하고 있다. 서술자 '나'는 내

4 유홍종(1986:199), 이하 인용은 페이지만 표시

가 여란을 향해 '성적 욕망'을 느꼈다면 그것은 도색적인 취향이며, 「로리타」의 작가는 그런 도색적인 취향을 가진 인물이라고 강조한다.

이렇게 작품 곳곳에서 서술자 '나'는 블라디미르 나보고프의 「로리타」의 세계를 전적으로 부정하고 있지만, 이 작품에는 「로리타」수용의 흔적이 고스란히나타난다. 우선 서술자 '나'의 직업이 희곡 작가라는 사실이나, 여란이 떠난 후에 여란이 남긴 물건 중에 테니스와 배드민턴 라켓 같은 것에 주목하는 부분 등이 특히 그러하다. 또 여란에 대한 묘사의 부분인 "그녀의 적갈색 자궁도 커지고 진주광택의 간장이며, 허파의 포도송이 같이 알도 굵어졌고, 콩팥과 팔꿈치며 무릎의 복숭아뼈도 자랐겠지"라는 부분은 「로리타」와 거의 유사한 묘사라고 할 수 있다.

여기에서 주목해야 할 점은 「로리타」와 「죽은 황녀를 위한 파반느」에서 '로리타'와 '여란'의 아름다움은 어떤 모습일까? 하는 부분이다. 그것은 여성으로서의 '성적' 아름다움이 아니라 살아 있는 자체의 '생동감' 이 주는 '싱싱함'의 아름다움이라 할 수 있을 것이다. 그리고 서술자는 이러한 생동감의 아름다움에 주목하고 있기 때문에 육체적 생동감을 직접적으로 느낄 수 있는 '테니스 라켓' 등과 같은 소품에 집착하게 되고, '성적인 욕구'를 가장 극명하게 느끼는 부분이 바로 생동감 넘치는 로리타와 여란의 몸 속의 가장 깨끗한 장기(臟器)라고 할 수 있는 것이다.

그러나 「로리타」와 「죽은 황녀를 위한 파반느」가 판이하게 갈라지는 부분은 이러한 생동감의 아름다움, 특히 가장 짧은 극미[5]의 아름다

---

5 '극미'라는 표현은 「죽은 황녀를 위한 파반느」에

움에 대한 수용 태도에서이다. 먼저 「로리타」가 이러한 '아름다움'을 그대로 수용하고 욕망하는 태도를 보인다면, 「죽은 황녀를 위한 파반느」는 이러한 아름다움을 인정은 하지만 그 아름다움을 욕망하는 자체는 억압한다. 즉 12살 소녀에 대한 성적 욕망은 '도덕적', '관습적'으로 표출되어서는 안되는 욕망이라는 것이다. 이러한 욕망의 억압. 여기에서 유홍종의 「죽은 황녀를 위한 파반느」와 벨라스케스의 「시녀들」이 만나게 된다.

벨라스케스의 「시녀들」을 읽어내는 여러 해석들 중 '거울 이미지'를 통한 벨라스케스의 욕망과 그 욕망의 억압에 대한 해석이 있다. 「시녀들」은 벨라스케스의 억압된 욕망이 변형되어 나타난 것이며 거기에는 환상이 개입되어 있다는 것이다(정은경 2010:41). 앞서 언급했듯 「시녀들」은 화가가 등장하는 자화상이지만 그림의 중심에는 화가가 아닌 공주가 있으며 중요하지 않은 인물들이 전면에 배치되어 있다. 이것은 그가 자신의 욕망을 은폐하는 기교라고 볼 수 있다는 것이다. 이 때 벨라스케스가 은폐하고자 하는 욕망은 '근친상간'의 욕망이라고 해석하고 있다(정은경 2010:45). 그래서 벨라스케스가 욕망을 억압하기 위해 사용한 마르가리타가 그의 억압된 욕망의 비밀을 푸는 열쇠가 되는데, 벨라스케스는 근친상간적 결혼의 산물인 마르가리타 공주에게 무의식적으로 주목하는 것이 그의 근친상간적 욕망을 보여준다는 것이다.

서 그대로 강조되는 표현이기도 하지만, 「로리타」에서 서술자가 '로리타'가 성숙해 가는 것을 싫어하거나, 「죽은 황녀를 위한 파반느」에서 '나'가 이상적으로 생각하는 여란의 모습이 12살 여란의 모습이라는 것은 그 상태 그대로의 짧은 순간의 아름다움, 즉 '극미'를 의미한다고 할 수 있다.

물론 「시녀들」에 대한 이러한 분석도 일견 타당하기는 하다. 그러나 이러한 해석은 마르가리타의 가문인 합스브르크가의 역사적 사실에 지나치게 치중한 해석이라 할 수 있다. 오히려 여기에서의 '근친상간적 욕망'은 화가 벨사스케스의 억압된 욕망이 아니라 '근친상간'을 알고 있는 자가 그것을 비밀로 해야 할 때의 억압이 벨라스케스의 고유한 '억압'이라고 할 수 있다. 그러므로 「시녀들」에 나타나는 벨라스케스의 억압된 욕망이 무엇인지는 다른 해석을 필요로 한다고 할 수 있다.

지나치게 아름답게 표현한 마르가리타의 모습은 마르가리타의 실제라기보다는 벨라스케스의 '이상'에 가까운 모습이며, 이러한 표현은 대상에 대한 극도의 애정이 그대로 표출된 것으로도 볼 수 있는 것이다.[6] 특히 마르가리타의 모습에서 강조되는 부분은 뽀얀 살결과 만지고 싶을 정도로 생동감이 넘치는 뺨이다. 이것은 바로 벨라스케스가 마르가리타의 아름다움 중 어디에 주목했는가 하는 점이 또한 드러나는 부분이라 할 수 있다.

벨라스케스는 마르가리타 왕녀의 이러한 모습에서 '극미'의 감정을

---

6 물론 이것을 기존의 연구에서는 벨라스케스가 그린 마르가리타 공주의 초상화에 화가의 연민과 애정으로 가득 차 있는 것은 실제로 아버지 펠리페 4세와 벨라스케스가 절친한 친구였던 만큼 마르가리타는 화가 벨라스케스에게도 금지옥엽 막내딸과 같은 존재였던 것으로 해석하고 있다. 또 마르가리타 공주는 자랄수록 가문의 다른 일원들처럼 주걱턱이 심해지는데, 벨라스케스는 마르가리타 공주의 이런 결점을 최대한 가려주기 위해 초상화의 각도를 조정하는 등의 노력을 보인 것으로 알려지고 있다.

느꼈을 것이다. 그리고 그러한 감정은 또 다른 욕망의 형태로 자리 잡았다고 볼 수 있다. 그러나 이런 왕녀에 대한 화가의 욕망은 금기의 욕망이며, 철저하게 숨겨야 하는 욕망이라 할 수 있다. 그리고 스스로도 그런 욕망은 억압을 강요해야 할 욕망이라 보고 있다. 이렇게 볼 때 벨라스케스가 욕망의 억압 장치로 제시한 부분들이 바로 「시녀들」 전체의 화폭을 차지한다고 볼 수 있다.[7]

이 점에서 본다면 유홍준은 「시녀들」에서 벨라스케스의 욕망, 즉 황녀인 마르가리타 공주를 향한 욕망을 읽어냈다는 것이다. 이것은 억압된 '로리타 콤플렉스'라고도 할 수 있는 것이다. 결국 벨라스케스이 억압된 욕망이 유홍준에 의해 문학적으로 서사화된 것이 바로 「죽은 황녀를 위한 파반느」라고도 할 수 있다.

왜 '죽은 황녀인가?' 벨라스케스의 「시녀들」과 유홍종의 「죽은 황녀를 위한 파반느」가 만나는 지점은 또한 이 지점에서도 이어진다. 「시녀들」 속의 마르가리타의 생동감은 이후 마르가리타의 불우한 생[8]과

---

7 멀리서 보이는 국왕 부처의 모습, 성직자의 모습, 마르가리타를 둘러싼 시녀들과 난장이 시녀 마리 바리볼라, 그리고 개와 뒷문에 기대어 선 또 다른 벨라스케스까지 각각의 인물들은 도덕적으로 종교적으로, 혹은 권위에 의해, 또는 '극미'의 아름다움이 사라진 순간에 가장 추악한 모습이 될 것이라고 자신에게 암시를 거는 행위 등을 통해 왕녀를 향한 화가의 욕망을 억압하고 있다고 할 수 있다.

8 스페인 합스부르크 왕가 펠리페 4세의 딸이자 공주였던 마르가리타는 한없이 귀엽고 아름다운 모습으로 그림 속에 담겨 있지만, 불행히도 1673년 22세의 어린 나이에 요절하고 말았다. 1666년 마르가리타 공주는 레오폴드 1세 (외삼촌과 조카의 관

관련되어 더욱 비감함을 느끼게 한다. 그러나 이러한 '비감함'을 통해 완성된 것이 라벨의 음악이었다면 유홍종은 마르가리타 공주의 죽음을 오히려 '극미'의 완성으로 읽어냈다.

> 아름다움이란 독기와 통하고 독기는 죽음을 불러오는 것이므로 결국 극미(極美)란 죽음과 인연이 닿아 있다는 생각을 했다. 사실 극치의 아름다움이 죽음과 통한다는 말은 조금도 이상한 말이 아니다. (pp.193-194)

이렇게 극미의 아름다움을 간직한 왕녀는 죽음을 통해 그 아름다움을 완성할 수 있다는 생각이 바로 유홍종의 「죽은 황녀를 위한 파반느」를 이끌고 가는 또 하나의 상상력이 된 것이라고 볼 수 있다.

> 그 미모의 젊은 한국 여인은 남편과 일찍이 이혼한 후에도 도서관에 근무했으며 6년 전에는 자기 얼굴을 빼다 박은 듯한 열 두 살 된 딸을 서울에서 데려왔으나 그 딸이 1년도 못되어 혈우병으로 죽었다고 말했다. (p.210)

이렇게 여란은 내가 욕망했던 어린 여란의 상태대로 죽음을 맞이했다. 그야말로 '극미'의 아름다움을 그대로 간직했다고 할 수 있다. 여기에서 여란의 사인(死因)으로 제시된 '혈우병' 또한 벨라스케스의 「시녀들」

계)와 결혼을 하게 되지만 결혼 5년 만에 아마도 근친혼의 여파로 인해 요절하였다고 알려지고 있다.

을 연상시키는 부분이다. 합스브르크가의 억압된 비밀인 '근친상간'과 가장 관련이 깊은 질병이 바로 '혈우병'이기 때문이다.

죽은 여란을 대신해 '나'에게 편지를 보내던 여란의 엄마 '클라라 김'은 나에게 자신을 여란이라 믿게 하며 호텔에서의 재회를 계획한다. 그리고 그 재회의 순간에 나에게 '벨라돈나'라는 독약이 든 술을 마시게 함으로써 나는 거의 죽음의 상태에 이르러게 된다. 6년이 지난 후 성숙한 여성이 된 여란과 그 어떤 억압 없이 성숙한 성인으로서 결합이 가능하다고 믿었던 나는 여란과의 정사를 꿈꾸었다. 그러나 여란 엄마의 독살 시도로 내가 여란인 줄 알고 정사를 나누려고 한 여란의 엄마 '클라라 김'과도 역시 정사는 이루어지지 않는다.

물론 나와 여란의 기묘한 동거 기간에도 여란과 나는 직접적인 성 관계는 이루어지지 않았지만 여란을 향한 나의 욕망은 직접적인 관계 못지 않았다고 할 때, 6년 후 여란 엄마인 '클라라 김'과 나의 정사가 이루어졌다면 이 역시 '근친상간'과 유사한 반윤리적 코드라고 할 수 있을 것이다. 그러므로 이 부분은 기존의 벨라스케스의 「시녀들」분석에서 읽어냈던 은밀한 '근친상간'적 코드와 맥락이 닿아 있는 부분이라고도 볼 수 있다.

이상에서 살펴본 유홍종의 「죽은 황녀를 위한 파반느」는 「시녀들」의 여러 인물들 중 그림의 중심을 차지하고 있는 어린 '마르가리타 공주'를 중심 인물로 두고 서사를 진행시킨 작품이라 할 수 있다. 특히 벨라스케스의 억압된 욕망을 중심으로 「시녀들」을 읽어낼 때 기존의 「시녀들」을 보는 다른 의미의 해석도 가능해진다고도 할 수 있다. 이런 점은 회화 작품이 문학의 상상 영역을 넓히는 작용을 했다는 의미와 함께 회화 작품 자체를 새롭게 해석해 볼 수 있는 근거도 될 수 있으리라 본다.

재현의 재현 -부러움과 부끄러움의 미학
_박민규의 「죽은 왕녀를 위한 파반느」

박민규의 「죽은 왕녀를 위한 파반느」는 벨라스케스의 「시녀들」의 인물 중 못생긴 난장이 시녀 마리 바리볼라를 주 인물로 하여 서사가 진행되는 이야기이다. 벨라스케스의 「시녀들」에서 가장 기묘한 부분 중의 하나가 바로, 공주와는 동떨어진 위치에 캠퍼스의 많은 부분을 차지하고 있는 난장이 시녀의 모습이다. 이 시녀가 차지하고 있는 부분의 중량감으로 인해 이 작품은 공주의 초상화로도, 화가의 자화상으도 읽히기 어렵다고도 할 수 있다.

이 시녀는 못생겼기 때문에 주목받는 인물이다. 박민규 소설의 상상력은 바로 여기에서 시작된다. 박민규의 「죽은 왕녀를 위한 파반느」는 못생겨서 주목을 받는 여자의 아픔과 사랑을 그린 작품이다.

> 벨라스케스에요. 그녀의 손가락이 그중 하나를 가리켰다 ...(중략)... 벨라스케스의 「라스 메니나스」... '시녀들'이란 뜻이죠. 그리고 주인이 올 때까지, 나는 마르가리타 왕녀라든가.. 그녀를 그린 벨라스케스... 또 그의 그림에 매료된 모리스 라벨... 해서 탄생한 「죽은 왕녀를 위한 파반느」의 이야기를 들어야 했다. ...(중략)... 뭔가 이상하다는 생각을 하면서도 통화 내내 나는 「시녀들」이란 그림 속의 시녀들에게서 눈을 뗄 수 없었다. 이상하게도, 그랬다. 특히 내 눈길을 사로잡은 것은 고개 숙인 개의 뒤 편에 선, 검푸른 드레스의 키 작은 여자였다. 이상하리만치 궁정의 분위기와 어울리지 않는 그녀의 얼굴을 바라보며 나는 수화기를 내려놓았다.[9]

이렇게 박민규가 이 작품에서 난쟁이 시녀에게 주목하게 된 것은, 누구나 기억하는 공주 옆에 서 있는 아무도 기억하지 않는 시녀는 경쟁력 없이 살 수 밖에 없는 이 시대 대다수의 사람이기 때문이라는 것이며, "경쟁력 없이 살 수밖에 없는 대다수 사람들을 위로하고 싶어서" 바로 이 작품을 창작했다는 것이다.[10] 그러므로 이 작품은 여자의 대화를 '분홍색'으로, 남자의 대화 부분을 '파랑색'으로 표시하고는 있지만 궁극적으로 낯간지러운 연애소설은 아니다. 이 작품은 단순한 연애 이야기를 넘어서서 외모 이데올로기에 대한 반격으로 시작하여 극소수가 절대 다수를 지배하는 시스템의 문제에 대해 지적하고 1%의 인간을 부러워하고 그에 따라 부끄러워하며 살아가는 99%의 사람들을 통해 자본주의의 원리를 날카롭게 분석한다(신희정 2010:64)는 것이다.

물론 박민규의 전반적인 작품 경향이나, 주인공 '나'가 대부분의 인물들을 만나고 대부분의 시간을 보내는 곳이 '백화점'이라는 공간이라는 것, 그리고 서사의 한 중심축인 '요한'이라는 인물에 의해 그대로 설파되는 내용이 바로 자본주의의 이러한 원리에 대한 비판이라는 점에서 그러한 분석에도 일면 타당성이 있다. 하지만 그보다는 먼저 이 작품에서 주목해야 할 점은 '미/추'에 대한 우리의 일반화된 생각이다. '미'가 권력이 되고, 자본이 되고 '선함'이 되는 사회에서 추한 외모 때문에 '장애인'으로 살아가야 하는 이야기가 더욱이 연애소설이 될 때 우리는 심하게 낯설어한다. 이러한 '낯섦'을 꼬집은 것이 바로 박민규

9 박민규(2009 | 27-28). 이하의 인용은 같은 책, 페이지만 명기.

10 박민규, "작가의 말", 위의 책, p.418.

다움이라고도 할 수 있다.[11]

박민규의 「죽은 황녀를 위한 파반느」와 벨라스케스의 「시녀들」이 처음 만나는 지점은 권력을 중심으로 한 구도에서부터이다. 벨라스케스의 「시녀들」은 태생적 권력 관계인 공주를 중심으로 평범하거나 추한 여성들이 둘러싸고 있는 구도로 이루어져 있다. 이 같은 광경이 박민규의 작품에서는 미/추의 권력 관계에 의해 형성된다.

> 왜 일을 안하지? 누구도 그 아이의 등을 떠밀지 않았고, 어느 누구도 그 아이를 미워하지 않았다. 오히려 얼마 안 가 여직원들의 구심점 같은 존재가 되어버린 느낌이었다. ...(중략)... 결코 낯설지 않은 구도라고 나는 생각했다. (p.307)

공주를 구심점으로 한 '시녀들'의 구도가 현대 사회에서는 예쁜 여자가 공주가 되고, 평범하거나 추한 여자는 '시녀들'이 되는 구도가 된다는 것이다. 즉 '미'가 절대 권력이 된다는 것이다. 이러한 구도에서 모두가 주목하는 구심점인 '공주'에게 주목한 것이 아니라 평범한 시녀들 틈에서 '추한 외모' 때문에 눈에 띄는 존재인 '추녀'에 주목한 것이 바로 박민규의 작품과 벨라스케스의 그림이 두 번째로 만나는 지점이라고 할 수 있다.

'나'는 백화점 유니폼을 입은 예닐곱 명의 여자들 사이에서 '그녀'를

---

11 박민규 작품의 특징을 신형철(20005:31)은 2000년대 중반 한국사회의 대중들이라면 누구나 한 번은 스쳐갔을 법한 곳에서 누구나 한 번은 느꼈을 법한 감정을 정확히 끄집어내는 것으로 파악했다.

처음 본 순간을 '몸이 얼어붙을 정도로 충격적'이라고 표현한다. 지금까지 그녀처럼 못생긴 여자를 본 적이 없었기 때문이다. 누구 하나 그녀에게 말을 걸지 않고, 누구도 그 자리에 그녀가 존재함을 인정하지 않는 그 분위기 속에서 '나'는 그러나 이상할 정도로 마음이 슬퍼짐을 느낀다.[12] 이 감정은 바로 벨라스케스의 「시녀들」에서 난장이 시녀를 볼 때의 감정과 유사한 감정이라고 할 수 있다. 못생겨서 더욱 두드러지는 존재. 그리고 그림 속의 그 어떤 인물과도 관련되어 있지 않는 표정, 또한 그림 속의 그 어떤 인물도 그녀가 존재함을 인정하지 않으려는 분위기 등이 바로 박민규가 「시녀들」에서 읽어낸 것이라 하겠다.

박민규의 작품에서 '나'의 추녀 연인은 끝까지 이름 없이 '그녀'로 불려진다. 그리고 그녀의 외모에 대한 구체적인 묘사도 이루어지지 않고 있으며 그녀는 '작은 목소리, 언제나 늘 멀리서 아득히 들려 오다가 소리 없이 사라져 가는 느낌'으로 표현되어 있다. 이러한 그녀의 익명성과 열등의식은 추녀가 한국 사회에서 하나의 소외계층이 되어 있음을 상징하는 것으로 볼 수도 있으나(서유정 2010:142) 외모에 대한 구체적인 묘사를 하지 않고 이름을 밝히지 않음에서 오는 또 다른 신비화의 전략이라고도 볼 수 있다. 이러한 신비화는 앞서 지적했듯이 '이상할

---

12 물론 '나'의 이러한 감정은 바로 '어머니'와 맥이 닿아 있다고도 볼 수 있다. 미남 영화배우인 아버지 옆에서 항상 주눅 들어 살아가던 박색의 어머니, 결국 아버지에게 버림받아 숨겨진 존재로 살 수밖에 없는 어머니를 떠올렸다고 할 수도 있을 것이다. 그러나 본고에서는 이러한 분석보다는 벨라스케스의 「시녀들」과의 관련성에 더욱 주목하고자 한다.

정도로 마음이 슬퍼짐'으로 또한 표출되고 있는 것이다. 그리고 이러한 신비화는 역시 우리가 벨라스케스의 그림에서 난장이 시녀에게 주목했을 때 느껴지는 기묘한 느낌과도 그 맥을 같이하는 것이라 하겠다.

벨라스케스의 「시녀들」을 분석하는 기존의 해석에서 가장 문제가 되는 부분은 '누구의 시선에서 보고 있는가?' 하는 부분이다. 이 부분에 주목한 대표적인 해석이 바로 푸코의 해석인데, 푸코는 「시녀들」에는 세 개의 시선이 있다고 보았다. 첫째는 궁정의 삶을 관찰하는 '관찰자의 시선'이고, 둘째는 딸과 시종들의 모습을 바라보는 '국왕 부부의 시선'이고, 셋째는 모델들을 바라보는 '화가의 시선'이 그것이다(진중권 2005:149). 그리고 이 시선들 중에 화가의 시선은 직접적으로 보이고, 국왕 부부의 시선은 거울 속에서 간접적으로 나타나며, 관찰자의 시선은 보이지 않지만 「시녀들」을 보고 있다고 가정된다.

「시녀들」의 시선의 문제를 박민규 또한 「죽은 왕녀를 위한 파반느」에서 도입하고 있다. 일반적인 서사로서의 「죽은 왕녀를 위한 파반느」는 독일에서 재회한 연인이 함께 스위스 융프라우를 오르며 해피엔딩으로 끝을 맺는다. 하지만 뒤이어 writer's cut라는 제목을 단 또 다른 이야기가 나온다. '그와 그녀, 그리고 요한의 또 다른 이야기'라는 부제를 달고 있는 이 장의 내용은 결국 이 모든 이야기가 요한의 소설이었다는 결론을 갖게 된다. 이 작품의 이러한 결말을 하이퍼텍스트 형식으로 열어 놓음으로써 새로운 형식적 실험을 꾀하는 것으로도(김종욱 2010:348) 볼 수 있지만, 이 점은 푸코가 지적한 「시녀들」의 세 가지 시선과 마찬가지로 세 가지 시선을 제시함으로써 전체 서사를 모호하고 환상적인 것으로 하려는 책략으로도 읽힌다.

즉 서사는 "눈을 맞으며 그녀는 서 있었다"라는 첫 문장이 누구에 의해 쓰였느냐에 따라 생과 사가 달라지는 형태를 띠고 있다. 먼저 '나'의 서사에서 나는 스무 살이 된 그녀와 눈 오는 밤의 만남 후 사고를 당하고, 13년이 지난 후 작가로서 그녀를 독일에서 만나게 된다. 그러므로 제시된 서사의 첫 문장은 '나'가 못생긴 여자인 그녀를 주인공으로 해서 쓴 나와 그녀의 이야기이자, '나'의 소설인 셈이다. 그리고 이 '나'의 서사에서 요한은 자살 시도 끝에 심각한 상태로 '정신병원'에 있는 것으로 끝난다. 그러므로 나의 이야기에서 '요한'은 더 이상 '요한'일 수 없는 죽은 존재인 것이다.

이와 달리 요한이 서술자가 된 이야기에서는 이 작품이 요한이 그녀에게 보여주는 요한의 소설이며, 13년 전의 그 사고로 '나'는 이미 죽은 인물이다. 요한의 서사에서 요한은 '그녀'와 나의 죽음 후 결혼하여 세화라는 딸까지 두고 있다. 요한이 '우리들의 이야기'를 소설로 쓴 이유는 "살아 있는 인간들은 모든 죽은 자들의 희망이 아닐까 하는 ... 그래서 반짝이는 당신을 ... 그리고 반짝이며 살고 있는 우리들을..." 꼭 한 번은 죽은 '나'에게 보여주고 싶었던 때문이다. 이런 요한에게 '그녀'는 더 이상 추녀라는 장애를 가진 인물이 아니라 '반짝이며 살아가는' 사랑하는 여인일 뿐이다.

요한의 이야기에 이어지는 그녀의 이야기에서도 역시 '나'는 죽은 인물이다. 그녀는 요한과 결혼해 있으며, 요한의 소설을 통해 아픈 기억 속에서 '나'를 생각한다. 그리고 죽은 '나'를 잊지 못하고 있으면서 요한과 결혼을 한 것은 요한 속에 '나'의 일부가 남아 있다는 느낌 때문이라고 고백한다. 그리고 자신의 딸 세화 역시 그녀와 요한과 '나'의 딸이라는 생각을 하고 있다는 그녀의 고백은 '나'에 대한 그녀의 사랑이 얼마나 절절한가를 보여주는 것이다.

> 작은 여자아이의 웃음소리를
>
> ...(중략)...
>
> 행복한 웃음이야
>
> 그럼 된 거네요, 하고 그녀가 내 손을 어루만져준다. 한 잔의 밀크 티라도 엎질러진 듯 순간 온몸이 따뜻해지는 기분이다. 알레치 빙하를 건너온 바람이 강물처럼, 혹은 한 무리의 송어 떼처럼 우리의 발목을 스치고 지나간다. 사랑해요. 라고 그녀가 속삭인다. 그녀의 어깨에 잠시 머리를 기대며... 들릴 듯 말 듯 나도 속삭이다. 사랑해. (p.412)

이렇게 다시 '나'의 서사로 되돌아와 끝나는 이야기는 세 개의 이야기가 모두 어느 부분 연결되어 있다는 점에서 그리고 세 개의 이야기가 서로 모호하게 중첩되어 있다는 점에서 그 환상성을 더하고 있다.

이러한 특징은 또한 형식상으로도 많은 공통점을 내포하고 있는데, 「시녀들」의 특징을 해석할 때 벨라스케스의 작품 전체의 특징 중 하나인 '그림 속의 그림'으로 파악하고 있다는 입장[13]이 바로 그 부분이다. 박민규의 소설이 보여주는 마지막 결말 부분 역시 '일종의 액자소설의 형식'(신희정 2010:71)이라는 측면에서 형식상 벨라스케스의 「시녀들」과

---

13 벨라스케스는 '그림 속의 그림'이라는 독특하고도 애매한 화면 구성 방식을 여러 작품에 걸쳐 실험했는데, '그림 속의 그림'은 말 그대로 하나의 화면 안에 다른 화면이 하나 더 있는 것을 말한다. 그 장면이 거울에 반영된 것인지, 실제 장면인지, 혹은 상상의 장면인지는 확실히 알 수 없게 하는 특징을 지닌다(김소라 2011:52).

같은 맥락으로 파악할 수 있는 것이다.

「시녀들」에 대한 푸코의 해석이 흥미로운 것은 이 그림을 주체와 재현의 관계로 파악하고 있다는 점에서이다. 푸코에 의하면 이 그림에서는 주체(화가, 관객, 모델)는 보이지 않고 오직 재현만이 보인다고 설명한다. 즉 푸코는 보이지 않는 것과 보이는 것, 주체와 재현을 대조하면서 이 그림이 결국 보이는 재현의 근원이 되는 보이지 않는 주체로부터 해방된 재현의 세계를 보여주는 표본이라는 결론을 내린다. 그리고 이 보이지 않는 세계를 보여주는 것이 거울의 치환 능력이며, 결국 거울은 주체 없는 재현의 세계를 보여주는 공간이라고 설명한다(양석원 2007:146-148).

박민규의 「죽은 왕녀를 위한 파반느」 역시 주체가 사라진 재현의 세계를 보여준다. 「시녀들」에서 재현의 공간이 '거울'이라면 박민규 소설에서의 재현 공간은 바로 '백화점'이다. 백화점은 끊임없이 소비 욕구를 자극하고 충족시킬 수 있는 자본주의의 메카와 같은 곳이라는 측면(신희정 2010:66)에서도 물론 그러하지만 그보다 자본주의 사회에서 살아가는 인간(주체)의 욕망을 가장 잘 재현해 주는 공간이라는 점에서 더욱 그러하다.

> 이 세상은 뭐든 가질 수 있다, 뭐든 선택할 수 있다는 환상을 끊임없이 심어줘. 그래야만 끝없이 부러워하고, 끝없이 일하는 99%의 인간들을 얻을 수 있기 때문이지.
>
> 이상하다고 생각해 본 적 없어? 민주주의니 다수결이니 하면서도 왜 99%의 인간들이 1%의 인간들에게 꼼짝 못하고 살아가는지, 왜 다수가 소수를 위해 살아가고 있는지 말이야. 그건 끝없이 부끄러워하고 부러워하기 때문이야. (pp.173-174)

이렇게 요한의 입을 통해 정리되고 있는 후기자본주의 사회에 대한 부정 의식이 그대로 재현되는 공간이 바로 '백화점'이다. 백화점의 메커니즘 자체가 부끄러워하고 부러워하게 만드는 것이며, 이러한 메카니즘을 따라 현대인들은 쇼핑까지 하는 노예가 되어 버리는 것이다. 이러한 메카니즘 속에는 부러움의 주체도, 부끄러움의 주체도 존재하지 않는다. 다만 부러움과 부끄러움을 표상하는 기호(대상)만 존재할 뿐이다. 그러므로 박민규가 「시녀들」의 세계를 통해 읽어낸 것은 비단 궁정의 배경과 전혀 어울리지 않는 못생긴 시녀의 이야기만은 아니라고 할 수 있다.

즉 「시녀들」이 우리에게 애매성의 함정으로 빠져들게 하는 요소는 바로 응당 그 자리에 있어야 할 주체가 빠진 '재현의 재현'이라는 사실을 박민규 역시 읽어냈다고 할 수 있다. 그리고 현대 사회에서 '백화점' 역시 주체가 빠진 자리에서 후기자본주의의 동력인 부러움과 부끄러움의 역학 관계만이 그대로 재현된다는 것이다.

「죽은 왕녀를 위한 파반느」에서 제시되는 또 하나의 공간인 세 주인공의 만남의 구심점인 '켄터키 치킨'집 또한 기호만이 남은 '재현의 재현'의 모습을 상징적으로 보여주는 대표적인 곳이다. 이들에 의해 '아름다운 곳'으로 기억되는 이 '켄터키 치킨 집'은 'BEER' 대신 'BEAR'가, 'HOF' 대신 'HOPE'가 버젓이 쓰인 곳이다. 이 공간의 이러한 간판은 바로 기표와 기의를 흩트리면서 '곰'과 '희망'이 함께하는 동화적 공간을 구성하기도 한다. 그리고 무엇보다도 이 공간은 켄터키와는 아무런 관계도 없을 네덜란드와 아마존의 풍경 패널, 돼지 이발소 그림, 갓과 이소룡이 한데 섞여 있으면서, 무엇인가 진짜 같으면서도 능숙한 위조물로 보이게 하는 '기호학적 모호성'을 보여준다(강지희 2009:435). 이

점은 벨라스케스의 「시녀들」에서의 '거울'의 역할과도 그 맥락을 같이 하는 것이다. 그림 속의 국왕 부부의 모습이 반영되어 있는 뒤편 벽에 있는 거울은 거울처럼 보이지만 거울이 아니라는 것이다.[14] 이렇게 모호함을 주는 능숙한 속임수 또한 박민규가 「시녀들」을 통해 읽어낸 중요한 부분 중 하나라고 할 수 있다.

이렇게 박민규는 벨라스케스의 「시녀들」에서 그림 속의 특이한 인물에만 주목하여 서사를 형성해 나간 것이 아니라 「시녀들」 전체의 특징까지도 의식하면서 서사를 진행해 나갔다는 것을 알 수 있다. 그럼 점에서 박민규의 「죽은 왕녀를 위한 파반느」는 후행 텍스트가 선행 텍스트를 재해석하는 상호텍스트성이 하나의 기제로 작동하고 있다고 할 수 있다.

결론
_ 회화를 통한 문학적 서사성의 확대

유홍종의 「죽은 황녀를 위한 파반느」와 박민규의 「죽은 왕녀를 위한

---

14 정은경(2010:18-19)에서는 그림 속의 그것이 거울이면 모델들 앞에 있다고 가정되는 커다란 거울로 인해 심연화 현상이 발생해야 하는 데 그렇지 않다는 점. 그리고 그것이 거울이라고 하더라도 왕 부부가 이 거울에 반영되려면 이 그림의 모델들과 함께 있어야 할 뿐 아니라 다른 모델들과 달리 그림 밖에 있는 거울을 등지고 있어야 거기에 그들이 반영된다는 것이다. 따라서 「시녀들」의 그림에는 그들의 뒷모습이 나타나야 하는데, 그림 속의 그들은 앞모습으로 보인다.

파반느」는 두 작품 모두 벨라스케스의 회화 작품인 「시녀들」에서 많은 모티프를 가져 왔다는 유사성이 있다. 그러나 이들 작품이 「시녀들」에서 가져온 모티프는 서로 상이한 것이어서, 이들 작품이 같은 작품에서 영감을 얻었다는 것도 특이한 사실로 받아들여질 정도이다. 이것은 물론 「시녀들」에서 모티프를 얻은 인물이 서로 상이한 때문이라는 이유가 가장 크겠지만, 「시녀들」에 대한 해석이 각기 다른 때문이기도 하다.

「시녀들」이 가지고 있는 가장 큰 특징은 모호성이다. 이 모호성은 우선 같은 공간에 여러 인물들이 배치되어 있으면서 이들 인물이 서로 밀접한 관련이 없어 보이는 데서 오는 것이다. 그리고 이들 인물이 응시하고 있는 대상이 무엇인지가 정확히 드러나지 않는 데서 그 모호성은 배가된다고 할 수 있다.

이러한 모호성은 바로 유홍종의 「죽은 황녀를 위한 파반느」와 박민규의 「죽은 왕녀를 위한 파반느」에 공통적으로 나타나는 특징이라 할 수 있다. 회화가 공간적 예술이라면 문학은 시간적 예술이라고 할 수 있다. 그러므로 유홍종과 박민규의 작품에서 나타나는 모호성은 「시녀들」의 공간적 모호성을 시간적 모호성으로 수용함으로써 발생한 것이라 할 수 있다.

두 작품에서 사용하고 있는 시간의 모호성은 과거-현재가 중첩되어 공존하면서 두드러지게 나타난다. 그리고 죽음과 삶이 역시 중첩되어 나타나, 죽음의 순간이 언제인지, 삶의 영역이 어디까지인지가 모호하다. 그러므로 두 작가는 벨라스케스의 그림에서 공통적으로 삶과 죽음의 중첩성을 읽어냈다고도 볼 수 있다.

이상에서 살펴본 바와 같이 유홍종의 작품과 박민규의 작품은 같은 제목의 작품[15]이며, 두 작품이 모두 라벨의 음악[16]에서보다는 벨라스케스의 회화에서 많은 영감을 받았다는 것도 공통점이라 할 수 있다. 물론 이 두 작품은 단편과 장편이라는 차이에서부터 서사의 대상이 되는 모델의 차이, 그리고 유홍종의 「죽은 황녀를 위한 파반느」에서는 벨라스케스와의 직접적인 연관을 드러내지 않고 있는 것에 비해 박민규의 작품에서는 작품 곳곳에 벨라스케스의 회화와의 연관성을 드러내는 등 많은 차이점을 보이기도 한다.

하지만 이 두 작품은 단순히 회화를 통해 느끼는 감상이나 회화 속의 인물이 어떠한 방식으로 서사화되는가의 측면을 넘어서서 회화 작품 속에 내재된 욕망이나 상징을 재해석해내었다는 공통점을 가지고 있다. 유홍종이 서사화한 벨라스케스의 억압된 욕망이나 박민규에 의해 재해석된 '재현의 재현'으로서의 백화점, 호프집의 공간은 그러므로 벨라스케스의 작품에 대한 면밀한 이해와 해석이 바탕이 되었다고 할

---

15 물론 '황녀'와 '왕녀'라는 미묘한 차이가 있기는 하지만, 라벨의 작품에서 따온 같은 제목으로 보아도 무방할 것이다.

16 다시 라벨을 듣는다. 그녀가 준 LP도, 그녀의 어떤 흔적도 남아 있지 않지만...또다시 재생되는 그날의 음악처럼 나는 그 벌판과... 눈과... 나무들과 ... 그녀를 떠올린다(박민규 2009:36). 등과 같이 박민규의 작품에는 벨라스케스의 그림뿐 아니라 끊임없이 라벨의 곡 '죽은 왕녀를 위한 파반느'에 관해서도 이야기하고 있다. 하지만 이때 제시되고 있는 라벨의 음악은 단지 '그녀가 가장 좋아하는 작곡가'이거나 음악을 들으면서 과거를 회상하는 도구 정도의 소재로 쓰일 뿐 그 구체적인 상관 관계는 제시되지 않고 있다. 또 유홍종의 작품에서는 라벨에 대한 구체적인 언급은 나타나지 않고 있다.

수 있다.

이 점이 바로 유홍종과 박민규의 작품이 회화 작품을 통해 문학적 서사화를 이룬 성과라 할 수 있다. 앞서 언급했듯이 벨라스케스의 「시녀들」은 그 독특한 경향으로 인해 많은 예술가들의 상상력을 자극해 유홍종과 박민규의 작품들뿐 아니라 외국 작가들의 작품[17]으로도 재해석된 바 있다. 그러나 이들 작가의 작품들은 그림 자체가 어떠한 경위로 탄생되었는가 하는 점에 초점이 가 있다. 그러므로 이 작품들은 하나의 완결된 작품으로서 회화와 문학의 상호텍스트성을 확보한 작품이라기보다는 회화 작품에 대한 해석의 형태에 가깝다고 할 수 있다.

그런 점에서 유홍종, 박민규의 작품은 「시녀들」이라는 회화를 통한 문학적 서사성의 구현 양상을 정확히 보여준 작품이다. 이런 점에서 두 작품은 회화와 문학의 상호텍스트성을 확보한 작품이라고 할 수 있다.

그러므로 본 논의는 이들 작품의 분석을 통해 문학적 서사성의 세계는 회화라는 또 다른 장르를 통해서 보다 넓은 차원으로 확대될 수 있다는 사실을 수용할 수 있었다. 또한 본 논의는 단순히 회화와 문학의 소재적 관련성의 분석이 아니라 회화 작품 전체의 상징성에 대한 문학적 해석을 분석함으로써 문학적 서사성이란 고유 영역의 확대 또한 파악할 수 있었다.

---

17 앞서 언급하였듯이 페드로 J. 페르난데스「벨라스케스의 거울」, 그리고 그림 속의 개에 주목한 작품인 라헐 판 코에이의 「바르톨로메는 개가 아니다」 등의 작품이 있다.

참고문헌

기본 자료

유홍종(1986), 『죽은 황녀를 위한 파반느』, 문학사상사.

박민규(2009), 『죽은 왕녀를 위한 파반느』, 예담.

참고 논저 및 문헌

조용훈(2005), 「회화 시 소설의 상호텍스트성 연구」, 『한국문학이론과 비평』 제29집, 한국문학이론과 비평학회.

조용훈(1999), 『시와 그림의 황홀경』, 문학동네.

조용훈(2004), 『문화기호학으로 읽는 문학과 그림』, 효형출판.

성현자(2005),「성석제 소설 「욕탕의 여인들」에 수용된 회화적 이미지」, 『비교문학』 36집.

성현자(2004), 「빛의 걸음걸이」에 나타난 회화적 은유」, 『비교문학』 34집.

성현자(2003), 「『나는 나를 파괴할 권리가 있다』의 회화의 수용」, 『비교문학』 30집.

유남희(2010), 「회화의 타 당르간 교섭 양상연구 -김영하의 『나는 나를 파괴할 권리가 있다』를 중심으로」, 경희대학교 석사학위논문.

한순미(2000), 「매체적 상상력과 욕망하는 주체-김영하의 단편을 중심으로」, 『한국문학이론과 비평』 제9집, 한국문학이론과 비평학회.

양석원(2007),「거울과 창문: 벨라스케스의 『궁정의 시녀들』에 대한 푸코와 라캉의 주체와 재현 이론」, 『비평과 이론』 제 12권 2호.

강지희(2009),「청춘을 향한 뜨거운 연가」, 『창작과 비평』 146호.

서유정(2010), 「여성의 미와 추에 대한 문학적 재고-슈티프터와 박민규를 중심으로」, 『세계문학비교연구』 제30집.

자닌 바이클(1999), 「벨라스케스-인상주의를 예고한 귀족 화가」, 김희균 역, 시공사.

노르베르트 볼프(2007), 『디에고 벨라스케스(1599-1660)』, 전예완 역, 마로니에북스.

정은경(2010), 『벨라스케스 그림의 정신분석적 연구-「시녀들」에 나타난 '절단'과 '환상'을 중심으로』, 경성대학교 문화학박사 논문.

김소라(2011), 『미셸 푸코의 그림읽기와 화화적 사유』, 동의대학교 대학원 박사학위논문

신형철(2005), 「블루스, 포크송, 그리고 코믹스」, 『서평문화』, 통권 59호.

진중권(2005), 『진중권의 현대미학강의』, 아트북스.

김종욱(2010), 「초라한 현실을 넘고, 다시 판타지도 넘어서」, 『2010 이상문학상 작품집』, 문학사상.